AF568619

Das Kursbuch Musik 3 für Bayern

für den Unterricht an allgemeinbildenden Schulen

von Markus Detterbeck, Florian Niedrig
und Gero Schmidt-Oberländer

HELBLING

Innsbruck • Esslingen • Bern-Belp

Inhaltsverzeichnis

Symbole:

Arbeitsaufgabe
(differenziert nach Kernstoff und optionalem Stoff)

Schriftliche Arbeitsaufgabe

Tonbeispiel

Videobeispiel

Multimedia-DVD-ROM

Internetrecherche

[Kapitel 1]

Klassik

In Berlin gibt es ein seltsames Denkmal, das „Beethoven-Haydn-Mozart-Denkmal". Es wurde im Jahre 1904 eingeweiht und steht mitten im Großen Tiergarten, dem großen Park in der Mitte Berlins. Der Bildhauer Rudolf Siemering experimentierte bei dieser steinernen Würdigung von Wolfgang Amadeus Mozart, Joseph Haydn und Ludwig van Beethoven mit einer dreieckigen Skulpturenform. Das mit zusätzlichen Tierfiguren, Muschelwerk, Blumengirlanden, Putten und Instrumenten geschmückte Denkmal sehe aus wie ein „Musikerofen", spotteten damals die Berliner. Sie dachten dabei an die dreieckige Bauweise der meistens in Zimmerecken eingefassten Kachelöfen in der Kaiserzeit.

Auf jeden Fall ist das Denkmal kurios, steht es doch in Berlin, huldigt aber den drei großen Komponisten der „Wiener Klassik". Aber so ist eben Europa ...

Rhythmus und Stimme

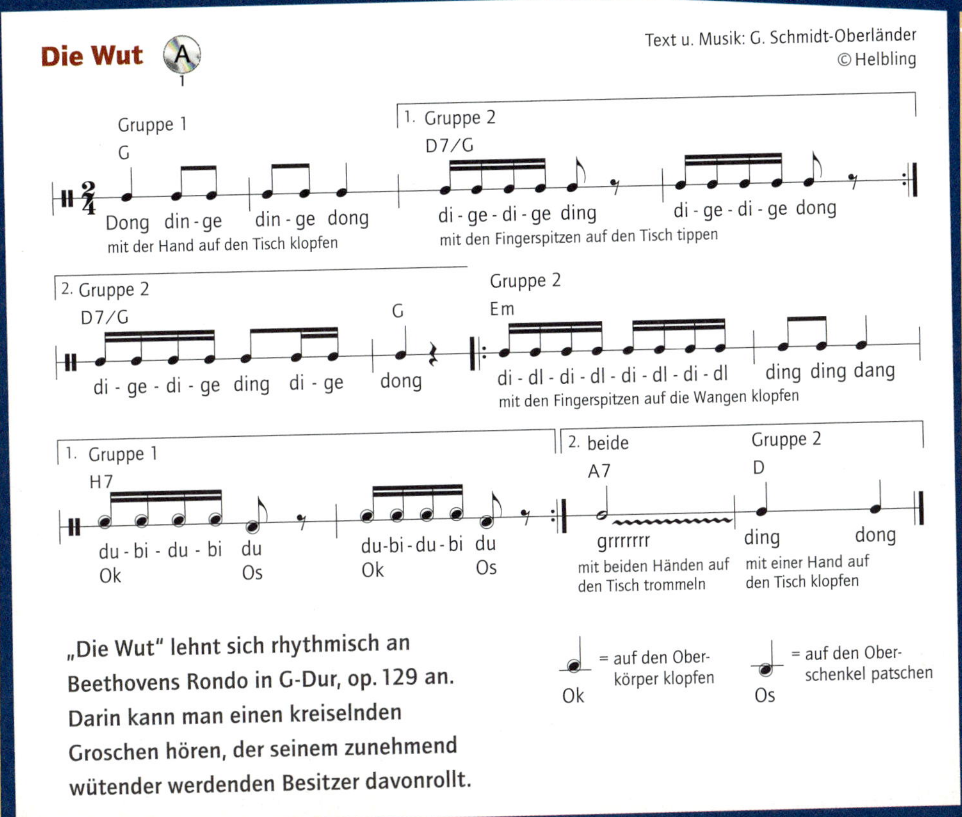

„Die Wut" lehnt sich rhythmisch an Beethovens Rondo in G-Dur, op. 129 an. Darin kann man einen kreiselnden Groschen hören, der seinem zunehmend wütender werdenden Besitzer davonrollt.

Stimme

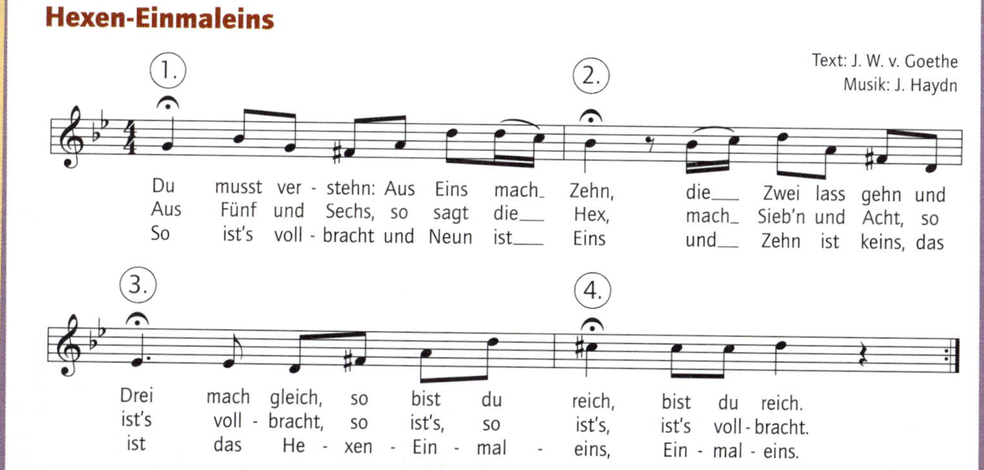

Klassik – klassisch ... ein Begriff mit vielen Facetten

Der Begriff „Klassik“ ist im Feld der Musik zweideutig: Mit „klassischer Musik“ verbinden viele Menschen zunächst eine Musik, die seit dem 20. Jahrhundert von der Unterhaltungsmusik (Schlager, Pop, Rock) unterschieden wird. Wenn wir im Kino z. B. „Harry Potter“ oder „Der Herr der Ringe“ anschauen, hören wir Filmmusik, die für unsere Ohren ganz populär klingt.

Doch ist das nun populäre Musik oder „klassische“ Musik? Immerhin spielt ja ein Orchester. Was also bedeutet Klassik genau und was ist klassisch an klassischer Musik?

1 Erstellt gemeinsam eine Mindmap zum Begriff „klassisch“ und illustriert sie mit Bildern.

Der Begriff der Klassik bezieht sich ursprünglich auf eine Epoche der antiken griechischen Geschichte und Kunst (von etwa 500 bis 330 v. Chr.). Dort entstand in einigen Stadtstaaten Griechenlands eine Gesellschaftsform, die bis heute prägend ist: die Demokratie. Diese begünstigte die Entwicklung von Philosophie, Geschichtsschreibung und insbesondere der Kunst, also Architektur, Plastik und Malerei. Vor allem die Architektur der griechischen Tempel und die Vollkommenheit der Skulpturen dieser Zeit wirken als ästhetische Ideale bis in unsere Zeit fort.

2 Identifiziert die passenden Begriffe in der Auswahlbox für die klassische Kunst und setzt sie in Beziehung zu den Abbildungen klassischer Architektur und Skulptur.

Polyklet: Doryphoros (5. Jh. v. Chr.; römische Marmorkopie, Archäologisches Nationalmuseum Neapel)

Ordnung
Rhythmisierung
klar
Gleichgewicht
naturalistisch
Abwechslung
Symmetrie
regelhaft
Ausgewogenheit
Brüche
Proportion
Fortspinnung
wild
Anspannung – Entspannung
Gegensätze

Athen, Tempel des Hephaistos

Die Epoche der Klassik 

Die Epochen der Klassik und des Barocks weisen spezielle Merkmale auf, anhand derer man sie unterscheiden kann. So legte man im Barock Wert auf Bewegtheit, ornamentalen Schmuck und schwingende Formen. In der Klassik (in der Kunst: Klassizismus) hingegen zählten Schlichtheit, Klarheit und Allgemeinverständlichkeit. Im musikgeschichtlichen Zusammenhang wird die „Wiener Klassik" als Epoche bezeichnet, die sich maßgeblich auf das Schaffen der Komponisten Haydn, Mozart und Beethoven zwischen etwa 1780 und 1820 bezieht.

Basilika Vierzehnheiligen in Bad Staffelstein

St. Georg in Bensheim

3 Arbeitet die wichtigsten Merkmale der abgebildeten Kirchenbauten heraus. Notiert die Unterschiede in eurem Arbeitsheft. 

4 Untersucht hörend die Musikbeispiele und ordnet sie den Epochen Klassik bzw. Barock zu. Begründet eure Zuordnung. 

Ideal der Klassik: Ausgewogenheit

Wichtigstes Ideal der Klassik ist das Prinzip der Ausgewogenheit, z. B. in Lautstärke und Tonhöhe, in der melodischen Gesanglichkeit, der Verwendung von klaren Dreiklängen und Tonleitern sowie der melodischen und harmonischen Spannung und Entspannung.

5 Erklärt, in welchen musikalischen Aspekten sich das klassische Ideal der Ausgewogenheit im unten abgebildeten Thema von Mozart zeigt. Geht dabei vor allem auf folgende Aspekte ein:
- melodischer Verlauf
- Motive
- Aufbau des Themas: bestimmte Abschnitte/Teile, die die Melodie gliedern
- harmonischer Spannungsverlauf: Wo wird Spannung aufgebaut und wo löst sich die Spannung auf?

Nutzt dazu auch die Box „Grundwissen aufgefrischt".

Aufbau einer Melodie

Motiv: die kleinste musikalische Sinneinheit
Phrase: nächstgrößerer musikalischer Baustein, bestehend aus einem oder mehreren Motiven
Vordersatz: Abschnitt mit öffnendem Charakter
Nachsatz: Antwort auf den Vordersatz mit bekräftigendem Abschluss (löst Spannung auf)
Periode: Zusammenwirken von Vorder- und Nachsatz, bildet oft das Thema

Sonate Nr. 16 „Sonate facile", 1. Satz, KV 545 

Musik: W. A. Mozart

Die „Musik der göttlichen Vierheit" – das Streichquartett

„Die Zukunft ist ein Abgrund!" – so beschreibt in dem Roman „Briefe in die chinesische Vergangenheit" von Herbert Rosendorfer der Zeitreisende Kao-tai aus dem China des 10. Jahrhunderts das München des 20. Jahrhunderts, in das es ihn verschlagen hat. Vieles, der Dreck, der Lärm, die Speisen und die Sitten, erscheinen ihm nicht nur fremd, sondern wirken auf ihn abscheulich. Eine der wenigen positiven Erlebnisse verschafft ihm das Konzert eines Streichquartetts, das er „göttliche Vierheit" benennt.

1 Hört euch einen kurzen Ausschnitt aus einem Streichquartett von Haydn an und findet aus der Sicht von Kao-tai Begründungen für den Titel „göttliche Vierheit".

Das Quatour Ébène beim Verbier-Festival 2013

Hätte Joseph Haydn (1732–1809) auf das Streichquartett ein Patent angemeldet, so wären seine Erben heute reiche Leute. Die Internetplattform Wikipedia listet allein etwa 150 bedeutende Komponisten und Komponistinnen auf, die bis heute Streichquartette geschrieben haben oder noch schreiben. Joseph Haydn jedenfalls prägte das Streichquartett so entscheidend, dass man ihn als dessen „Erfinder" bezeichnen könnte. Doch was ist das Besondere an dieser Gattung?

2 Seht euch das Bild eines Streichquartetts an und setzt es in Beziehung zu den Partiturausschnitten auf der nächsten Seite und den Zitaten unten. Schreibt dann einen kurzen Artikel über die Bedeutung des Streichquartetts.

» *Wir führen eine eigenartige Ehe zu viert mit sechs Beziehungen, von denen jede jederzeit herzlich oder neutral oder angespannt sein kann.* «
(Vikram Seth, indischer Schriftsteller, aus: „Verwandte Stimmen")

» *Man hört vier vernünftige Leute sich unterhalten, glaubt ihren Diskursen etwas abzugewinnen und die Eigentümlichkeiten der Instrumente kennenzulernen.* «
(Johann Wolfgang von Goethe)

» *Ich wollte die Sinfonien immer so aufführen wie das Amadeus-Quartett die Streichquartette – als Kammermusik, ganz frei, wie improvisiert.* «
(Sir Simon Rattle, englischer Dirigent)

» *Das Streichquartett gehört zur reinsten und höchsten Offenbarung der Kammermusik, wenn nicht der ganzen Musik überhaupt.* «
(Donald Francis Tovey, britischer Musikwissenschaftler)

» *Quartette sind ein Mikrokosmos, sie sind die Essenz des Lebens, ein Abbild unserer Gesellschaft.* «
(Sonia Simmenauer, Konzertagentin)

3 Betrachtet die Partiturausschnitte aus Haydns Streichquartett op. 76, Nr. 3 genauer und beschreibt
- a die verschiedenen Motive, die Haydn verwendet,
- b die Verteilung dieser Motive auf die vier Instrumente.

4 Erörtert nun die Aussage des Musikforschers Alan Wing in Bezug auf die Gattung des Streichquartetts:

» *Dieses Ensemble folgt damit einem eher demokratischen Ansatz und sieht in dieser Musikpassage alle vier Stimmen als gleichberechtigt an.* «

Das „Kaiserquartett"

Streichquartett op. 76, Nr. 3, Ausschnitte aus Satz 1 und 4

Musik: J. Haydn

1

Musik: J. Haydn

2

Joseph Haydn komponierte im Laufe seines Lebens 68 Streichquartette. Sein berühmtestes Quartett wird wohl immer das „Kaiserquartett" bleiben, weil er dort in einem Variationssatz seine Kaiserhymne, die heutige deutsche Nationalhymne, verarbeitet hat.

5 Hört euch das Thema und drei Variationen an und bestimmt jeweils,

- **a** welches Instrument die Melodie spielt,
- **b** auf welche Weise die Melodie begleitet wird.

6 Seht euch die Videoausschnitte von den drei Variationen an.

- **a** Beobachtet das Instrument, das die Melodie spielt. Beschreibt, woran man die Führungsrolle des Instruments erkennen kann.
- **b** Seht euch nun die letzte Variation an und setzt eure Beobachtungen in Beziehung zur Aussage von der „göttlichen Vierheit" des chinesischen Zeitreisenden.

! WISSEN

Streichquartett

- Besetzung: 2 Violinen, Viola, Violoncello
- bedeutendste Gattung der Kammermusik (klein besetzte Instrumentalmusik ursprünglich für die fürstliche „Kammer", nicht den Kirchenraum)
- entstand um 1760 (erste Vertreter: Joseph Haydn, Luigi Boccherini); neu: kein Akkordinstrument (z. B. Cembalo)
- wichtige Komponisten: Wolfgang Amadeus Mozart, Ludwig van Beethoven, Franz Schubert, Johannes Brahms, Béla Bartók, Arnold Schönberg, Anton Webern, Dmitri Schostakowitsch, György Ligeti, Philip Glass

Joseph Haydn: Die Schöpfung – ein Oratorium

Ordnung und Chaos

Klar: ein ordentliches Schulheft, ein aufgeräumtes Zimmer – davon hat man eine Vorstellung. Die Frage, wie man Ordnung in der Kunst erkennen kann, hat sich der Künstler und Kabarettist Ursus Wehrli gestellt und dazu einige Gemälde berühmter Künstler „aufgeräumt".

1 Deutet das Bild von Wehrli in Bezug auf Kandinskys Original.

2 a **Gruppenarbeit:** Verwendet eines der beiden Bilder als Grundlage für eine Improvisation (ca. 1 Min.) mit verschiedenen Instrumenten und/oder euren Stimmen.

b Führt euch die Ergebnisse gegenseitig vor und achtet auf die jeweils für Chaos bzw. Ordnung eingesetzten musikalischen Mittel. Fasst anschließend an der Tafel mögliche musikalische Prinzipien zur Gestaltung von „Chaos" und „Ordnung" zusammen.

Ausschnitt aus „Roter Fleck II" von Wassily Kandinsky (1921)

Aus: „Kunst aufräumen" von Ursus Wehrli (2003)

Eine Geschichte von der Erschaffung der Welt

Im Alten Testament wird der Weg vom Chaos zur Ordnung der Welt beschrieben. Joseph Haydn hat zur Schöpfungsgeschichte ein Oratorium komponiert, bei dem in der Einleitung der Übergang vom Chaos zur Ordnung hörbar wird.

> Am Anfang schuf Gott Himmel und Erde. Und die Erde war wüst und leer, und es war finster auf der Tiefe; und der Geist Gottes schwebte auf dem Wasser. Und Gott sprach: Es werde Licht! Und es ward Licht. Und Gott sah, dass das Licht gut war. Da schied Gott das Licht von der Finsternis.
> (1 Mose 1,1–4)

Wann ist ein klarer Grundton zu erkennen?

Wo sind Kadenzen zu hören?

Wie verwendet Haydn die Gestaltungsmittel Wiederholung, Veränderung und Kontrast?

3 Benennt die Begriffe, mit denen im nebenstehenden Bibeltext Chaos und Ordnung beschrieben werden.

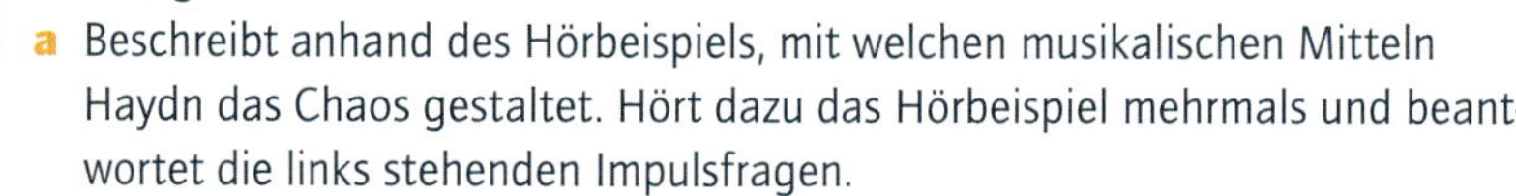

4 a Beschreibt anhand des Hörbeispiels, mit welchen musikalischen Mitteln Haydn das Chaos gestaltet. Hört dazu das Hörbeispiel mehrmals und beantwortet die links stehenden Impulsfragen. A 11, 12

b **Für Profis:** Begründet die Aussage, dass Haydn das Ohr während der ganzen Einleitung nicht zur Ruhe kommen lässt.

Ein Ohrenzeuge berichtet von der Uraufführung:

» *In dem Moment, als das Licht zum ersten Mal erschien, [war die] Verzauberung der elektrisierten Wiener so allgemein, dass das Orchester einige Minuten lang nicht weiterspielen konnte.* «

(Frederik Samuel Silverstolpe, ein Freund von Joseph Haydn)

5 Befasst euch hörend mit diesem Ausschnitt und sucht Gründe für die oben zitierte „Verzauberung".  A 15

6 Vollzieht die Wirkung mit den Instrumenten in eurem Musikraum folgendermaßen nach: Spielt zunächst beliebige Töne sehr leise auf den Instrumenten (Chaos), auf ein Zeichen eines Dirigenten oder einer Dirigentin dann so laut wie möglich Töne aus dem C-Dur-Dreiklang. Tauscht euch über die Wirkung aus.

Der Geist über den Wassern

Haydn verwendet zu Beginn seiner Komposition besondere musikalische Mittel.

7 a Verfolgt Haydns weitere Umsetzung der Schöpfungsgeschichte und benennt die musikalischen Formen, die Haydn für die unterschiedlichen Abschnitte wählt. Die Infobox unten hilft euch dabei. (A 13–15)

b Hört den Ausschnitt, in dem der Chor singt, noch einmal an und beschreibt, wie Haydn das Schweben des Geistes Gottes über den Wassern darstellt. Geht dabei auch auf die Orchesterbegleitung und den Chorgesang ein. (A 14)

c Erklärt, warum Haydn für diesen Abschnitt den Chor gewählt hat, und überlegt, inwiefern der Einsatz eines Chores an dieser Stelle ungewöhnlich erscheint.

WISSEN

Oratorium

Das Oratorium ist eine dramatische Gattung für Solisten, Chor und Orchester. Ursprünglich verstand man unter einem „Oratorium" eine Art Kapelle, in der Bibellesungen und musikalische Andachten abgehalten wurden. Deswegen hat das musikalische Oratorium für gewöhnlich geistliche Inhalte und wird oft in der Kirche aufgeführt. Im Gegensatz zur Oper wird hierbei allerdings auf eine szenische Darstellung und ein Bühnenbild verzichtet.

Kampf der Geister der Finsternis mit der neuen Weltordnung

Im folgenden Abschnitt schildert Haydn den Kampf zwischen den Geistern der Finsternis und der neuen Weltordnung.

Verzweiflung, Wut und Schrecken (aus: Die Schöpfung)

A 16, 17

Text: G. van Swieten
Musik: J. Haydn

8 a Beschreibt mithilfe der Hörbeispiele, mit welchen musikalischen Mitteln Haydn den Text der beiden Abschnitte vertont. Achtet unter anderem auf die Gestaltung der Melodielinie (Richtung, Schritte/Sprünge), den Rhythmus, Betonungen und Versetzungszeichen. (A 16, 17)

b Überlegt, warum Haydn an dieser Stelle mit den Satztechniken Homo- bzw. Polyfonie arbeitet.

Grundwissen aufgefrischt

Homofonie – Polyfonie

Homofonie: Eine Melodie wird von Begleittönen unterstützt, die keinen eigenständigen Charakter haben.

Polyfonie: Mehrstimmigkeit, wobei jede Stimme eigenständig, d. h. nicht bloß begleitend, ist.

INFO

Formen im Oratorium

Im Oratorium werden verschiedene Formen für die Umsetzung des Textes verwendet:

Ouvertüre: einleitendes Orchesterstück, oft mit thematischem Material aus dem Oratorium

Rezitativ: eine Textvertonung, die sich dem Sprachrhythmus angleicht und die Handlung erzählt (oft syllabisch)

Arie: Sologesang, der oft virtuos und publikumswirksam gestaltet ist; beschreibt Gefühle, Stimmungen oder Gedanken mit kunstvollen Melodielinien (oft melismatisch)

Duett: eine Partie von zwei Gesangssolisten und -solistinnen

Chorszenen: bieten Abwechslung zu den Solostücken und lassen (oft) „das Volk" oder andere Gruppen zu Wort kommen

INFO

Textverteilung

syllabisch: ein Ton pro Silbe

melismatisch: mehrere Töne pro Silbe

Die Erschaffung der Tiere

Haydn berichtet in zwei Rezitativen, wie die neu entstehende Welt von Tieren bevölkert wird.

Meister Bertram: Die Erschaffung der Tiere (Szene des Grabower Altars, 1379–1383)

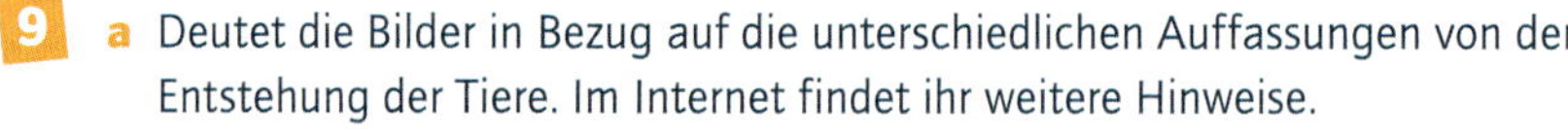

9 **a** Deutet die Bilder in Bezug auf die unterschiedlichen Auffassungen von der Entstehung der Tiere. Im Internet findet ihr weitere Hinweise.

b Hört euch das einleitende Rezitativ an und benennt, welche Auffassung von der Entstehung der Tiere Haydn für sein Oratorium vorlag. A 18

Mehr als 60 Jahre nach der Uraufführung von Haydns „Schöpfung" veröffentlichte Charles Darwin 1859 seine Evolutionstheorie „On the Origin of Species" („Von der Entstehung der Arten"). Dieses Buch war ein Meilenstein der modernen Naturwissenschaft und rief nach seiner Veröffentlichung heftige Diskussionen hervor, da es in völligem Gegensatz zum biblischen Schöpfungsbericht steht.

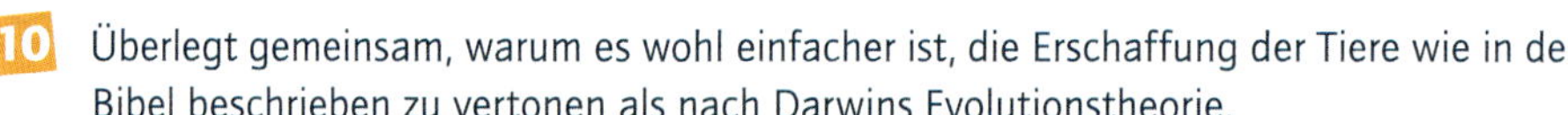

10 Überlegt gemeinsam, warum es wohl einfacher ist, die Erschaffung der Tiere wie in der Bibel beschrieben zu vertonen als nach Darwins Evolutionstheorie.

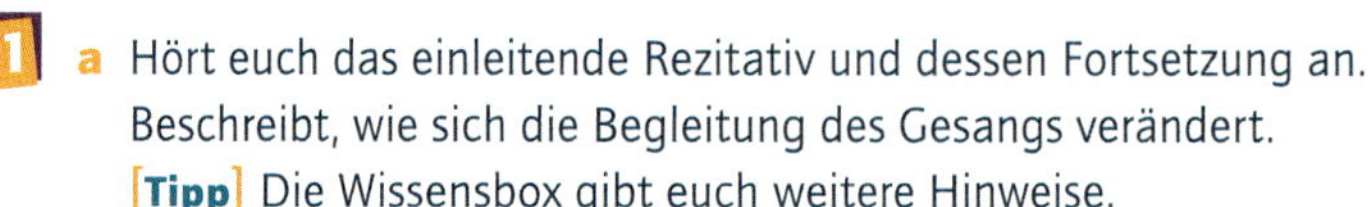

11 **a** Hört euch das einleitende Rezitativ und dessen Fortsetzung an. Beschreibt, wie sich die Begleitung des Gesangs verändert. A 18, 19

[Tipp] Die Wissensbox gibt euch weitere Hinweise.

b Betrachtet den Notenausschnitt und vergleicht ihn mit eurem Höreindruck. Beschreibt, was die Continuogruppe zusätzlich zu dem Notat des Komponisten ausführt.

Text: G. van Swieten
Musik: J. Haydn

WISSEN

Secco- und Accompagnato-Rezitativ

Der Sprechgesang des Rezitativs kann auf zwei Arten begleitet werden.

1. **secco** (ital., trocken): Der Gesang wird nur von der Continuogruppe (Cembalo, Cello usw.) begleitet.
2. **accompagnato** (ital., begleitet): Der Gesang wird vom Orchester begleitet, das Orchester kommentiert oft den Fortgang der Handlung. Manchmal wird ein liedhafter Teil (Arioso) eingeflochten.

Tonmalerei

Tonmalerei ist ein Verfahren, Außermusikalisches mit Musik darzustellen. Die Erschaffung der Tiere im zweiten Teil des Oratoriums enthält zahlreiche Beispiele, wie Haydn die Laute oder Bewegungen von Tieren musikalisch umsetzt.

12 Nachfolgend seht ihr die Notenausschnitte, mit denen Haydn Löwe, Insekten, Rind und Tiger musikalisch darstellt.

a Überlegt, welches Tier zu welchem Notenausschnitt gehören könnte. Begründet eure Entscheidungen anhand des Notenbildes.

Musik: J. Haydn

b Ordnet die Hörbeispiele den Notenbeispielen zu und überprüft, ob eure Klangvorstellung mit den Hörbeispielen übereinstimmt.

c Hört euch die Ausschnitte samt der dazugehörenden Rezitative an, in denen der Text mit der Darstellung der Tiere musikalisch kommentiert wird. Bringt die Notenbeispiele anschließend in die richtige zeitliche Reihenfolge und erklärt bei jedem Beispiel, welche Form der Kommentierung Haydn verwendet. Nutzt dazu auch die unten stehende Infobox.

Nachahmung der Tierlaute

Zuordnung durch Assoziationen

Nachahmung der Bewegung der Tiere

INFO

Libretto
Ital. für „Büchlein"; Textbuch einer Oper, eines Musicals oder eines Oratoriums.

13 Im Bibeltext ist an dieser Stelle lediglich die Rede „von Vieh, von Kriechtieren und von Tieren des Feldes". Sammelt Argumente, die den Librettisten dazu bewogen haben könnten, weitere Tiere einzufügen.

INFO

Tonmalerei

In der Tonmalerei werden außermusikalische Ereignisse durch Musik „nachgemalt", also klanglich dargestellt. Folgende Mittel finden hierbei Verwendung:

- einfache Imitation von Klängen (z. B. Glocken, Gewitter, Tierlaute)
- der Nachvollzug von Bewegung (z. B. Beschleunigung oder Bremsen, Fallen oder Steigen)
- die Beschreibung von Licht durch helle und dunkle Klangfarben
- die Verwendung von musikalischen Zitaten bzw. charakteristischen musikalischen Parametern zur Weckung von Assoziationen (z. B. Marschmusik → Militär, Choral → Kirche)

Eine musikalische Debatte – die Sonatensatzform

Jugend debattiert

Seit 2002 gibt es in Deutschland den Wettbewerb „Jugend debattiert". Über 100 000 Schülerinnen und Schüler ab Klasse 8 kämpfen dabei in mehreren Wettbewerb-Levels um den Einzug ins Bundesfinale. In einer Debatte diskutieren jeweils vier Teilnehmerinnen und Teilnehmer zu einem bestimmten Thema. Zwei Debattanten übernehmen die Pro-, zwei die Kontra-Position. Eine Debatte folgt festen Regeln und hat einen gleichbleibenden Ablauf:

1 Führt eine Debatte nach den unten genannten Regeln durch. Sucht euch dazu ein geeignetes Thema (z. B. „Sollten Liedtexte zensiert werden?").

1. Eröffnungsrunde:
Alle vier Beteiligten bekommen je eine Minute Redezeit, um die eigene Position darzulegen und Argumente, die diese Sichtweise unterstützen, vorzutragen. Keine referierende Person darf dabei unterbrochen werden. Die Pro- und Kontra-Rednerinnen und -Redner wechseln sich in der Eröffnungsrunde ab.

2. freie Aussprache:
Nachdem alle Debattanten ihre Position dargelegt haben, bekommen sie insgesamt 6 Minuten lang Zeit, weitere überzeugende Argumente auszutauschen. Es gibt dabei keine Moderation.

3. Schlussrunde:
Alle Beteiligten bekommen erneut je eine Minute Redezeit, um ihren Standpunkt zu verdeutlichen. Falls die Argumente der anderen Referierenden sehr überzeugend waren, kann man in diesem Teil der Debatte die eigene Position auch ändern. Neue Argumente dürfen in der Schlussrunde nicht mehr genannt werden!

2 Setzt die Debatte als musikalische Gruppenimprovisation um.

a Bildet dazu vier Gruppen. Orientiert euch bei der musikalischen Umsetzung an der Tabelle: Je zwei Gruppen nutzen die musikalischen Eigenschaften von Pro bzw. Kontra. Wählt passende Instrumente. Ein Dirigent oder eine Dirigentin leitet den Verlauf anhand seiner bzw. ihrer Aufzeichnungen.

b Überlegt, inwieweit eine Debatte angemessen mittels Musik wiedergegeben werden kann.

	Pro	Kontra
Tonhöhe	Aufwärtsbewegung	Abwärtsbewegung
Lautstärke	allmähliches Crescendo	eher leise mit einzelnen starken Akzenten
Tempo	immer kleiner werdende Notenwerte	meist lange Noten, unterbrochen von kurzen Einwürfen
Artikulation	kurz, staccato	legato, melodiös

Die Sonatensatzform

Ludwig van Beethoven (1770–1827) verwendet in vielen seiner Werke eine musikalische Form, die den Verlauf einer Debatte nachvollzieht. Dies war ein in der Zeit der Klassik neu etabliertes Kompositionsmodell, das sich bald als wegweisende musikalische Gestaltungsidee durchsetzte.

Die Sonatensatzform

In der Sonatensatzform werden zwei meist gegensätzliche musikalische Themen gegenübergestellt und im späteren Verlauf verarbeitet. Somit ist sie eine Art musikalisches Streitgespräch.
Die Sonatensatzform findet sich fast immer in den ersten Sätzen von Sonaten, Sinfonien oder Instrumentalkonzerten.
Sie besteht meist aus folgenden Teilen:

Exposition (= Eröffnungsrunde): Es werden zwei gegensätzliche Themen in verschiedenen Tonarten vorgestellt.
Durchführung (= freie Aussprache): Die Themen treten in eine Auseinandersetzung, werden „verarbeitet", die Debatte wird „durchgeführt".
Reprise (= Schlussrunde): Die beiden Themen erklingen erneut, jedoch in derselben Tonart und oft leicht verändert.
Coda (= Verabschiedung): Oft erklingen markante Schlussfloskeln.

Exposition		Durchführung	Reprise		Coda
Thema I	Thema II :	thematische Arbeit, harmonische Freiheit	Thema I	Thema II	Schlussfloskeln

3 **a** Hört euch die beiden Themen der ersten Klaviersonate von Beethoven an und verfolgt dabei die Notenausschnitte. Beschreibt die Unterschiede und tragt sie in eine Tabelle in eurem Arbeitsheft ein.

b Bestimmt für jedes Thema die Tonart. Findet dazu die erste Stelle, wo simultan (also gleichzeitig) ein Dur- oder Moll-Dreiklang entsteht.

Sonate f-Moll, op. 2, Nr. 1, 1. Satz

Thema I

Musik: L. v. Beethoven

Thema II

Musik: L. v. Beethoven

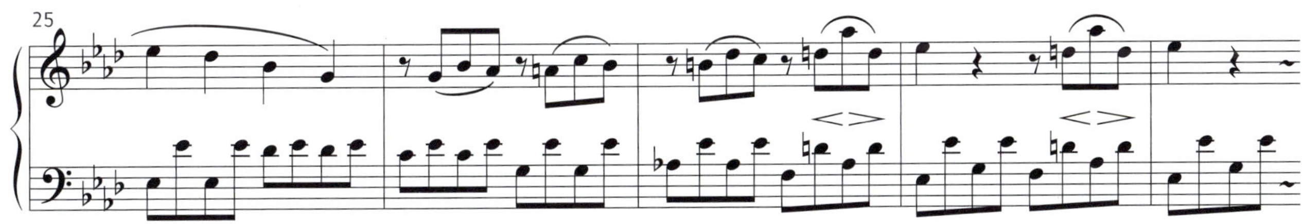

4 Hört euch nun den ersten Satz an.

a Fertigt in eurem Arbeitsheft eine Verlaufsskizze an. Tragt ein, welches Thema in welchem Abschnitt erklingt, wo nur Teile der Themen gespielt werden oder wann freier gestaltet wird.

b Vergleicht die Verlaufsskizze mit dem Verlauf eurer Debatte.

Die Durchführung – der Kern der Debatte

Die freie Aussprache in einer Debatte entspricht der sogenannten Durchführung in der Sonatensatzform. Nachdem nach festen Regeln zwei gegensätzliche Themen vorgestellt wurden, wird nun das Streitgespräch durchgeführt, die Themen setzen sich auseinander.

5 Verfolgt hörend den ersten Teil der Durchführung. Macht euch Notizen zum Vorkommen der beiden Themen und tragt diese in eine Tabelle ein. Geht dabei insbesondere auf folgende Aspekte ein:

- Ober- oder Unterstimme
- Dur oder Moll
- Häufigkeit des Erklingens
- kompletter Themenkopf (die ersten beiden Takte) oder verkürzt

Themen-kopf	Ober- oder Unterstimme	Dur oder Moll	Häufigkeit	Komplett oder Verkürzt
I	oben			
II				

Ende der Durchführung und Beginn der Reprise

Musik: L. v. Beethoven

6 Seht euch nun den Notenausschnitt aus dem letzten Teil der Durchführung an.

a Beschreibt, welchen Bezug dieser Ausschnitt zu den beiden Themen hat.

b Prognostiziert, wie die „Debatte" ausgeht, d. h. welches Thema aus der Durchführung gestärkt hervorgeht.

7 **a** Bestimmt im vorliegenden Ausschnitt den Beginn der Reprise. Nutzt dazu die Wissensbox auf S. 14.

b Vergleicht nun die Gestalt von Thema I in der Reprise mit der Originalgestalt aus der Exposition. Geht dabei unter anderem auf Begleitung, Lautstärke und Themenbeginn ein.

8 Überprüft abschließend hörend, wie sich das Thema II gewandelt hat.

Die Sonatensatzform – ein Spiegel gesellschaftlicher Entwicklung

Musik, wie alle Künste, folgt immer der Entwicklung der Gesellschaft und deren politischen wie philosophischen Grundlagen. Beethoven war ein Anhänger der Ideen der Aufklärung, die den starren und hierarchischen Absolutismus durch vernunftgesteuertes Handeln und Denken ersetzen wollte. So ist es nicht verwunderlich, dass der Aspekt der Freiheit in vielen seiner Werke (z. B. „Fidelio", „Egmont", „Die Geschöpfe des Prometheus") eine große Rolle spielt.

9 Ordnet die Zitate und Bilder dem Absolutismus bzw. der Aufklärung zu. Begründet eure Entscheidung.

» *Hier sitz ich, forme Menschen nach meinem Bilde, ein Geschlecht, das mir gleich sei, zu leiden, weinen, genießen und zu freuen sich, und dein nicht zu achten, wie ich!* «
(Johann Wolfgang von Goethe, aus: Prometheus)

» *Wir sind zwar gleich am Fleisch, doch nicht vom gleichem Stande: Der trägt ein Purpurkleid, und jener gräbt im Sande, bis nach entraubtem Schmuck der Tod uns gleiche macht.* «
(Andreas Gryphius, aus: Ebenbild unseres Lebens)

Mittelalterliches Weltbild (Holzschnitt von 1888)

Daniel Nikolaus Chodowiecki: Unterricht in Zeiten der Aufklärung (1774)

Ein wichtiges Ergebnis der Philosophie der Aufklärung war die von Georg Wilhelm Friedrich Hegel entwickelte Dialektik als Methode der Erkenntnisfindung. Vereinfacht lässt sich diese als eine Auseinandersetzung beschreiben, in der eine These (als bestehende Auffassung, Überlieferung o. Ä.) von einer Antithese in Frage gestellt wird. Die Diskussion führt schließlich zu einer Lösung oder einem neuen Verständnis, der Synthese.

10 Vergleicht den Verlauf von Beethovens Sonate mit den Prinzipien der Dialektik. Diskutiert nun über die These, dass Beethoven hier ein „Lehrstück" für die Umsetzung der Philosophie der Aufklärung geschrieben hat.

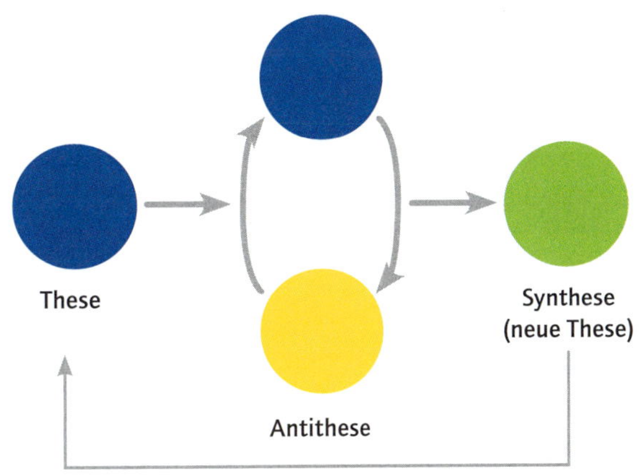

„Sinfonie aller Sinfonien" – Sinfonie Nr. 40, KV 550 von Wolfgang Amadeus Mozart

Wolfgang Amadeus Mozart (1756–1791) komponierte insgesamt 41 Sinfonien. Die letzten drei entstanden innerhalb weniger Wochen im Sommer 1788. Neben der Sinfonie in Es-Dur (Nr. 39) und der „Jupiter-Sinfonie" in C-Dur (Nr. 41) brachte Mozart in dieser Phase auch die Sinfonie in g-Moll (Nr. 40) zu Papier, die im 19. Jahrhundert als „Sinfonie aller Sinfonien" gefeiert wurde. In der „Großen g-Moll-Sinfonie" gelingt es Mozart meisterhaft, die klanglichen Ideale der Klassik und eine individuelle und für seine Zeit moderne Musiksprache zu vereinen.

1. Satz: Allegro molto

Der erste Satz der Sinfonie ist auch gleichzeitig der berühmteste. Er fand in der Werbung und als Handyklingelton Verwendung und wurde im Stil eines Popsongs gecovert. Vor allem aber in seiner Originalgestalt zählt er zu den am meisten gehörten klassischen Stücken. Die Popularität lässt sich sicherlich auch auf die zwei einprägsamen Themen zurückführen, die in der Exposition einander gegenübergestellt werden.

Thema I

Musik: W. A. Mozart

Thema II

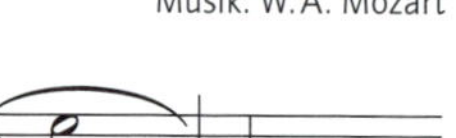

Musik: W. A. Mozart

1 Beschreibt die beiden Themen und stellt sie einander gegenüber. Informiert euch gegebenenfalls noch einmal über die Themengestaltung in einem Sonatensatz (siehe S. 7 und S. 14).

Sinfonie der Klassik

Die Sinfonie ist eine der wichtigsten musikalischen Gattungen der Wiener Klassik. Sie ist für Orchester komponiert und besteht meistens aus vier Sätzen.

Die Besetzung des Orchesters standardisiert sich in der Zeit der Klassik, weshalb man seither vom „klassischen Sinfonieorchester" spricht.

1. Satz: schnelles Tempo, Sonatensatzform

2. Satz: langsames Tempo, Liedform, Sonatensatzform oder Variationsform

3. Satz: tänzerisch, Menuett bzw. Scherzo

4. Satz: schnelles Tempo, Sonatensatzform, Rondo oder Variationsform

Beim Komponieren einer Sinfonie spielt die Orchestrierung eine entscheidende Rolle: Melodie und Begleitung müssen auf die verschiedenen Instrumente verteilt werden, einzelne Stimmen oder Stimmgruppen können pausieren bzw. hervortreten und der Instrumentalklang soll den Charakter des Stücks prägen. In der Durchführung nutzt Mozart die Möglichkeiten des Orchesters bei der thematischen Verarbeitung aus.

2 a Bestimmt die Rolle der verwendeten Instrumente in diesem Teil der Durchführung.

b Beschreibt das musikalische Material, das Mozart an dieser Stelle benutzt.

Durchführung

Musik: W. A. Mozart

2. Satz: Andante 

Der zweite Satz beginnt gesanglich mit einer ruhigen Melodie in den Streichern. Im siebten Takt tritt ein markantes Zweiunddreißigstelmotiv hinzu, das im weiteren Satzverlauf eine zunehmend wichtigere Rolle spielt.

Beginn des 2. Satzes

Musik: W. A. Mozart

Horn in Es
Violine I
Violine II
Viola
Violoncello

Hrn.
Vl. I
Vl. II
Vla.
Vc.

3 Hört den Beginn und stellt die musikalischen Mittel dar, mit denen Mozart die ruhige Wirkung erzielt.

Die Klangwirkung des 2. Satzes wird gelegentlich als „musikalisches Chiaroscuro“ (ital., Helldunkel) bezeichnet. Ursprünglich stammt der Begriff aus der Malerei.

4 Betrachtet das Bild und beschreibt, wie die Lichtgestaltung die Stimmung beeinflusst.

5 Hört einen Ausschnitt aus dem Mittelteil des Satzes und erklärt mithilfe des Notenbeispiels, mit welchen Mitteln der Komponist einen „Chiaroscuro“-Effekt erreicht und welche Wirkung er damit erzielt. Bezieht dabei auch den Wandel der zu Beginn gespielten Motive mit ein.

A 32

Joseph Wright of Derby: Das Experiment mit dem Vogel in der Luftpumpe (1768)

3. Satz: Menuetto. Allegretto 

Der dritte Satz ist als Menuett mit Trio komponiert. Mozart spielt in diesem Satz mit den Hörerwartungen des Publikums und lässt das Menuett anders klingen als üblich.

Spiel-mit-Satz zum Beginn des 3. Satzes

Spiel-mit-Satz: G. Schmidt-Oberländer

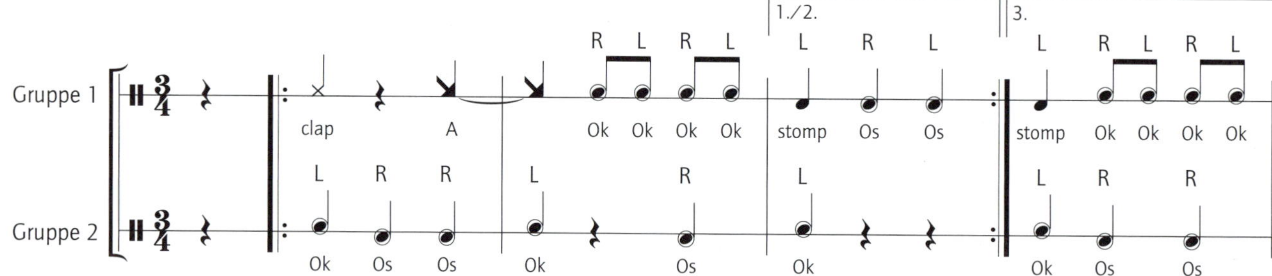

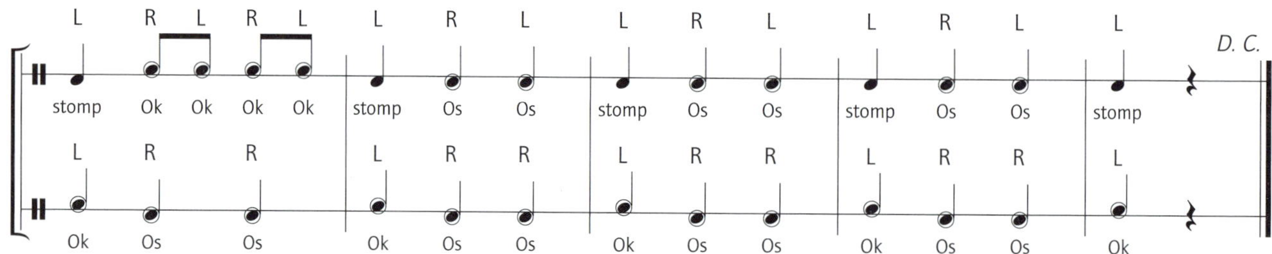

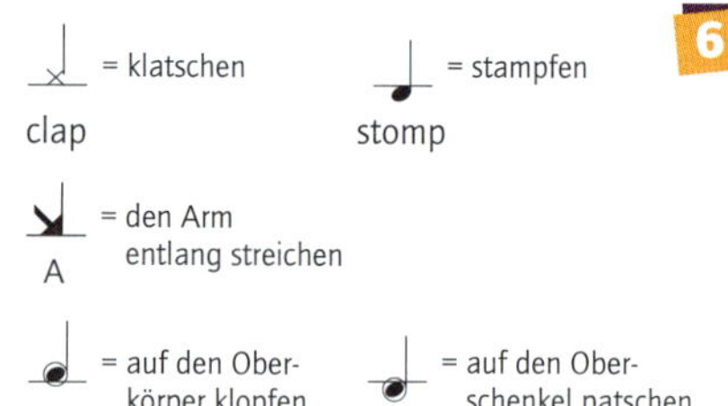

6 **a** Führt die Bodypercussion zum Hörbeispiel aus.
b Nehmt mithilfe der Infobox und eurer Musiziererfahrung aus Aufgabe 6a Stellung zu folgender Aussage des Dirigenten Mathias Husmann:

A 33

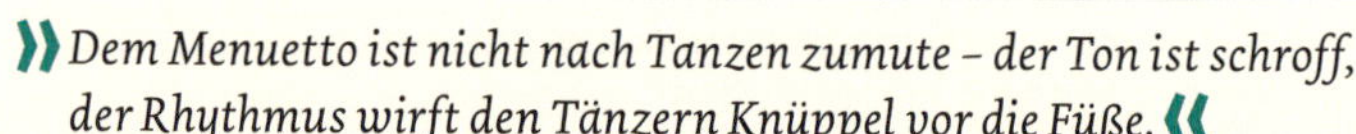
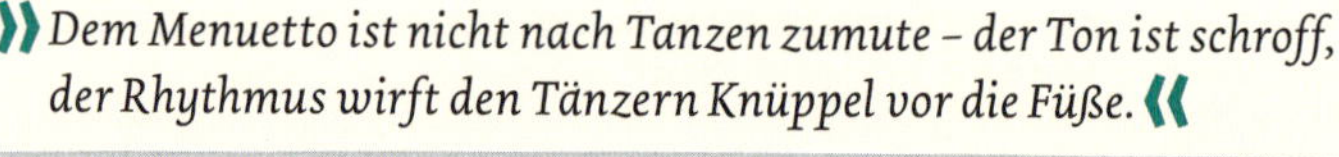

» Dem Menuetto ist nicht nach Tanzen zumute – der Ton ist schroff, der Rhythmus wirft den Tänzern Knüppel vor die Füße. «

INFO

Menuett

Das Menuett ist ein höfischer Gesellschaftstanz französischen Ursprungs und ein wichtiger Tanz der Barockzeit und Klassik. Es steht im 3/4-Takt (selten im 3/8- oder 6/4-Takt). Die Wirkung des Menuetts ist festlich, edel und beschwingt.

Johann Esaias Nilson: Das Menuett (Kupferstich 1760, spätere Kolorierung)

4. Satz: Allegro assai 

Der vierte Satz ist wie der erste als Sonatensatz komponiert. Zwei markante Themen stehen sich gegenüber und werden im Lauf des Satzes verarbeitet.

Thema I des 4. Satzes

Musik: W. A. Mozart

7 Hört das erste Thema und beschreibt dessen musikalische Eigenschaften. 

Beginn des 4. Satzes (Spiel-mit-Satz)

Spiel-mit-Satz: F. Niedrig

8 Der Spiel-mit-Satz passt zum Beginn des ersten Themas. 

a Führt ihn mit geeigneten Instrumenten zum Hörbeispiel aus. Achtet dabei auf die dynamische Gestaltung. Die Melodie (kleine Noten in Stimme 1) kann von Profis übernommen werden.

b Verfolgt hörend die weitere Gestaltung des ersten Themas.

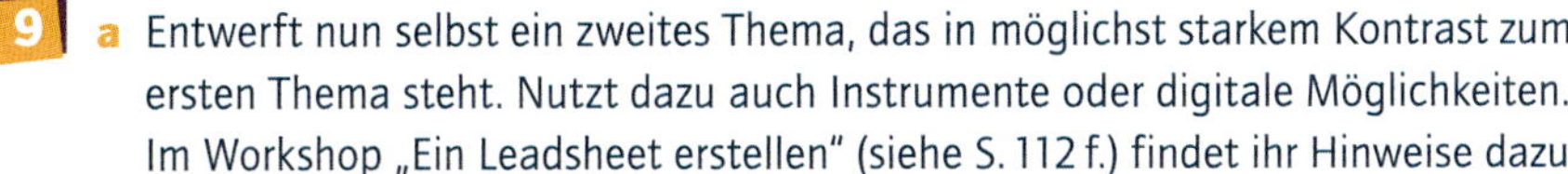

9 **a** Entwerft nun selbst ein zweites Thema, das in möglichst starkem Kontrast zum ersten Thema steht. Nutzt dazu auch Instrumente oder digitale Möglichkeiten. Im Workshop „Ein Leadsheet erstellen“ (siehe S. 112 f.) findet ihr Hinweise dazu.

b Vergleicht euren Themenentwurf mit dem Original. 

„Modulatorische Kühnheiten" – Gestaltung der Durchführungen im 1. und 4. Satz

In der Durchführung eines Sonatensatzes werden die beiden Themen in harmonischer Freiheit verarbeitet. Der Musikwissenschaftler Alfred Einstein beschrieb diese „Freiheit" in Mozarts Sinfonie so:

> *›› Diese Durchführungen sind Stürze in Abgründe der Seele, symbolisiert in modulatorischen Kühnheiten, die den Zeitgenossen als Entgleisungen vorkommen mussten, aus denen nur Mozart selber wieder auf den Weg der Vernunft finden konnte. ‹‹*

! WISSEN

Modulation

Unter einer Modulation versteht man den Wechsel des tonalen Zentrums (Grundtonart, Tonika) innerhalb eines Stückes.

Joseph Lange: Mozart am Klavier (unvollendetes Ölgemälde, 1789)

Melodiestimme in der Durchführung des 1. Satzes

Musik: W. A. Mozart

Beginn der Durchführung des 4. Satzes (Unisono in allen Streicher- und Holzbläserstimmen)

Musik: W. A. Mozart

10 Weist mithilfe der Noten- und Hörbeispiele „modulatorische Kühnheiten" nach und nehmt Stellung zu Einsteins Zitat. Bezieht bei der Durchführung des 4. Satzes vor allem den Tonvorrat in eure Überlegungen ein.

„Schwarze Gedanken" – Romantische Interpretation eines klassischen Werks

In der Entstehungszeit der Sinfonie hatte Mozart große Geldsorgen und in den Briefen an seinen Freund Michael Puchberg spricht er von „schwarzen Gedanken", die ihn plagten. Bereits wenige Jahrzehnte nach seinem Tod begannen die Menschen – typisch für die dann vorherrschende Epoche der Romantik – emotionale Seelenzustände in die Musik Mozarts hineinzuinterpretieren. Für sie wirkte die Sinfonie, die auffälligerweise ohne den Einsatz von mächtigen Pauken und Trompeten auskommt und für die kein Kompositionsauftrag bekannt ist, wie das düstere und melancholische Selbstbekenntnis eines verzweifelten Komponisten. Die heutige Musikforschung geht dagegen von einem weitaus distanzierteren Verhältnis der klassischen Komponisten zu ihren Werken aus.

11 **a** Findet im Brief Mozarts Hinweise auf seinen Gemütszustand.

b Untersucht anschließend die kennengelernten Ausschnitte der Sinfonie nach Merkmalen, die die Menschen der Romantik zu der Interpretation veranlasst haben könnten, Mozart würde seine eigene Verfassung in der Musik ausdrücken wollen.

Liebster bester freund!

Ich habe immer geglaubt dieser tagen selbst in die Stadt zu kommen, um mich bei ihnen wegen ihrer mir bewiesenen freundschaft mündlich bedanken zu können – Nun hätte ich aber nicht einmal das Herz vor ihnen zu erscheinen, da ich gezwungen bin, Ihnen frey zu gestehen, daß ich ihnen das mir geliehene ohnmöglich sobald zurückzahlen kann, und sie ersuchen muß mit mir Gedult zu haben! – Daß die Umstände dermalen und Sie mich nach meinem Wunsch nicht unterstützen können, macht mir viele Sorgen! – Meine Laage ist so, daß ich unumgänglich benöthigt bin Geld aufzunehmen. – aber Gott, wem soll ich mich vertrauen? Niemandem als ihnen, mein Bester! [...] ich habe in den 10 Tagen daß ich hier wohne mehr gearbeitet als in andern Logis die 2 Monat, und kämen mir nicht so oft so schwarze Gedanken (die ich mir mit Gewalt ausschlagen muß) würde es mir noch besser von Statten gehen, denn ich wohne angenehm, – bequem – und – wohlfeil. – ich will sie nicht länger mit meinem Gewäsch aufhalten, sondern schweigen und hoffen.
Ewig ihr verbundener Diener
wahrer freund u. O. B.

W.A. Mozart

Die Sinfonie im Spiegel der Musikkritik

Die Sinfonie Nr. 40 in g-Moll hat auch darüber hinaus viel Beachtung bekommen.
Die Rezensionen betonen dabei ganz unterschiedliche Aspekte des Werkes:

» *Das Konzert eröffnete sich mit der herrlichen Mozartschen Sinfonie aus G moll, dieser unsterblichen Arbeit des grossen Komponisten, welche mit höchster Erhabenheit die grösste Schönheit verbindet, und doch nie ins Wilde und Abentheuerliche abschweift. Es ist ein kolossales Bild, aber von den schönsten Verhältnissen [...].* «
(Rezension in der „Allgemeinen Musikalischen Zeitung" nach dem Konzert vom 8. April 1805 in Wien)

» *Beethoven spricht zu uns mit großen, starken Gesten, Mozart mit Nuancen.* «
(Maurizio Pollini, italienischer Pianist und Dirigent, im Interview mit der „ZEIT" vom 5. Januar 2006)

» *Die Tutti sind lang und wild; es herrscht eine finstere Brillanz, denn selbst Zorn zu komponieren macht Spaß!* «
(Mathias Husmann, deutscher Dirigent, in: „99 Präludien fürs Publikum", 2017)

» *[...] diese griechisch schwebende, wenn auch etwas blaße Grazie [...]* «
(Robert Schumann über die g-Moll-Tonalität in Mozarts Sinfonie in der „Neuen Zeitschrift für Musik" vom 6. Februar 1835)

12 Wählt aus den Zitaten eines aus und nehmt dazu begründet Stellung. Ihr könnt dabei dem Zitat entweder zustimmen, es widerlegen oder ergänzen.

Haydn, Mozart, Beethoven – drei ganz besondere Typen

Obwohl Joseph Haydn, Wolfgang Amadeus Mozart und Ludwig van Beethoven das Dreigestirn der Wiener Klassik bilden, entstammen sie doch unterschiedlichen Generationen. Die Geburtstage von Haydn und Mozart liegen 24 Jahre auseinander, die von Mozart und Beethoven immerhin 14 Jahre. Da die Gesellschaft im 18. Jahrhundert im Umbruch war, lebten alle drei in verschiedenen Anstellungsverhältnissen und hatten auch unterschiedliche politische und gesellschaftliche Ansichten.

1 **Gruppenarbeit:**

Schritt 1: Teilt euch in drei Gruppen ein. Jede Gruppe soll sich mit einem Komponisten beschäftigen.

Schritt 2: Sammelt Informationen über den gewählten Komponisten bezüglich Anstellungsverhältnis und Ansichten über Politik und Gesellschaft. Nutzt dazu die abgebildeten Texte und Bilder auf dieser Doppelseite und alle Informationen, die ihr im Kapitel „Klassik" dazu bereits kennengelernt habt.

Schritt 3: Tragt eure Ergebnisse in einer virtuellen Talkrunde zusammen. Verteilt dazu in eurer Gruppe die Rollen:

Rollen Gruppe 1: Joseph Haydn, Fürst Esterházy, Orchestermitglied am Hof Esterházy

Rollen Gruppe 2: Wolfgang Amadeus Mozart, Kaiser Joseph II., Graf Arco

Rollen Gruppe 3: Ludwig van Beethoven, Johann Wolfgang von Goethe, Fürst Lobkowitz

Ein Moderator bzw. eine Moderatorin lenkt das Gespräch und achtet auf gleichmäßige Gesprächsanteile.

Schritt 4: In einer Tabelle haltet ihr die wichtigsten Erkenntnisse aus der Talkrunde fest.

Joseph Haydn

» *Etwas Unerhörtes geschah am Pult des zweiten Hornbläsers: er und der erste Oboist standen mitten im Spielen auf, packten die Instrumente ein und verließen das Podium. Elf Takte weiter ergreift der bisher unbeschäftigte Fagottist sein Instrument, löscht das Licht aus und geht gleichfalls ab. [...] Es ist fast finster im Orchester. Nur an einem Pult brennen noch zwei Kerzen: hier sitzen zwei Violinisten. Jetzt sind die letzten Lichter erloschen, die letzten Geiger aufgestanden und wie Schatten an der Wand verschwunden. Der Fürst tritt heran und legt ihm leise die Hand auf die Schulter: „Mein Lieber! Ich habe verstanden. Die Musiker sehnen sich nach Hause ... Gut denn! Morgen packen wir ein ...* «

(aus: Heinrich Eduard Jacob: Haydn (Biografie), 1952)

» *Wann vor der hohen Herrschaft eine Musique gemacht wird, solle er Vice-capellmeister allezeit in Uniform, und nicht nur er Joseph Haydn selbst sauber erscheinen, sondern [er soll] auch alle andere von ihm dependierende dahin anhalten, dass sie [...] in weißen Strümpfen, weisser Wäsche, eingepudert und entweder in Zopf oder Haarbeutel [...] sich sehen lassen.* «

(aus dem Anstellungsdekret als Vize-Kapellmeister am Hofe Esterházy)

» *Mein Fürst war mit allen meinen Arbeiten zufrieden, ich erhielt Beifall, ich konnte als Chef eines Orchesters Versuche machen, beobachten, was den Eindruck hervorbringt, und was ihn schwächt, also verbessern, zusetzen, wegschneiden, wagen; ich war von der Welt abgesondert, niemand in meiner Nähe konnte mich an mir selbst irre machen und quälen, und so musste ich original werden.* «

(Joseph Haydn über seine Anstellung am Hof)

Julius Schmid: Haydn-Quartett (1900)

Wolfgang Amadeus Mozart

Mozart litt während seiner Zeit im Dienste des Erzbischofs von Salzburg unter der Enge und Ignoranz des Hofes und geriet insbesondere mit dem für die Disziplin der Dienerschaft zuständigen Grafen Arco immer wieder aneinander.

Edouard Hamman: Mozart musiziert in kleinem Kreise (19. Jh.)

» *[...] es ist, als wenn man mich mit Gewalt weghaben wollte. [...] Anstatt daß Graf Arco meine Bittschrift angenommen [...] oder mir zugeredet hätte, die Sache noch so zu lassen [...], nein da schmeißt er mich zur Tür hinaus und gibt mir einen Tritt in den Hintern. Nun das heißt auf teutsch, daß Salzburg nicht mehr für mich ist, ausgenommen mit guter Gelegenheit dem Herrn Grafen wieder ingleichen einen Tritt in den Arsch zu geben, und sollte es auf öffentlicher Gasse geschehen.* «
(aus einem Brief Mozarts im Juni 1781 an seinen Vater)

» *Nun ist meine Hauptabsicht hier daß ich mit schöner Manier zum kaiser komme, denn ich will absolument daß er mich kennen lernen soll. – Ich möchte ihm mit lust meine opera durchpeitschen, und dann brav fugen spillen, denn das ist seine Sache.* «
(aus einem Brief Mozarts im März 1781 an seinen Vater)

Nach der Aufführung des Singspiels „Die Entführung aus dem Serail" soll sich nach dem Bericht eines Augenzeugen folgender Dialog abgespielt haben:

» *„Zu schön für unsere Ohren, aber, lieber Mozart, gewaltig viel Noten." – „Gerade so viel Noten, Eure Majestät, als nötig sind."* «

Ludwig van Beethoven

Ludwig van Beethoven: Manuskript der Sinfonie Nr. 3, „Eroica", Titelblatt mit der entfernten Widmung an Napoleon Bonaparte

Bettina von Arnim, eine mit Beethoven und Goethe bekannte Schriftstellerin, berichtet von einem Aufenthalt in Teplice (1812), heute Teplitz, Folgendes:

» *Indem kam auf dem Spaziergang ihnen entgegen mit dem ganzen Hofstaat die Kaiserin und Herzoge; nun sagte Beethoven: „Bleibt nur in meinem Arm hängen, sie müssen uns Platz machen, wir nicht." – Goethe war nicht der Meinung, und ihm wurde die Sache unangenehm; er machte sich aus Beethovens Arm los, und stellte sich mit abgezogenem Hut an die Seite, während Beethoven mit untergeschlagenen Armen mitten zwischen den Herzogen durchging.* «

» *Da es aber erwiesen ist, daß nur ein so viel [als] möglich sorgenfreyer Mensch, sich einem Fache allein widmen könne, und diese, vor allen übrigen Beschäftigungen ausschlüssliche Verwendung, allein im Stande sey, grosse, erhabene, und die Kunst veredelnde Werke zu erzeugen; so haben Unterzeichnete den Entschluß gefaßt, Herrn Ludwig van Beethoven in den Stand zu setzen, daß die nothwendigsten Bedürfnüsse ihn in keine Verlegenheit bringen und sein kraftvolles Genie dämmen sollen.* «
(aus dem Rentenvertrag, unterzeichnet von Erzherzog Joseph sowie den Fürsten Kinsky und Lobkowitz)

Carl Röhling: Begegnung zwischen Beethoven und Goethe in Teplitz (1812)

Faszination Mozart

Die drei großen Komponisten der Wiener Klassik sind auch heute noch allgemein bekannt; in der Rezeptionsgeschichte hat aber vor allem Wolfgang Amadeus Mozart einen besonders hohen Stellenwert. Nicht nur seine zeitlose Musik, sondern auch die Person Mozarts weckt immer wieder aufs Neue das Interesse der Menschen. Im Laufe der Jahrhunderte entstanden so verschiedene Mozartbilder, die sich je nach Epoche, Betrachtungsweise oder Absicht stark voneinander unterscheiden (z. B. das Bild des „verarmten Genies", das vor allem im 19. Jahrhundert verbreitet wurde). Auch in der Medienwelt des 20. und 21. Jahrhunderts findet sich Mozart auf vielfältige Art und Weise wieder.

Mozart in den Popcharts

Mit „Rock Me, Amadeus" feierte der österreichische Musiker Falco im Jahr 1985 einen Riesenerfolg: Es ist bis heute das einzige deutschsprachige Lied, das sowohl in den Charts der USA als auch in Großbritannien Platz 1 erreichen konnte.

Rock Me, Amadeus

Text: F. Bolland, R. Bolland, Falco; Musik: F. Bolland, R. Bolland

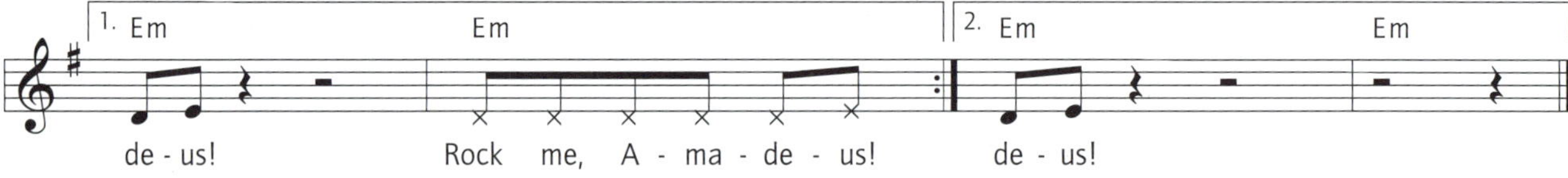

Rap-Strophen

1. Er war ein Punker
und er lebte in der großen Stadt.
Es war in Wien, war Vienna,
wo er alles tat.
Er hatte Schulden, denn er trank,
doch ihn liebten alle Frau'n.
Und jede rief:
Come on, rock me, Amadeus.

2. Er war Superstar,
er war populär,
er war so exaltiert,
because er hatte Flair.
Er war ein Virtuose,
war ein Rockidol.
Und alles rief:
Come on, rock me, Amadeus.

Ref.: Amadeus, ...

3. Es war um 1780
und es war in Wien,
no plastic money anymore,
die Banken gegen ihn.
Woher die Schulden kamen,
war wohl jedermann bekannt,
er war ein Mann der Frauen,
Frauen liebten seinen Punk.

4. Er war ein Superstar,
er war so populär,
er war zu exaltiert,
genau das war sein Flair.
Er war ein Virtuose,
war ein Rockidol.
Und alles ruft noch heute:
Come on, rock me, Amadeus.

Ref.: Amadeus, ...

1 Singt bzw. rappt den Song.

2 Fasst zusammen, wie Mozart im Text beschrieben wird.

Falco mit Managerin Claudia Wohlfromm (1997)

Mozart im Kino

Auch im Film wurde die Person Mozarts immer wieder thematisiert. Zwei vergleichsweise gegensätzliche Darstellungen finden sich in den Werken „Wen die Götter lieben“ (1942) und „Amadeus“ (1984).

3 **a** Seht euch die Filmszene aus „Wen die Götter lieben“ und den Trailer zu „Amadeus“ an und beschreibt die jeweils dargestellte Persönlichkeit Mozarts.

b Vergleicht anschließend die Charakterisierungen Mozarts mit der Darstellung in „Rock Me, Amadeus“.

4 Diskutiert die These, dass der Blick auf berühmte Persönlichkeiten (wie Mozart) auch immer als Spiegel der betrachtenden Gesellschaft interpretiert werden kann.

5 Findet Beispiele, die heutzutage das Mozartbild prägen.

„Little Amadeus“ – Zeichentrickserie (2006)

Stand mit Mozartkugeln, Christkindlmarkt Salzburg

Mozart-Playmobilfigur

[Das habt ihr gelernt]

- klassische Merkmale in der Kunst und Architektur zu bestimmen
- die Ideale der Klassik in Musikstücken zu erkennen und mit musikalischen Fachbegriffen zu benennen
- die Besonderheit der Gattung Streichquartett hörend und in Partiturausschnitten zu analysieren
- die Gattung des Oratoriums am Beispiel von Haydns Schöpfung mit ihren verschiedenen Formen zu überblicken und wichtige Kompositionsprinzipien in der Umsetzung des Textes zu beschreiben
- eine Sonatensatzform zu analysieren und ihren Gehalt in einen philosophischen Kontext zu stellen
- Aspekte von allen vier Sätzen einer Sinfonie zu analysieren, musikalisch nachzuvollziehen und sich mit der Rezeption der Sinfonie kritisch auseinanderzusetzen
- die Anstellungsverhältnisse der Komponisten Haydn, Mozart und Beethoven zu vergleichen
- den Wandel des Bildes eines Komponisten im Verlauf der gesellschaftlichen Entwicklung nachzuvollziehen und ein eigenes Bild auf der Basis von Recherche zu entwerfen

Epochenüberblick Klassik (ca. 1750–1830)

Musik

Wien wird zum bedeutenden Zentrum der Musik (**„Wiener Klassik"**, etwa 1780–1820). Der Übergang vom Barock zur Klassik ist fließend: Bereits ab 1730 zeichnen sich die Kompositionen durch Einfachheit und Schlichtheit aus. Komponisten achten auf die Ausgewogenheit ihrer Werke und nutzen neue Kompositionstechniken:

- **obligate Begleitung** (ersetzt den Generalbass)
- **motivisch-thematische Arbeit** (Musikstück wird aus wenigen Motiven entwickelt)

Die meist viersätzige **Sinfonie** nimmt eine bedeutende Stellung ein. Das **Solokonzert** des Barocks wird in der Klassik weiterentwickelt. Im **Streichquartett** kommt die klassische Ausgewogenheit besonders gut zum Ausdruck. Die **Klaviersonate** (Sonatensatzform im ersten Satz) ist besonders beliebt.

Literatur und Gedankenwelt

Die Klassik ist geprägt vom positiven Menschenbild der Aufklärung. Immanuel Kant setzt auf die Kraft des Geistes zur Bewältigung des Lebens: „Habe Mut, dich deines eigenen Verstandes zu bedienen." Dies bewirkt das Zerbrechen der alten Ordnungen:

- 1789 Ende von Absolutismus und Ständegesellschaft durch Französische Revolution
- wachsendes Selbstbewusstsein des Bürgertums
- Traum von Freiheit, Gleichheit und Brüderlichkeit

In der Weimarer Klassik erlebt die Literatur ihre Blüte durch Friedrich Schiller und Johann Wolfgang von Goethe, die durch ihre Dramen (z.B. „Faust") und Gedichte (z.B. „Ode an die Freude") in der ganzen Welt berühmt werden.

Johann Heinrich Wilhelm Tischbein: Goethe in der Campagna (1787)

Komponisten im Fokus:

Joseph Haydn
1732–1809

Wohnorte
geb. in Rohrau/Österreich; Wien, Landsitz des Fürsten Esterházy

Beruf
Hofmusiker, Leitung von Orchester und Oper, Komponist

Wichtige Werke
107 Sinfonien, 24 Opern, Solokonzerte, Oratorien („Die Schöpfung", „Die Jahreszeiten"), Streichquartette

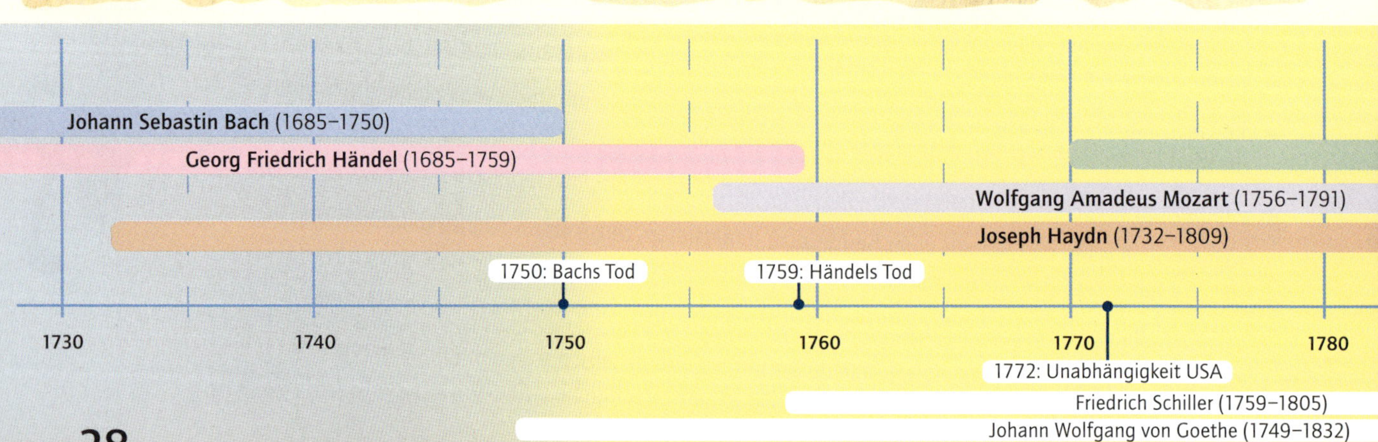

Bildende Kunst und Architektur

Der Klassizismus löst als kunstgeschichtliche Epoche den Barock bzw. das Rokoko ab und wirkt wie ein künstlerisches Gegenprogramm. Während die Künstler des Rokoko mit der Darstellung von Hirtenszenen und opulenten Festen die Illusion eines unbeschwerten Lebens des Adels erzeugen wollen, greifen Architekten und Künstler nun auf die Formensprache des griechischen Tempelbaus zurück. In der Malerei werden Form, Linienführung und Konturen wichtiger als die Farbgestaltung.

Die „Wiener Klassiker"

Wolfgang Amadeus Mozart
1756–1791

Wohnorte
geb. in Salzburg; zahlreiche Reisen in ganz Europa, Wien

Beruf
Konzertmeister in Salzburg; dann freischaffender Komponist in Wien

Wichtige Werke
41 Sinfonien, 23 Klavierkonzerte, viele Opern und Singspiele („Zauberflöte", „Entführung aus dem Serail" u. a.), Kirchenmusik (Requiem, Messen)

Ludwig van Beethoven
1770–1827

Wohnorte
geb. in Bonn;
ab 1792 in Wien

Beruf
Klaviervirtuose, Improvisator, Komponist; durch Mäzene freiberuflich

Wichtige Werke
9 Sinfonien (9. Sinfonie mit dem Chorfinale „Ode an die Freude"), 32 Klaviersonaten, 5 Klavierkonzerte, Missa solemnis, Oper „Fidelio"

Im Überblick

- Aufklärung (Vernunft und Verstand als Maßstab aller Dinge)
- Ende des Absolutismus (Französische Revolution)
- Erstarken des Bürgertums
- Musik: Entwicklung eines bürgerlichen Musiklebens, Ausgewogenheit als Prinzip, Wiener Klassik, Sinfonie, Solokonzert, Streichquartett, Klaviersonaten
- Komponisten: Haydn, Mozart, Beethoven

Berlin: Brandenburger Tor (1788–1791 erbaut)

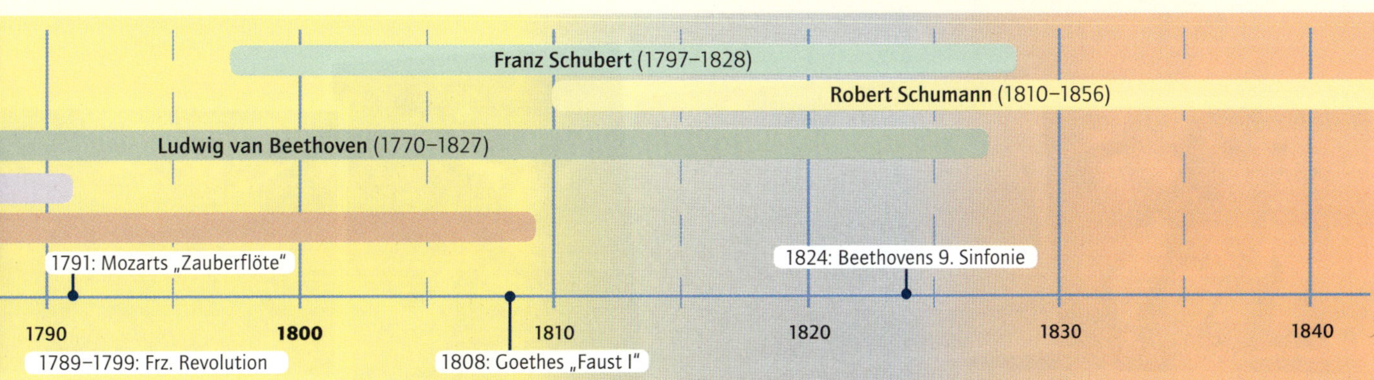

[Kapitel 2]

Musiktheater 1: Oper

So werben Opernhäuser für „Carmen", eine der bekanntesten und am häufigsten gespielten Opern der Musikgeschichte:

»Auf in den Kampf! Mitreißende Rhythmen, hinreißende Melodien. Zwei Machos und eine starke Frau: **Carmen** – dazu die Hitze Spaniens. Der richtige Mix für Lust und Tod. ‚Ein in höchstem Maße unmoralisches Werk', verriss man die Uraufführung. Stimmt! Und das ist gut so. Bizets Meisterwerk zieht in den Bann.«

(Bayerische Staatsoper München)

»Sinnlich, offensiv und jenseits jeder bürgerlichen Moral: Georges Bizets fatale Dreiecksgeschichte **Carmen** konnte bei ihrer Uraufführung 1875 in der Pariser Opéra comique nur Empörung hervorrufen. Etliche Jahre fristete sie daher ein Schattendasein – heute unvorstellbar, schließlich gilt sie inzwischen als berühmteste Oper überhaupt.«

(Deutsche Oper Berlin)

»Keiner kann **Carmen** widerstehen. Die schöne Zigeunerin, die in der Zigarettenfabrik arbeitet, macht sie alle verrückt, und viele versuchen, bei ihr zu landen [...]. **Carmen** ist eine Tragödie ohne moralische Botschaft, eine musikalische und szenische Feier der Leidenschaft, die deren Zerstörungsmacht in den Mittelpunkt stellt.«

(Theater Dortmund)

»Auf in den Kampf – ob Auge in Auge mit dem Stier oder dem menschlichen Gegenüber. In der brütenden Hitze Spaniens ringen die Figuren in Anziehung und Abstoßung mit Leidenschaft und Egoismus um Liebe und Verrat. [...] Zu Georges Bizets mitreißenden Rhythmen und hinreißenden Melodien entspinnt sich ein Tanz auf dem Vulkan. [...] Mehr noch: Das Eifersuchtsdrama wird zum Kriminalstück mit tödlichem Ausgang.«

(Semperoper Dresden)

Körper und Bewegung

Eine Szene auf dem Marktplatz in Sevilla

Stellt euch im Kreis auf. Eine oder einer von euch steht in der Mitte, zeigt auf eine beliebige Person im Kreis und nennt eine der Figuren auf den nachfolgenden Kärtchen. Die Mitschülerin oder der Mitschüler und die jeweiligen Nachbarinnen und Nachbarn führen die auf der jeweiligen Karte bezeichneten Aktionen zügig aus.

[Tipp] Das Spielmodell wird spannender, wenn ihr es in schnellem Tempo ausführt.

Flamencotänzerin

Nimm eine Tanzpose ein. Die Umstehenden klatschen dabei in die Hände und rufen „Olé!".

Torero

Wedle mit einem imaginären roten Tuch, während Personen in deiner Nähe mit ihren Fingern neben ihren Ohren Stierhörner formen und mit dem Fuß scharren.

Soldat

Schlage die Fersen zusammen, verschränke die Arme und rufe dabei laut: „Salutieren!". Die nebenstehenden Schülerinnen und Schüler folgen deinem Befehl und salutieren.

Schmuggler

Schultere einen imaginären Sack und halte nach links und rechts Ausschau. Deine Nachbarinnen und Nachbarn gehen in die Hocke, um sich zu verstecken.

Stimme und Ohren

The Rhythm of Life

A 40, 41

Text: D. Fields
Musik: C. Coleman

1. Em Yes, the rhyth-m of life is a Am pow-er-ful beat, puts a D tin-gle in your fin-ger and a G tin-gle in your feet.
C Rhyth-m in the base-ment, Am rhyth-m in the street, yes, the H7 rhyth-m of life is a Em pow-er-ful beat.

2. Em To feel the Am rhyth-m of life, D to feel the G pow-er-ful beat,
C to feel a Am tin-gle in your fin-ger, H7 to feel a Em tin-gle in your feet.

Begleitstimme

dum ts ke da dum dum dum ts ke da dum dum dum ts ke da dum dum dum dum dum ke da dum dum

Julia Migenes-Johnson als Carmen (Filmplakat von 1984)

INFO

Lied der Zigeunerinnen
Carmen singt das Lied der Zigeunerinnen, als sie wegen eines Streits in der Zigarettenfabrik von Leutnant Zuniga verhört wird.

Lied der Soldaten
Das Lied der Soldaten singt José, als er nach seinem Arrest zur Taverne „Lillas Pastia" kommt.

Rendezvous auf dem Marktplatz von Sevilla 

Die Oper „Carmen" versetzt das Publikum ins spanische Sevilla des 19. Jahrhunderts. Vor der Zigarettenfabrik füllt sich um die Mittagszeit der Platz mit den jungen, hübschen und wegen der Hitze nur leicht bekleideten Arbeiterinnen. Die Mittagspause ist deshalb eine Attraktion in Sevilla, die zahlreiche neugierige Verehrer anzieht.

Lied der Zigeunerinnen

Lied der Soldaten

1 Geht zu den Hörbeispielen durch den Raum und beobachtet euch dabei. Achtet auf Größe und Tempo der Schritte, Körperhaltung, Gestik und Mimik. Tauscht euch anschließend über eure Bewegungen während des Hörens und Gehens aus. 

2 Bildet Gruppe **A** (Arbeiterinnen) und Gruppe **B** (Soldaten), die sich vor der Zigarettenfabrik treffen. Gestaltet eure „Begegnungen" gemäß der Mottos:

» *Seht her! Hier bin ich!* « » *Platz da! Jetzt kommen wir!* «

Inmitten dieser Szene trifft die Fabrikarbeiterin Carmen zum ersten Mal auf den Soldaten Don José.

3 Gestaltet eine Spielszene, bei der die Gruppe der Arbeiterinnen ihr Lied singt und die unten stehenden Haltungen einnimmt, worauf die Gruppe der Soldaten jeweils entsprechend reagiert.

spöttisch beim Verhör durch Soldaten | herausfordernd beim Flirt mit Soldaten | gedankenversunken/sehnsuchtsvoll

4 Hört euch die beiden Lieder zum Notentext noch einmal an und beschreibt, welche Stimmungen in der musikalischen Struktur angelegt sind. 

Auf in den Tanz!

Carmen erscheint als Letzte auf dem Marktplatz. Sie hat viele Verehrer und singt für diese ein Lied über ihre Einstellung zur Liebe. Ihr Gesang wird durch einen langsamen Tanz, eine sogenannte „Habanera“, begleitet.

5 **a** Beschreibt mithilfe des Hörbeispiels euren Eindruck von Carmens Persönlichkeit. A 44
b Lest beim zweiten Anhören den Text der „Habanera“ mit und gebt in eigenen Worten wieder, wie Carmen die Liebe beschreibt.

Habanera (Arie der Carmen)

L'amour est un oiseau rebelle
que nul ne peut apprivoiser,
et c'est bien en vain qu'on l'appelle,
s'il lui convient de refuser.
Rien n'y fait, menace ou prière,
l'un parle bien, l'autre se tait,
et c'est l'autre que je préfère,
il n'a rien dit, mais il me plaît.
L'amour! […]

L'amour est enfant de Bohême,
il n'a jamais, jamais connu de loi.
Si tu ne m'aimes pas, je t'aime,
si je t'aime, prends garde à toi!

Ja, die Liebe hat bunte Flügel,
solch einen Vogel zähmt man schwer;
haltet fest sie mit Band und Zügel,
wenn sie nicht will, kommt sie nicht her.
Ob ihr bittet, ob ihr befehlet
und ob ihr sprecht und ob ihr schweigt,
nach Laune sie den erwählet
und heftig liebt, der stumm sich zeigt.
Ja, die Liebe […]

Die Liebe von Zigeunern stammet,
fragt nach Rechten nicht, Gesetz und Macht;
liebst du mich nicht, bin ich entflammet,
und wenn ich lieb, nimm dich in Acht!

INFO

Habanera

Die Habanera ist nach der kubanischen Hauptstadt Havanna benannt und ein langsamer Tanz. Typisch ist der punktierte Begleitrhythmus, der oft mit einem Tango (siehe S. 158 f.) kombiniert wird. Wie Tabak und Zigarren war auch die Habanera ein „Import“ aus der Neuen Welt.

Rhythmus der Habanera

Grundwissen aufgefrischt

Arie

Die Arie ist ein Sologesang innerhalb der Oper bzw. des Oratoriums, der meistens das Innenleben oder die Gefühle einer Person darstellt, während die Handlung stehen bleibt (vgl. Monolog im Sprechtheater).

Arie der Carmen

6 **a** Erklärt die musikalischen Fachbegriffe rechts und ordnet sie der entsprechenden Stelle im oben stehenden Notenausschnitt zu.
b Stellt eine Verbindung zwischen musikalischen Mitteln und Textinhalt her.
c Erläutert, inwiefern die Musik imstande ist, die Persönlichkeit über die Textebene hinaus zu charakterisieren.

7 Informiert euch im Internet darüber, wie verschiedene Opernhäuser die Szene umgesetzt haben. Beschreibt die Mittel, die Regie bzw. Choreografie verwenden, um Inhalte und Musik in Bilder umzusetzen.

Rhythmus der Habanera
Ostinato
chromatische Tonschritte
abwärtsgerichtete Melodielinien
Triolen
pianissimo

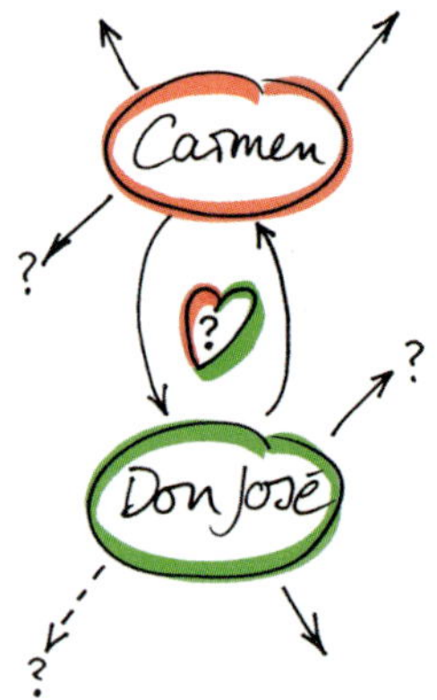

Carmen – eine Geschichte von Liebe und Tod

Feurige spanische Rhythmen, Melodien mit Ohrwurmcharakter, eine attraktive Verführerin und ein Startorero, ein braves Bauernmädchen und ein pflichtbewusster Wachsoldat – aus dieser spannungsgeladenen Mischung aus bedingungsloser Liebe und rasender Eifersucht entsteht eine tragische Geschichte von Liebe und Tod.

1 Hört euch die Hörgeschichte zur Oper „Carmen" von Georges Bizet an. A 45–57

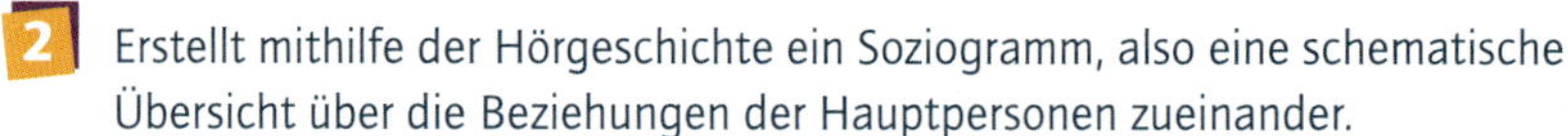

2 Erstellt mithilfe der Hörgeschichte ein Soziogramm, also eine schematische Übersicht über die Beziehungen der Hauptpersonen zueinander. A 45–57

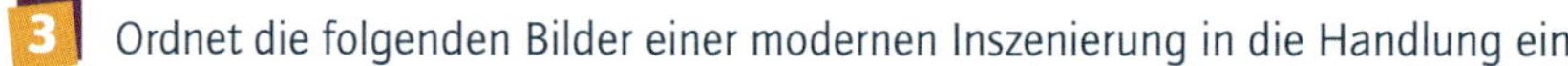

3 Ordnet die folgenden Bilder einer modernen Inszenierung in die Handlung ein.

Szenen einer Carmen-Inszenierung in der Deutschen Oper Berlin 2018 (Regie: Ole Anders Tandberg)

INFO

Georges Bizet
(1838–1875)
lernte bereits mit vier Jahren das Notenlesen und besuchte mit neun Jahren ein Konservatorium. Seine erste Sinfonie komponierte er mit siebzehn. Nach dem Studium in Rom arbeitete er in Paris als Musiklehrer, Korrepetitor und freischaffender Komponist. Heute ist Bizet vor allem als Opernkomponist bekannt, obwohl er zu Lebzeiten in diesem Genre wenig Erfolg hatte. Sein bekanntestes Bühnenwerk „Carmen" ist zugleich auch sein letztes: Drei Monate nach der Uraufführung starb er an einem chronischen Herzleiden.

Georges Bizet (Fotografie von 1875)

4 **Gruppenarbeit:** Teilt euch in Gruppen von 4–6 Personen ein.

- **a** Wählt eine Szene aus der Oper aus und verteilt die beteiligten Rollen innerhalb eurer Gruppe. Bestimmt jemanden, der die Regie übernimmt.
- **b** Entwerft eine kurze Pantomime zu eurer Szene und studiert sie ein. Achtet dabei besonders auf eine zu eurem Charakter passende Körpersprache.
- **c** Präsentiert euch gegenseitig eure szenischen Darstellungen. Das Publikum identifiziert die einzelnen Rollen und die gewählte Szene.

Verhängnisvolle Begegnungen 

Akazienblüte

Don José ist der einzige Mann, der Carmen auf dem Marktplatz nicht beachtet. Nachdem sie ihr Lied beendet hat, sieht sie ihn spöttisch an und wirft ihm herausfordernd eine Blume zu. Dabei erklingt das Schicksalsmotiv der Carmen, ein Leitmotiv, das an zentralen Stellen der Oper immer wieder erscheint.

1 Hört euch das Schicksalsmotiv der Carmen an und beschreibt die Wirkung der Musik im Unterschied zur vorausgehenden Habanera. 

2 **a** Spielt das Notenbeispiel (z. B. am Klavier) und untersucht den Melodieverlauf. Benennt die Stellen, an denen die „fremdländisch-orientalische" Wirkung hervorgerufen wird.

b Informiert euch in der Infobox über die übermäßige Sekunde als typisches Intervall des orientalischen Tonraums. Bestimmt die übermäßigen Sekunden im Notentext und vergleicht die Ergebnisse mit denen aus Aufgabe 2a.

c Findet Erklärungen, warum Bizet für die heiß begehrte und lebenslustige Carmen wohl dieses Thema wählte.

Schicksalsmotiv der Carmen 

Andante moderato

Musik: G. Bizet

Grundwissen aufgefrischt

Leitmotiv

In Opern werden häufig Leitmotive verwendet, die Personen, Gegenständen oder Gefühlen zugeordnet sind. Ein Leitmotiv muss charakteristisch, prägnant und leicht wiederzuerkennen sein.

Überlegt, wie ein Leitmotiv für Don José gestaltet sein müsste.

Ein (Alb-)Traumpaar?

Wie im Film hat Musik in der Oper die Funktion, dem Publikum eine zusätzliche Informationsebene zu den Bildern zu bieten.

3 Betrachtet das Ende des Filmausschnittes und überlegt, welche Gefühle Don José wohl hat, als er die Blume aufhebt, die Carmen ihm vor die Füße geworfen hat. Beschreibt, welche Funktion die Musik in der Begegnungsszene zwischen Carmen und Don José übernimmt. 

INFO

Orientalisches Tonmaterial 

Carmens Schicksalsmotiv klingt verglichen mit den anderen Motiven der Oper für europäische Ohren recht ungewohnt.

Das liegt an der sogenannten „spanisch-phrygischen" Tonleiter, die dem Motiv zugrunde liegt und für ein orientalisches Flair sorgt. Die Entstehung dieses Klangcharakters in der spanischen Musik lässt sich darauf zurückführen, dass die spanische Halbinsel jahrhundertelang von Arabern besetzt war.

Deutlich wird das an den Tonleitern, die andere Intervallstrukturen aufweisen als europäische Skalen. Meist handelt es sich dabei um übermäßige Sekundschritte.

Die große Sekunde *c* – *d* umfasst zwei Halbtonschritte. Sie wird durch Erhöhung des *d* zum *dis* zur übermäßigen Sekunde (ü 2), die drei Halbtonschritte umfasst.

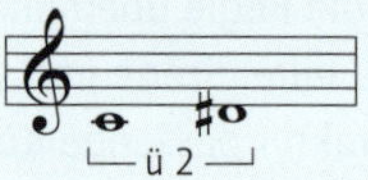

Bizet integriert mit dieser Klangqualität damit einerseits eine typisch spanische und andererseits eine exotische Komponente in seiner Oper.

Seguidilla – eine musikalische Verführung ...

In der Zigarettenfabrik kommt es nach einem Wortgefecht zwischen Carmen und den anderen Frauen zur Eskalation: Carmen verletzt eine Kollegin mit einem Messer und muss dafür ins Gefängnis. Dort wird sie von Don José bewacht. Während die beiden allein in der Zelle sind, beginnt Carmen, ein Lied in Form einer Seguidilla zu singen.

4 Beschreibt mithilfe von textlichen und musikalischen Merkmalen, wie Carmen versucht, auf ihren Bewacher Don José einzuwirken.

Don José reagiert auf ihren Gesang mit einem strengen Befehl:

5 Hört die Passage und erklärt, welche Mittel eingesetzt werden, um Don José militärisch und streng wirken zu lassen.

Der Komponist Georges Bizet hat an dieser Stelle neben dem Gesang eine zweite Erzählebene geschaffen: Die wahre Gefühlslage von Don José kommt durch die Begleitung des Orchesters zutage.

6 Hört den Abschnitt erneut und achtet diesmal auf die Begleitung. Erläutert anschließend die Zweideutigkeit dieser Stelle.

Don José: „Jetzt schweig! Ich hab das Sprechen dir verboten überhaupt!" (Opernverfilmung, 1984)

INFO

Seguidilla

Die Seguidilla ist ein alter spanischer Volkstanz aus Andalusien im schnellen Dreiertakt.

Carmen

Draußen am Wall von Sevilla
bei meinem Freund Lillas Pastia
werde ich die Seguidilla tanzen
und Manzanilla trinken! [...]
Ja, aber ganz allein langweilt
man sich, und die wahren
Vergnügungen sind zu zweit ...

INFO

Tremolo

Unter einem Tremolo (ital., zittern, beben) versteht man eine musikalische Verzierung, bei der entweder ein Ton schnell wiederholt wird oder zwei Töne (im Abstand von mindestens einer Terz) rasch wechseln.

… mit Folgen

Carmen wittert ihre Chance und intensiviert ihre Bemühungen. Nach einigen weiteren Versprechungen ihrerseits kann sich Don José nicht mehr beherrschen. Er erliegt ihrer Verführung und äußert dies auch gesanglich. Don José befreit Carmen und verhilft ihr zur Flucht.

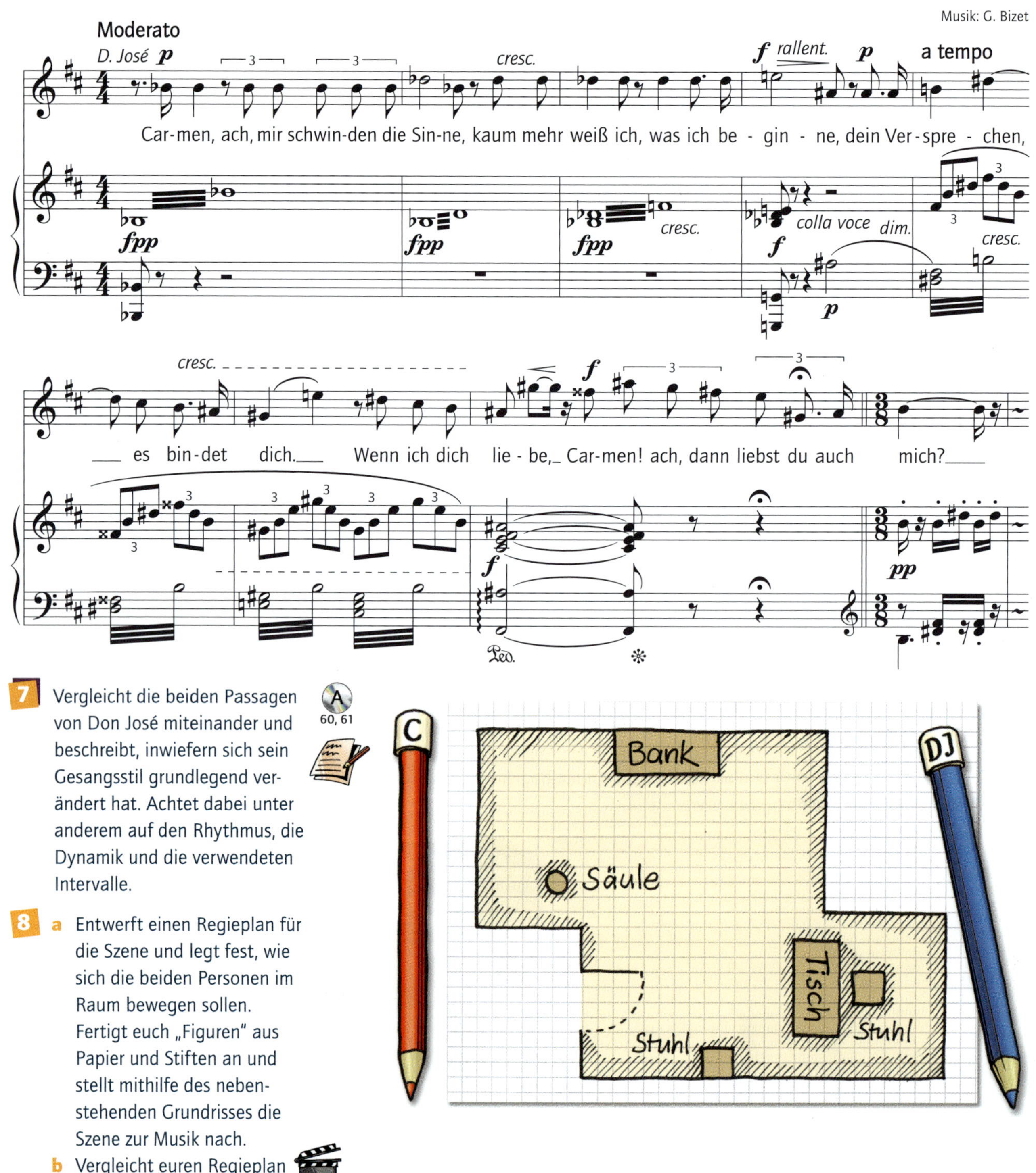

7 Vergleicht die beiden Passagen von Don José miteinander und beschreibt, inwiefern sich sein Gesangsstil grundlegend verändert hat. Achtet dabei unter anderem auf den Rhythmus, die Dynamik und die verwendeten Intervalle.

A 60, 61

8 **a** Entwerft einen Regieplan für die Szene und legt fest, wie sich die beiden Personen im Raum bewegen sollen. Fertigt euch „Figuren" aus Papier und Stiften an und stellt mithilfe des nebenstehenden Grundrisses die Szene zur Musik nach.

b Vergleicht euren Regieplan mit der Filmszene.

Ein Trinkspruch auf den Stierkampf und die Liebe

Szene aus der Arie des Escamillo (Opernverfilmung, 1984)

Carmen und ihre Freundinnen treffen sich in der Taverne „Lillas Pastia“, einem Schmugglertreff. Sie tanzen und singen ausgelassen. Als die Gäste die Taverne verlassen wollen, erscheint der berühmte Torero Escamillo und setzt sich in Szene.

9 Hört euch einen Ausschnitt aus der Arie des Escamillo an und verfolgt dabei die deutsche Übersetzung.

A 62

10 a **Gruppenarbeit:** Gruppe 1 stellt die Tavernenszene bei der Ankunft Escamillos dar. Bestimmt zunächst folgende Rollen: Escamillo, Carmen und ihre Freundinnen, Soldaten, Schmuggler. Gruppe 2 modelliert nun die Positionen und Körperhaltungen von Gruppe 1, bis alle mit ihrer Pose einverstanden sind.

b Überprüft das Standbild mithilfe des Hörbeispiels. Ihr könnt die Musik auf ein Stoppsignal hin anhalten und das Standbild, wenn nötig, weiter verändern. Fotografiert das Standbild zum Schluss.

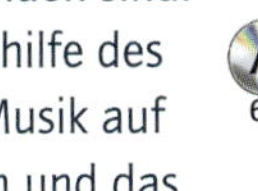

A 62

11 a Tauscht euch darüber aus, wie sich Escamillo in der Arie präsentiert.

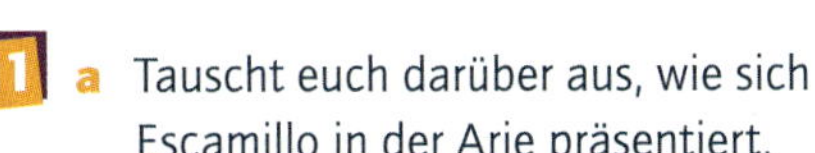

b Überlegt, was Carmen an der Person des Escamillo reizen könnte.

Arie des Escamillo

Escamillo: Torero, auf in den Kampf,
und denk daran, ja denk beim Kampf daran,
dass ein schwarzes Aug' dir zusieht
und dass die Liebe dich erwartet.
Torero, die Liebe,
die Liebe erwartet dich!
Die Liebe – die Liebe erwartet dich!

Alle: Auf in den Kampf Torero …

Escamillo: Plötzlich sind alle still.
Ah, was geschieht?
Keine Schreie mehr; es ist der Augenblick,
da der Stier in Sprüngen aus dem Zwinger
herausstürzt …
Er stürzt heraus, er kommt herein,
er stößt zu, ein Pferd stürzt zu Boden
und reißt den Picador mit sich.
„Ah, bravo dem Stier!“,
heult die Menge.
Der Stier läuft hierhin …
läuft dorthin …
läuft und stößt wieder zu!
Er schüttelt die Banderillas voller Wut, er läuft!

Erfolgreiche Stierkämpfer werden in Südspanien wie Helden verehrt und gefeiert. Trotz heftiger Proteste und kontroverser Diskussionen hat der Senat in Madrid 2013 die spanische Stierkampftradition zum „immateriellen Kulturgut“ erklärt und sogar einen Antrag zur Aufnahme des Stierkampfes in die Liste der immateriellen Kulturgüter der Unesco gestellt. Dahinter stecken nicht zuletzt wirtschaftliche Interessen, da sich viele junge Spanier nicht mehr für den Stierkampf interessieren, Spanien aber das dahinterstehende Milliardengeschäft nicht verlieren will.

12 Informiert euch über den Ablauf eines Stierkampfes und hinterfragt die damit verbundenen Diskussionen. Benennt Gründe, warum der Stierkampf bis heute in Spanien praktiziert wird.

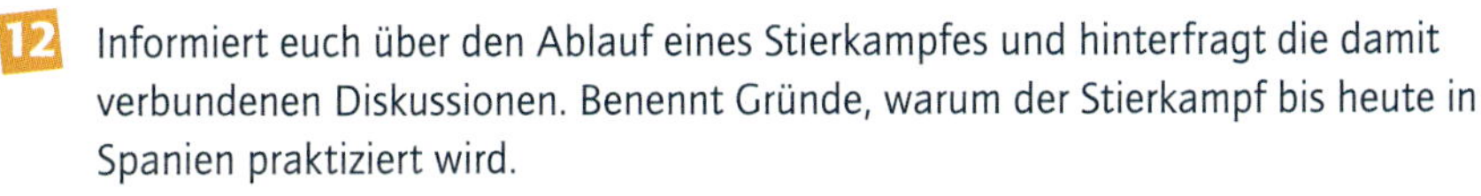

INFO

Stierkampf (Corrida)

Der Oberbegriff Torero meint verschiedene am Stierkampf beteiligte Personen: die mit einem roten Tuch und einem Degen bewaffneten Matadores, die dem Stier am Ende den Todesstoß versetzen, die mit Spießen und Lanzen ausgestatteten Banderilleros und die berittenen Picadores.

Verhinderte Liebesduette 

Carmen ist zwar von der Erscheinung Escamillos angetan, doch ihre Aufmerksamkeit gilt zunächst Don José, der nach seinem Arrest ebenfalls in die Taverne gekommen ist. Ihre Zuneigung zeigt sie ihm im folgenden Duett.

1 **Gruppenarbeit:** Gruppe 1 klatscht den Kastagnetten-Rhythmus, Gruppe 2 singt Carmens Melodie. Begleitet anschließend eure Aufführung mit den anderen Stimmen der Partitur. Nutzt dazu geeignete Instrumente.

2 Untersucht nun den Partiturausschnitt genauer in Bezug auf die musikalischen Mittel, mit denen Bizet das Umfeld von Carmen bzw. Don José charakterisiert.

Duett Carmen – Don José 

63

Musik: G. Bizet

3 **a** Tauscht euch darüber aus, welchen Inhalt und welche musikalische Gestaltung ihr von einem Liebesduett an dieser Stelle der Oper erwarten würdet.

b Hört nun das ganze Duett an und verfolgt dabei die deutsche Übersetzung. Überprüft anschließend, in welchen Punkten sich eure Erwartungen erfüllt haben bzw. wo es Abweichungen gibt.  63 

c Befasst euch mit Don Josés Verhältnis zu seiner Arbeit und den Pflichten in der Gesellschaft mithilfe des Textauszugs unten. Bewertet dabei auch die Tatsache, dass er in diesen Punkten unveränderlich bleibt und nicht auf die Welt Carmens eingeht. Zieht daraus Schlussfolgerungen für den weiteren Verlauf der Oper. 

Duett von Carmen und Don José

Carmen
Ich tanze Euch zu Ehren, und Ihr werdet sehen, mein Herr,
wie ich selbst meinen Tanz begleiten kann.
Setzt Euch dorthin, Don José, ich beginne: La-lala …

Don José
Warte ein wenig, Carmen,
hör nur einen Augenblick lang auf.

Carmen
Und warum, bitte schön?

Don José
Mir scheint, da hinten …
Ja, es sind die Trompeten, die den Zapfenstreich blasen.
Hörst du sie nicht?

Carmen
Bravo! Bravo! Es half nichts …
Es ist trübsinnig, ohne Orchester zu tanzen.
Es lebe die Musik, die wie gerufen kommt! La-lala …

Don José
Du hast nicht verstanden …
Carmen, das ist der Zapfenstreich …
Ich muss zum Appell ins Quartier zurück.

Liebe im Endstadium: eine ausweglose Situation

Schlussszene aus „Carmen“ (Opernverfilmung, 1984)

Don José ist in einer ausweglosen Situation: Nach einem Annäherungsversuch des Leutnants Zuniga Carmen gegenüber lässt er sich aus Eifersucht zu einer handgreiflichen Auseinandersetzung hinreißen. Eine Rückkehr in den Militärdienst ist somit für ihn unmöglich. Widerwillig schließt er sich den Schmugglern um Carmen an. Als er durch Micaëla vom baldigen Tod seiner Mutter erfährt, verlässt er die Bande. Carmen verliert das Interesse am pflichtbewussten Don José und wendet sich Escamillo zu. Am Tag des Stierkampfes versammelt sich ganz Sevilla vor der Arena. Carmen erscheint an der Seite Escamillos, der sich von der Menge feiern lässt. Obwohl Carmen von ihren Freundinnen vor José gewarnt wurde, denkt sie gar nicht daran, vor ihm zu fliehen. Während man in der Arena die begeisterte Menge jubeln hört, kommt es zu einer folgenschweren Zusammenkunft zwischen den beiden.

4 Dem Opernlibretto liegt die Novelle „Carmen“ des Franzosen Prosper Mérimée zugrunde. Lest den nachfolgenden Abschnitt aus der Novelle, in der José seine Lebensgeschichte erzählt. Findet Erklärungen, was José wohl dazu treibt, Carmen trotz Liebesbeteuerungen am Ende umzubringen.

» *Wir hielten vor einer einsamen Venta [Herberge]. [...] Dort sagte ich zu Carmen: „Höre, ich vergesse alles, aber schwör mir, dass du mir nach Amerika folgst [...]“ „Nein, ich will nicht nach Amerika“, sagte sie trotzig [...]. „Du willst mir also nicht folgen?“ – „Ich folge dir zum Tod, ja; aber leben will ich nicht mehr mit dir [...]“. „Ich bitte dich [...] deinetwegen bin ich zum Räuber und Mörder geworden, lass mich dich retten [...].“ „Alles ist aus zwischen uns [...] Carmen wird immer frei sein. Als calli [hier: Zigeunerin] ist sie geboren, als calli wird sie sterben.“ [...] Wut packte mich. Ich zog mein Messer. Ich wollte, dass sie Angst bekam und mich um Gnade bat, aber diese Frau war ein Dämon. „Willst du bei mir bleiben?“ „Nein, nein, nein!“, rief sie, zog den Ring vom Finger, den ich ihr geschenkt hatte und warf ihn ins Gebüsch. Ich stach zweimal zu. Sie fiel beim zweiten Stich ohne Laut [...]* «

INFO

Die Novelle „Carmen“ – Vorlage für die Oper

1847 erschien die Novelle „Carmen“ des französischen Schriftstellers Prosper Mérimée. Sie war Vorlage für das Opernlibretto. Ein Erzähler trifft auf seiner Wanderung durch Andalusien den gesuchten Räuber Don José, der ihm seine Lebensgeschichte erzählt. Der Stoff rund um Eifersucht, unstetes Wanderleben, Räuberei, Liebe und Leidenschaft war bei den Lesern schnell beliebt und schien wie geschaffen für die Verarbeitung zu einer Oper. Henri Meilhac und Ludovic Halévy entwickelten daraus das Libretto für die Oper.

5 Schaut euch die Schlussszene der Oper an und vergleicht sie mit der Schilderung der Novelle. Benennt Abweichungen zwischen den beiden Versionen und überlegt, warum die Vorlage geändert wurde und welche Wirkung damit erzielt wird.

6 Beschreibt die musikalische Gestaltung des Aufeinandertreffens von Carmen und José vor der Arena. Benennt musikalische Elemente, die das Tragische kommentieren.

7 **a** Ruft euch noch einmal die Entwicklung der „Liebesbeziehung“ zwischen Carmen und José in Erinnerung und erstellt eine Skizze mit den wichtigsten Stationen.

b Überlegt, warum sich die Stimmen von Carmen und José in keiner Szene der Oper im harmonischen Einklang befinden und worin sich die Tragik der Liebesbeziehung zeigt, die ein positives Ende der Oper verhindert.

Die Ouvertüre – nur eine Einleitung? 

Obwohl die Ouvertüre das erste Musikstück der Opernaufführung ist, wird sie oft zuletzt verfasst. Bizet schrieb die Ouvertüre, die er schlicht „Prélude“ (frz. für „Vorspiel“) nannte, wenige Tage vor der Premiere der Oper.

1 Macht euch mit den unten stehenden Themen vertraut, indem ihr die jeweilige Melodie auf einem Instrument spielt.

2 Hört euch die Aufnahme der Ouvertüre an und erstellt eine Übersicht über die Reihenfolge der erklingenden Themen. A 65 

3 Ordnet die Themen den euch bekannten Charakteren bzw. Lebenswelten aus der Oper zu. 

Themen der Carmen-Ouvertüre A 65

Musik: G. Bizet

❶ *p*

❷ *ff* *espressivo* *tutta forza* *ff*

3

p *ma molto marcato*

4

ff

Carmens Motiv nimmt in der Ouvertüre eine Sonderstellung ein. Alle Themen und Motive stehen miteinander in Verbindung, nur Carmens Motiv erklingt ohne Verbindung zum vorangegangenen musikalischen Material – im Gegenteil: Der Wechsel könnte kaum extremer sein.

4 Findet Begründungen, warum Bizet sich dazu entschlossen hat, das Motiv der Carmen in der Ouvertüre zu isolieren.

5 Erklärt, warum die Ouvertüre oft erst am Schluss komponiert wird.

Bald hebt sich der Vorhang (Opéra Garnier, Paris)

Die Oper – Entwicklung einer Form

In der griechischen Antike wurde sehr viel zum ersten Mal in der Geschichte praktiziert: Geometrie, Demokratie, Philosophie oder Theater. Das sieht man auch daran, dass alle diese Begriffe aus dem Griechischen stammen, wie auch der Begriff Musik. Im antiken Griechenland entstanden in nahezu jeder Stadt Theater, in denen regelmäßig Dramen und Komödien aufgeführt wurden. Schon damals spielten Musik und Gesang – besonders von Chören – eine Rolle. Es dauerte jedoch über 2000 Jahre, bis um 1600 eine Musiktheaterform entstand, in der alle Texte singend von Solistinnen und Solisten oder Chören dargeboten wurden: die Oper. Seither hat diese Form ihren Siegeszug durch die Welt angetreten.

1 **Gruppenarbeit Phase 1:** Jede Gruppe eignet sich Fachwissen über die Entwicklungen der Oper in einer der vier Epochen an. Quellen können die Informationen im jeweiligen Kasten, Nachschlagewerke und das Internet sein.

Gruppenarbeit Phase 2: Bildet neue Gruppen mit jeweils vier Mitgliedern, in denen jeweils eine Schülerin oder ein Schüler Profi für eine Epoche ist und den anderen über die Ergebnisse aus der Gruppenarbeit (Phase 1) berichtet.

2 Ordnet die vier Hörbeispiele dem jeweiligen Entwicklungsstadium zu. Begründet eure Entscheidung anhand der jeweiligen musikalischen Besonderheiten. (B 1–4)

Von den Anfängen bis zum Barock (ca. 1600–1750)

Gabriel de Saint-Aubin: Lullys Oper „Armide" im Théâtre du Palais-Royal (1761)

„Wie soll ich die Sprache der Winde nachahmen, wenn sie nicht sprechen, und wie soll ich durch sie die Empfindung bewegen?"
Claudio Monteverdi

Die Oper „L'Orfeo" (1607) von Monteverdi gilt als eine der ersten ihrer Art. Monteverdi verknüpfte verschiedene Entwicklungen im Solo- und Chorgesang und im Theater zu einer neuen Kunstform, wobei Textverständlichkeit, aber auch die Handlung illustrierende Instrumente eine wichtige Rolle spielten. Ouvertüre, Rezitativ und Arie sowie Chöre finden sich schon in den ersten Opern. In den folgenden 150 Jahren entwickelte sich die Oper insbesondere in der Virtuosität der Soloparts weiter, wobei die Textverständlichkeit oft in den Hintergrund trat. Im 18. Jahrhundert entstand neben der Opera seria (ernste Oper) mit historischen oder mythischen Vorlagen die Opera buffa (komische Oper) mit Themen aus Komödie oder Folklore.

Wichtige Komponisten:
Claudio Monteverdi (1567–1643), Jean-Baptiste Lully (1632–1687), Henry Purcell (1659–1695), Georg Friedrich Händel (1685–1759)

Klassik (ca. 1750–1830)

Anonym: Opernbühne in London (1763)

„Gehe ich ans Klavier und singe etwas aus der Oper, so muss ich gleich aufhören. Es macht mir zu viel Empfindung."
Wolfgang Amadeus Mozart

Die Opern Mitte des 18. Jahrhunderts waren zu vorhersagbar geworden und oft auf vordergründige Effekte hin ausgerichtet. Christoph Willibald Gluck versuchte dies mit seiner Opernreform zu ändern. Einfachheit und Klarheit waren oberste Gebote: „Erst das Wort, dann die Musik!" Folgerichtig entstanden die ersten deutschsprachigen Opern, nachdem zuvor nahezu alle Opern in italienischer oder französischer Sprache gesungen wurden. Wichtigster Vertreter dieser neuen Richtung war Mozart, der mit seinen Opern neue Maßstäbe setzte. Zwar komponierte er mit „Die Hochzeit des Figaro" oder „Don Giovanni" vorwiegend italienische Opern, doch insbesondere „Die Entführung aus dem Serail" und vor allem „Die Zauberflöte" gehören auch heute noch zum Standardrepertoire jedes Opernhauses.

Wichtige Komponisten:
Christoph Willibald Gluck (1714–1787), Wolfgang Amadeus Mozart (1756–1791), Luigi Cherubini (1760–1842)

Formen in der Oper

In der Oper und im Oratorium werden im Wesentlichen die gleichen Formen verwendet. Ordnet den Fachbegriffen die passende Beschreibung zu. Informiert euch gegebenenfalls auf der S. 11 noch einmal über die Formen im Oratorium.

Musikalische Formen

Chorszenen

Ouvertüre

Rezitativ

Arie

Beschreibung

- einleitendes Orchesterstück, oft mit thematischem Material aus Oratorium oder Oper
- eine Textvertonung, die sich dem Sprachrhythmus angleicht und die Handlung transportiert (oft syllabisch)
- Sologesang, der oft virtuos und publikumswirksam gestaltet ist; beschreibt Gefühle, Stimmungen oder Gedanken mit kunstvollen Melodielinien (melismatisch)
- bieten Abwechslung zu den Solostücken und lassen „das Volk" zu Wort kommen; oft kombiniert mit Tanz bilden sie in der Oper meist das Finale eines Aktes

Romantik (19. Jahrhundert)

Uraufführung von Richard Wagners „Rienzi" am Dresdener Hoftheater am 20.10.1842 (zeitgenössischer Holzstich)

„Die Tonsprache ist Anfang und Ende der Wortsprache."

Richard Wagner

Im nationalistisch geprägten Europa des 19. Jahrhunderts entwickelten sich unterschiedliche Operntypen, z. B. in Italien, Frankreich oder Deutschland. Viele Opern der Romantik griffen Topoi der Epoche auf, z. B. Natur und Mystik („Der Freischütz"). Vor allem in den italienischen Opern von Gioachino Rossini und Giuseppe Verdi wurden von den Sängerinnen und Sängern Höchstleistungen abverlangt. Diese Virtuosität wird auch heute noch gerne bewundert, weshalb diese Opern zu den am meisten gespielten weltweit gehören. Die Musikdramen von Richard Wagner sprengten alle zuvor dagewesenen Dimension. Er ließ beispielsweise Orchesterinstrumente anpassen und ein eigens für seine Werke vorgesehenes Opernhaus in Bayreuth bauen.

Wichtige Komponisten:

Carl Maria von Weber (1786–1826), Gioachino Rossini (1792–1868), Richard Wagner (1813–1883), Giuseppe Verdi (1813–1901), Georges Bizet (1838–1875)

Modernes Musiktheater (20./21. Jahrhundert)

Szene aus der Oper „Licht" von Karlheinz Stockhausen (Theater Basel, 2016)

„Ich möchte, wenn ich in die Oper ginge, etwas erleben, was ich nicht kenne, was mich erstaunt."

Karlheinz Stockhausen

In der ersten Hälfte des 20. Jahrhunderts schafften es nur wenige Komponisten, sich im Repertoire der Opernhäuser einen Platz zu verschaffen. Stattdessen wurden die großen Werke der Vergangenheit in immer wieder neuen Inszenierungen aufgeführt. Im Zuge der Neuen Wiener Schule experimentierten viele Komponisten (vor allem Alban Berg und Arnold Schönberg) auch im Opernbereich mit atonalen Klängen und mit der Zwölftontechnik. Nach dem Zweiten Weltkrieg war der Opernbetrieb von einer zunehmenden Individualisierung gekennzeichnet. Folgende Aspekte bekamen im Zuge dieser Entwicklung ein neues Gewicht: außergewöhnlicher Einsatz der Stimme (z. B. Flüstern, Schreien), neue Spieltechniken (auch auf traditionellen Instrumenten), elektronische Medien, das Spiel mit Licht und anderen Showelementen, Improvisation.

Wichtige Komponisten:

Richard Strauss (1864–1949), Carl Orff (1895–1982), Dmitri Schostakowitsch (1906–1975), Benjamin Britten (1913–1976), Karlheinz Stockhausen (1928–2007), Mauricio Kagel (1931–2008)

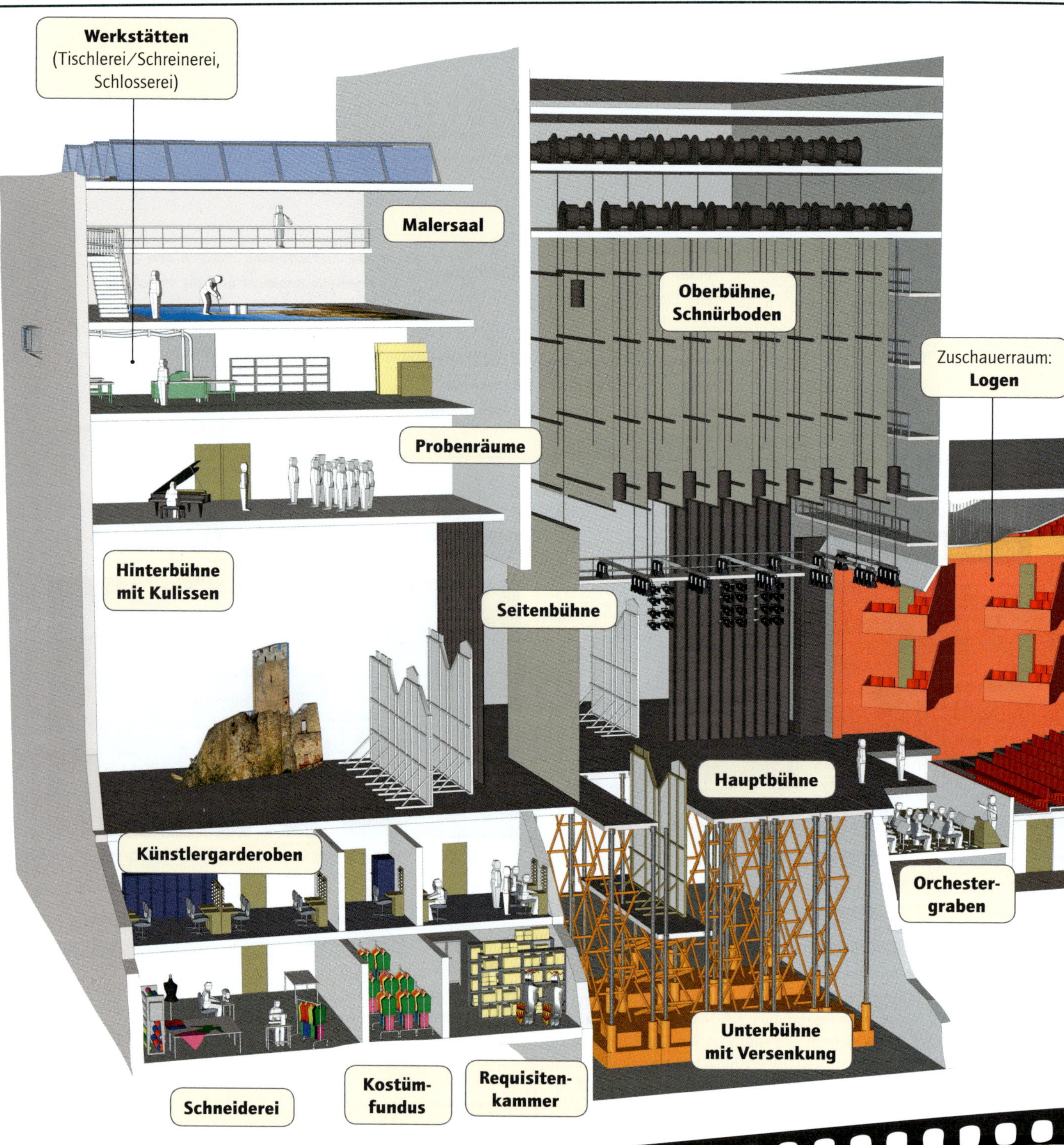
Werkstätten
(Tischlerei/Schreinerei, Schlosserei)
Malersaal
Oberbühne, Schnürboden
Zuschauerraum:
Logen
Probenräume
Hinterbühne mit Kulissen
Seitenbühne
Hauptbühne
Künstlergarderoben
Orchester-graben
Unterbühne mit Versenkung
Schneiderei
Kostüm-fundus
Requisiten-kammer

Das Opernhaus 

Opernhäuser waren zu allen Zeiten auch Repräsentationsbauten. Daher gibt es weltweit viele architektonisch aufwändig und interessant konzipierte Musiktheater. In einem Opernhaus sind eine Vielzahl verschiedener Berufe vertreten: handwerkliches und technisches Fachpersonal, Verwaltungsfachleute, Künstlerinnen und Künstler usw. Als Publikum erlebt man lediglich Foyer, Zuschauerraum und Bühne. Im Opernhaus gibt es aber eine Vielzahl von weiteren Räumen, die für ganz unterschiedliche Zwecke genutzt werden.

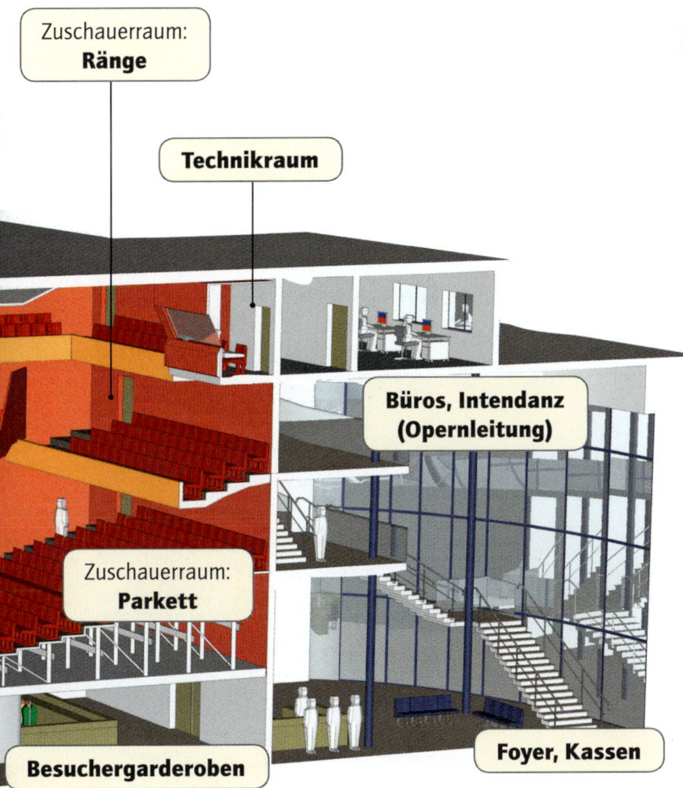

1 a Informiert euch über die Berufssparten, die im Opernhaus tätig sind und beschreibt deren Aufgaben (z. B. Verwaltung des Fundus, korrepetieren, soufflieren). Recherchiert dazu im Internet. 

b Sucht euch in Kleingruppen einen Beruf aus, der in einem Opernhaus vertreten ist. Berichtet eurer Klasse in einer Kurzpräsentation über das jeweilige Berufsbild. Benennt dabei auch die Voraussetzungen, die man dafür mitbringen muss, und erklärt Ausbildungswege und -möglichkeiten.

2 Erklärt mithilfe der Grafik und des Videos folgende Begriffe: Ränge, Kulissen, Versenkungen, Drehbühne, eiserner Vorhang, Requisitenfundus, Maske, Schlosserei. 

3 Seht euch das Interview mit der Intendantin Brigitte Fassbaender an. Fasst in Stichpunkten die wichtigsten Aufgabenbereiche zusammen. 

[Das habt ihr gelernt]

- eine Spielszene mit verschiedenen Charakteren zu entwickeln
- die Darstellungen von Persönlichkeiten innerhalb einer Arie zu analysieren (Carmen und Escamillo)
- die Protagonisten der Oper „Carmen" und ihre Beziehungen zueinander verständlich darzustellen
- die Wirkung und die Funktion eines Leitmotivs zu beschreiben
- die Veränderung der melodischen Gestaltung innerhalb eines Stückes (Seguidilla) zu erklären
- die Gestaltung einer Szene zu planen und zur Musik umzusetzen
- den Konflikt zwischen Carmen und Don José und dessen musikalische Umsetzung zu beschreiben
- die Funktion einer Ouvertüre zu erklären
- die Entwicklung der Oper als Form so nachzuvollziehen, dass Hörbeispiele einer Epoche zugeordnet werden können
- Berufe, Aufgabenbereiche und Räume innerhalb eines Opernhauses darzustellen

[Workshop] Musik hören

In diesem Workshop lernt ihr, eure Ohren für verschiedene Elemente und Ausdrucksebenen von Musik zu sensibilisieren, um damit ein besseres Verständnis und tieferes Erleben beim Musikhören zu gewinnen.

Der Satz „Eine Rose ist eine Rose ist eine Rose ist eine Rose" wird oft interpretiert als Ausdruck dafür, dass Dinge sind, wie sie sind. Die amerikanische Schriftstellerin Gertrude Stein wollte damit aber auch zum Ausdruck bringen, dass schon die Bezeichnung eines Gegenstands dessen Gestalt beinhaltet. Die damit verbundenen Empfindungen und Beobachtungen hängen aber vom jeweiligen Betrachter bzw. von der jeweiligen Betrachterin und seiner bzw. ihrer Einstellung zu dem Gegenstand ab. So sieht ein Verliebter in einer Rose ein Symbol für die Liebe, eine Gärtnerin verfolgt interessiert Wachstum und Blütenbildung, ein Lyriker wird zu einem Gedicht inspiriert. Ähnlich verhält es sich, wenn wir Musik hören …

Vom Großen …

Hörstation 1: Offene Ohren – assoziatives Hören

5

Schritt 1:

Macht es euch bequem, sodass ihr euch ganz aufs Hören konzentrieren könnt. Wer will, kann zusätzlich auch die Augen schließen. Lasst die Musik auf euch wirken und dabei eure Gedanken fließen.

Schritt 2:

Notiert auf einem Blatt, welche Bilder oder Szenen euch durch den Kopf gegangen sind und welche Gefühle diese Musik in euch ausgelöst hat. Tauscht euch darüber mit eurer Nachbarin oder eurem Nachbarn aus.

Hörstation 2: Polaritätsprofil

5

Schritt 1:

Ergänzt in eurem Arbeitsheft unten stehende Gegensatzpaare zu den Eigenschaften von Musik. Notiert dazu euren Höreindruck zu der jeweiligen musikalischen Eigenschaft in einem Polaritätsprofil. Je mehr eine Aussage zutrifft, umso näher müsst ihr die Markierung an das jeweilige Extrem setzen.

Schritt 2:

Vergleicht eure Zuordnungen im Polaritätsprofil: Wie einheitlich sind eure Einschätzungen? Wo gibt es auffällige Abweichungen?

	+3	+2	+1	0	+1	+2	+3	
laut								leise
schnell								langsam
dissonant								konsonant
unverständlich								klar
komplex								einfach
ernst								heiter

Hörstation 3: Musik messen – Strukturen hören

5

Schritt 1:

Erstellt eine Zeitleiste (ca. fünf Minuten). Zusätzlich braucht ihr eine Stoppuhr.

Zeit	0'00"	0'30"
Ereignis		

Schritt 2:

Tragt während des Hörens in der Zeitleiste in eurem Arbeitsheft erkennbare Abschnitte mit genauen Zeiten ein. Benennt, welches jeweilige musikalische Ereignis dazu führt, dass ihr von einem neuen Abschnitt sprechen wollt.

Schritt 3:

Vergleicht eure Ergebnisse untereinander. Dabei kommt es weniger auf die genaue Übereinstimmung der Sekunden an als auf den Bauplan des Stückes.
Habt ihr Wiederholungen oder Veränderungen von Formteilen erkannt?
Sind alle Teile gleich lang?
Gibt es eine Entwicklung im Aufbau und Ablauf?

... zum Kleinen

Je nachdem, aus welchem Blickwinkel man ein Stück anhört oder worauf man seine Aufmerksamkeit richtet, kann die Hörwahrnehmung sehr unterschiedlich sein. Wenn ihr gezielt auf bestimmte Merkmale in der Musik achtet, könnt ihr viele Details erfassen, die euch beim ersten Hören noch gar nicht aufgefallen sind.

Hörstation 4: Musik im Fokus – musikalische Parameter und Gestaltungsmittel 

5

Schritt 1:

Macht euch anhand der Box rechts mit den musikalischen Parametern und Gestaltungsmitteln vertraut.

Schritt 2:

Gruppenarbeit: Jede Gruppe wählt einen Parameter, auf den sie ihre Aufmerksamkeit richtet. Analysiert beim Hören euren Parameter anhand der Gestaltungsmittel und tragt die Ergebnisse in die Abschnitte auf der Zeitleiste ein.

Schritt 3:

Tragt alle Ergebnisse auf einer Zeitleiste an der Tafel ein und übertragt diese anschließend in euer Arbeitsheft.

Hörstation 5: Musik im Fokus – Stimmfächer 

6–9

Schritt 1:

Ihr hört in vier verschiedenen Beispielen unterschiedliche Stimmlagen und Stimmfächer. Tragt in eine Tabelle ein, wie ihr jeweils den Stimmklang, den Ausdruck und die Rolle empfunden habt, und ordnet anschließend jedem Hörbeispiel eine Stimmlage und ein Stimmfach zu.

	Hörbeispiel 1	Hörbeispiel 2	Hörbeispiel 3	Hörbeispiel 4
Stimmklang				
Ausdruck				
Rolle				
Stimmlage/ Stimmfach				

Schritt 2:

Informiert euch in der Infobox über die verschiedenen Stimmlagen und Stimmfächer.

Musikalische Parameter

- **Melodik:** Ist die Melodie von Tonschritten, Sprüngen oder Tonwiederholungen geprägt? Wie verläuft die Melodierichtung?
- **Rhythmik/Metrik:** In welcher Taktart steht das Stück? Gibt es charakteristische Rhythmen? Welche Rolle spielen Pausen?
- **Harmonik:** Welches Tongeschlecht liegt vor? Gibt es Dissonanzen?
- **Lautstärke:** Gibt es in dem Stück eine Entwicklung bezüglich der Lautstärke?
- **Tempo:** Ist das Stück eher schnell oder eher langsam?
- **Klangfarbe:** Mit welchen Adjektiven kann man den Klang der einzelnen Abschnitte beschreiben?

Stimmlagen und Stimmfächer

In der Oper unterscheidet man die Stimmlagen (Sopran, Alt, Tenor, Bass) zusätzlich nach Stimmfächern. So gibt es „lyrische" und „dramatische" Soprane sowie „Koloratursoprane", „Heldentenöre", „Spieltenöre", „seriöse Bässe" oder den „Bassbuffo". Die Bezeichnungen beziehen sich auf den Charakter der Rolle und auf die dafür nötige Klangfarbe der Stimme:

- lyrisch: mittelhelle Klangfarbe
- dramatisch: dunkle Klangfarbe
- Koloratur...: heller Klang, schnelle Verzierungen und Läufe
- Helden...: kräftiger, „schwerer" Stimmklang
- Spiel..., Buffo...: leichter, heiterer Stimmklang
- seriös: dunkler, sehr tiefer Klang

Hören als Gesamterlebnis

Die fünf skizzierten Hörstationen lassen sich im Prinzip auf jede Musik anwenden. Je öfter ihr Musik auf diese Weise hört, umso leichter wird es euch fallen, die verschiedenen Zugänge gleichzeitig im Blick bzw. im Ohr zu haben und das Hören von Musik als ein Gesamterlebnis voller Entdeckungen genießen zu können.

[Kapitel 3]

Romantik

„Wo die Sprache aufhört, fängt die Musik an", sagte E. T. A. Hoffmann, einer der ersten deutschen Romantiker. In kaum einer Epoche war die Verknüpfung von Literatur und Musik stärker als in der Romantik. Dabei kam der Gattung Gedicht durch ihre Beschaffenheit mit Metrum, Rhythmus, Wortklängen und Reimen eine entscheidende Rolle zu. Die drei nachfolgenden Beispiele zeigen, wie Dichter der Romantik auch inhaltlich in Gedichten einen Bezug zur Musik herstellten:

Wünschelrute

Schläft ein Lied in allen Dingen,
die da träumen fort und fort,
und die Welt hebt an zu singen,
triffst du nur das Zauberwort.
(Joseph von Eichendorff)

Aus meinen Tränen sprießen

Aus meinen Tränen sprießen
viel blühende Blumen hervor,
und meine Seufzer werden
ein Nachtigallenchor.
Und wenn du mich lieb hast, Kindchen,
schenk ich dir die Blumen all,
und vor deinem Fenster soll klingen
das Lied der Nachtigall.
(Heinrich Heine)

Er ist's

Frühling lässt sein blaues Band
wieder flattern durch die Lüfte.
Süße, wohlbekannte Düfte
streifen ahnungsvoll das Land.
Veilchen träumen schon,
wollen balde kommen.
Horch, von fern ein leiser Harfenton!
Frühling, ja du bist's!
Dich hab ich vernommen!
(Eduard Mörike)

Körper und Bewegung

Musik ist ... 

Laufen zur Musik kreuz und quer durch den Raum. Stoppt die Musik und tauscht euch paarweise darüber aus, was diese Musik für jeden von euch bedeutet. Die Sätze beginnen dabei immer mit: „Diese Musik ist für mich ..."

Fasst euch kurz, die Pausen sind nicht länger als die Musik, die erklingt. Oft genügt ein einzelnes Adjektiv oder ein Begriff.

Variation: Diejenigen unter euch, die ein Adjektiv oder einen Begriff zum zweiten Mal von einem Gegenüber gehört haben, notieren das Wort an der Tafel.

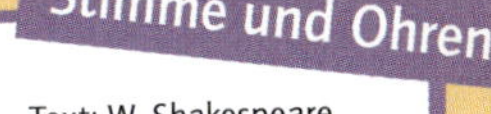

New Yorker Freiheitsstatue

„Romantisch" – Romantik

Sehnsucht nach der Ferne

Fernweh, Sehnsucht nach Neuem, „einmal verrückt sein und aus allen Zwängen fliehn" … Dieser Wunsch nach dem Ausbruch aus dem Alltag war in der Epoche der Romantik im 19. Jahrhundert ein wichtiges Thema. Dass dieses Gefühl aber auch heute noch von Bedeutung ist, zeigt der Song von Udo Jürgens. Dort wird die Geschichte von einem erzählt, der davon träumt, aufzubrechen.

Ich war noch niemals in New York

B 13, 14

Text: M. Kunze
Musik: U. Jürgens

Intro: G B♭ C | 1. Dsus4 D | 2. Dsus4 D

Strophen 1/2

G | B♭
1. Und nach dem A - bend - es - sen sag - te er: „Lass mich noch
2. Und als er drau - ßen auf der Stra - ße stand, fiel ihm

C | Dsus4 D | G | B♭
e - ben Zi - ga - ret - ten ho - len gehn." Sie rief ihm nach: „Nimm dir die Schlüs - sel mit, ich
ein, dass er fast al - les bei sich trug: den Pass, die Eu - ro - schecks und et - was Geld, viel -

C | Dsus4 D
werd in - zwi - schen nach der Klei - nen sehn."
leicht ging heu - te A - bend noch ein Flug.

Strophe 3

Em
(1.) Er zog die Tür zu, ging
(2.) Er könnt ein Ta - xi neh - men,
3. Dann steck - te er die Zi - ga -

Bm | Em | Bm | C
stumm hi - naus ins ne - on - hel - le Trep - pen - haus. Es roch nach Boh - ner - wachs
dort am Eck o - der Au - to - stopp und ein - fach weg. Die Sehn - sucht in ihm wur -
ret - ten ein und ging wie selbst - ver - ständ - lich heim, durchs Trep - pen - haus mit Boh - ner -

Dsus4 D | G | E♭ | B♭ | E♭
und Spie - ßig - keit. Und auf der Tre - pe dach - te er: „Wie, wenn das jetzt ein
- de wie - der wach. Noch ein - mal voll von Träu - men sein, sich aus der En - ge
wachs und Spie - ßig - keit. Die Frau rief: „Mann, wo bleibst du bloß? ‚Dal - li, Dal - li'

B♭ | E♭ | F | Dsus4 | D | G
Auf - bruch wär? Ich müss - te ein - fach gehn für al - le Zeit, für al - le Zeit!"
hier be - frein! Er dach - te ü - ber sei - nen Auf - bruch nach, sei - nen Auf - bruch nach.
geht gleich los!" Sie frag - te: „War was?" „Nein, was soll schon sein, was soll schon sein?"

1 Singt das Lied. Fasst anschließend den Konflikt des lyrischen Ichs in eigenen Worten zusammen. Sucht dazu im Text nach Schlüsselwörtern, die symbolisch für die Ist- und Wunschsituation der Person stehen.

2 **a** Tauscht euch über eure eigenen Träume aus. Zeichnet dazu ein Symbol (z. B. Herz, Insel) oder ein kleines Bild auf ein Blatt Papier, das stellvertretend für eure Wünsche steht.

b Ordnet ähnliche Symbole bzw. Bilder in Gruppen an und findet gemeinsam Überschriften für die Symbolgruppen.

Romantische Lieder

Bereits in der Epoche der „Romantik" entstanden Lieder, die von Träumen und unerfüllten Sehnsüchten handeln. Ein solches Lied ist „Frühlingsfahrt" von Robert Schumann, das zu dem Gedicht „Die zwei Gesellen" von Joseph von Eichendorff geschrieben wurde.

Die zwei Gesellen

Es zogen zwei rüst'ge Gesellen
zum ersten Mal von Haus,
so jubelnd recht in die hellen,
klingenden, singenden Wellen
des vollen Frühlings hinaus.

Die strebten nach hohen Dingen,
die wollten, trotz Lust und Schmerz,
was Rechts in der Welt vollbringen,
und wem sie vorübergingen,
dem lachten Sinnen und Herz.

Der erste, der fand ein Liebchen,
die Schwieger kauft' Hof und Haus;
[...]

Dem zweiten sangen und logen
die tausend Stimmen im Grund,
[...]

(Joseph von Eichendorff)

3 **a** **Partnerarbeit:** Lest euch den Text des Liedes gegenseitig ausdrucksvoll vor.

b Erfindet eine Fortsetzung für die Geschichten der beiden Gesellen und notiert sie.

c Stellt eure Version der Klasse vor.

4 Hört euch nun das Lied von Schumann an und vergleicht die Originalversion mit euren Ergebnissen. B 15

5 **a** Ordnet nun die von euch gefundenen Überschriften aus Aufgabe 2b jeweils einem der beiden Gesellen zu.

b Diskutiert darüber, inwieweit Träume und Sehnsüchte über die Jahrhunderte unverändert geblieben sind. Nutzt dazu auch das folgende Zitat und das Bild von Carl Spitzweg.

» Unterschätzt die Träume nicht! Zu träumen haben wir Menschen schon angefangen, bevor wir logisch denken konnten. «
(Wolfgang J. Reus)

Carl Spitzweg: Der Sonntagsspaziergang (1841)

Das 19. Jahrhundert

Zu Beginn des 19. Jahrhunderts löst die Romantik die Epoche der Klassik allmählich ab. Mit ihrer Betonung des gefühlvollen Ausdrucks stellt sie eine Gegenströmung zu den rationalen und ordnungsbestimmten Idealen der Aufklärung und der Klassik dar. Sie betont das Ausdrucksbedürfnis und das Erleben des Einzelnen, wie es im Lied von den zwei Gesellen erkennbar wurde. Die Musik als universale Kunst, sprachlos über aller Sprache stehend, hat dabei einen besonderen Stellenwert.

Caspar David Friedrich: Zwei Männer in Betrachtung des Mondes (1819/20)

1 Notiert unter Berücksichtigung des Bildes und der nachfolgenden Zitate zentrale Merkmale und Motive des 19. Jahrhunderts.

» *Der wesentliche Sinn des Lebens ist Gefühl. Zu fühlen, dass wir sind und sei es durch den Schmerz. Es ist die „sehnsuchtsvolle" Leere, die uns dazu treibt, zu spielen, zu kämpfen, zu reisen, zum leidenschaftlichen Tun.* «
(Lord Byron)

» *Sie [die Musik] ist die romantischste aller Künste. Sie schließt dem Menschen ein unbekanntes Reich auf, eine Welt, in der er alle durch Begriffe bestimmbaren Gefühle zurücklässt, um sich dem Unaussprechlichen hinzugeben.* «
(E. T. A. Hoffmann)

» *Der Kohlendampf verscheucht die Sangesvögel und der Gasbeleuchtungsgestank verdirbt die duftige Mondnacht […] und wo einst der müßige Dichter geklettert und die Nachtigall belauscht, wird bald eine platte Landstraße sein, eine Eisenbahn, wo der Dampfkessel wiehert.* «
(Heinrich Heine)

2 Seht euch einen Ausschnitt aus dem Film „Frühlingssinfonie" an, der das bürgerliche Leben im 19. Jahrhundert widerspiegelt. Notiert im Arbeitsheft stichpunktartig die wichtigsten Aspekte jeder Szene.

Romantisches Lebensgefühl

Die Literatur der Romantik wollte Fluchtpunkt für Träume und Fantasien aus der als hoffnungs- und sinnlos empfundenen Wirklichkeit sein. So finden sich Themen wie die Entdeckung des Unbewussten, Schwärmerei, Nacht, Sehnsucht nach dem Unerreichbaren, dem Unendlichen und dem Tod.

3 Benennt mithilfe der Wissensbox Gründe für die Entstehung der romantischen Gedankenwelt und des daraus resultierenden Lebensgefühls.

! WISSEN

Jahrhundert der Widersprüche

Der Beginn des 19. Jahrhunderts war einerseits geprägt von den nicht in Erfüllung gegangenen Hoffnungen, die sich mit der Französischen Revolution verbunden hatten (nach dem Wiener Kongress 1815 galten wieder die alten Ordnungen). Andererseits war der Verlust der „natürlichen" Welt durch die Industrialisierung für viele beängstigend. Viele empfanden die von diesen beiden Faktoren geprägte Wirklichkeit als bedrückend und suchten nach anderen, besseren Welten. Der lange Zeitraum eines Jahrhunderts und auch die Fülle an oft geradezu gegensätzlichen Erscheinungen lässt die Romantik als „Jahrhundert der Widersprüche" erscheinen: Rückzug ins Private (u. a. Hausmusik und Singvereine) – Aufblühen eines öffentlichen Konzertlebens (z. B. Bau von Konzertsälen); Laienmusik – glühende Verehrung von Virtuosen; Rückgriff auf vergangene Welten (u. a. Historismus) – Suche nach neuen Klangwelten (u. a. Ausweitung der Harmonik).

„... die geschäft'ge Welt ..." – Flucht aus dem Alltag

In der deutschen Romantik ist der Wald ein besonders wichtiges Symbol. „Abschied vom Walde" von Joseph von Eichendorff in der Vertonung von Felix Mendelssohn Bartholdy ist zwar als Chorwerk komponiert, aber auch als Volkslied populär geworden.

Abschied vom Walde

B 16

Text: J. v. Eichendorff
Musik: F. Mendelssohn Bartholdy

2. Im Walde steht geschrieben
ein stilles, ernstes Wort
vom rechten Tun und Lieben
und was des Menschen Hort.
Ich habe treu gelesen
die Worte schlicht und wahr.
und durch mein ganzes Wesen
ward's unaussprechlich klar.

3. Bald werd ich dich verlassen,
fremd in der Fremde gehn,
auf bunt bewegten Gassen
des Lebens Schauspiel sehn;
und mitten in dem Leben
wird deines Ernsts Gewalt
mich Einsamen erheben,
so wird mein Herz nicht alt.

4 a Findet im Text Topoi (griech. *topos* = typisches Symbol/Motiv) der romantischen Gedankenwelt.
b Übertragt die gefundenen Topoi auf das rechts stehende Bild.

5 Singt das Lied.

6 Der Komponist Felix Mendelssohn Bartholdy vertonte das Gedicht ursprünglich für „vierstimmigen Chor, im Freien zu singen". Hört euch das Chorlied an und überlegt, inwieweit diese Aufführungspraxis dem romantischen Lebensgefühl entspricht. B 16

Caspar David Friedrich: Der Wanderer über dem Nebelmeer (um 1818)

Mondnacht

Es war, als hätt der Himmel
die Erde still geküsst,
dass sie im Blütenschimmer
von ihm nur träumen müsst.

Die Luft ging durch die Felder,
die Ähren wogten sacht,
es rauschten leis die Wälder,
so sternklar war die Nacht.

Und meine Seele spannte
weit ihre Flügel aus,
flog durch die stillen Lande,
als flöge sie nach Haus.

(Joseph von Eichendorff)

Die Stimme des Inneren – das Klavierlied 

Das subjektive Empfinden wird in der Musik des 19. Jahrhunderts vor allem in Form von Gedichtvertonungen ausgedrückt (vgl. „Frühlingsfahrt“ von Robert Schumann, S. 53). Besonders bei solistisch vorgetragenen Liedern kommt die individuelle Gestaltung zum Tragen; das Klavier übernimmt dabei einerseits die Rolle der Begleitung und fügt dem Gesang und Text andererseits oft eine weitere Deutungsebene hinzu. Diese musikalische Form nennt man „Klavierlied“ oder „begleitetes Sololied“. Robert Schumanns Vertonung des Gedichts „Mondnacht“ ist ein idealtypisches Beispiel für romantische Ästhetik.

a Erschließt euch das Gedicht mithilfe der Stichworte in der Box unten.  17
b Tauscht euch über euren ersten Höreindruck aus.

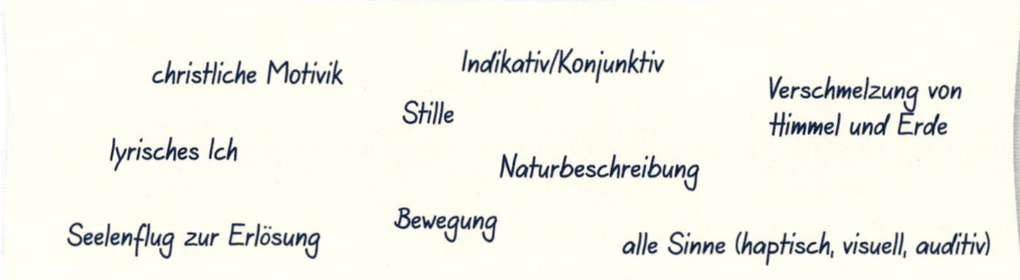

Mondnacht

B 17–19

Text: J. v. Eichendorff
Musik: R. Schumann

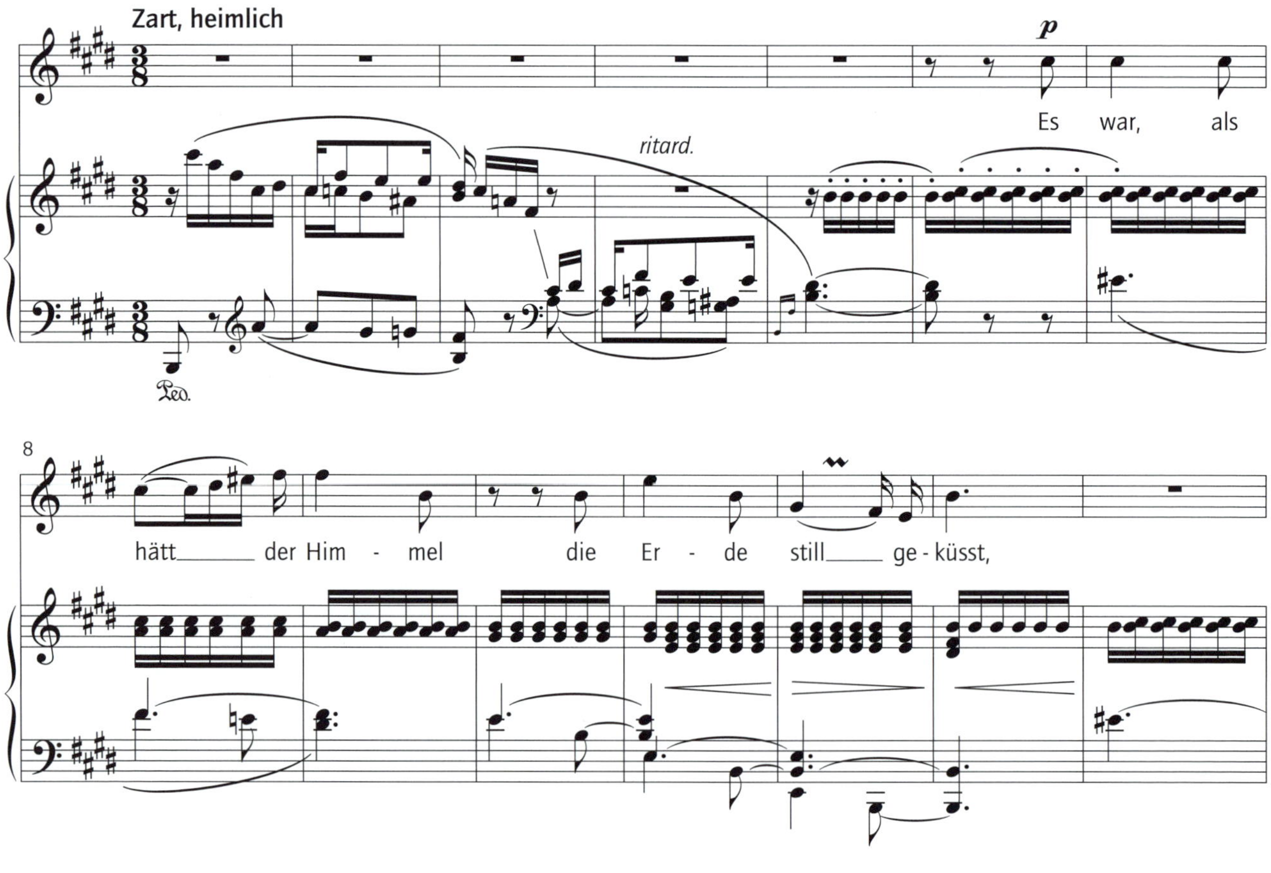

Zart, heimlich

p

Es war, als

ritard.

8

hätt der Him - mel die Er - de still ge - küsst,

15
dass sie im Blü - ten-schim - mer von ihm nur träu - men müsst.
ritard.
22
p
Die
ritard.
p
29
Luft ging durch die Fel - der, die Äh - ren wog - ten sacht,
36
es rausch - ten leis die Wäl - der, so stern - klar

42
ritard.
war die Nacht. Und mei - ne See - le spann - te
ritard.
48
weit ih - re Flü - gel aus,
flog durch die stil - len
55
Lan - de, als flö - ge sie nach Haus.
p
62
pp

Das Vorspiel

Im Vorspiel eines Klavierliedes wird meist die Stimmung des Liedes schon vorweggenommen, manchmal gibt es auch versteckte musikalische Hinweise auf den Inhalt des Gedichts.

2 **a** Verfolgt mithilfe des Hörbeispiels die Noten des Vorspiels und stellt eine Verbindung zum Inhalt der ersten Strophe her. Benennt die Stelle, an der man in der Klavierbegleitung die „Verschmelzung von Himmel und Erde“ wahrnehmen kann.

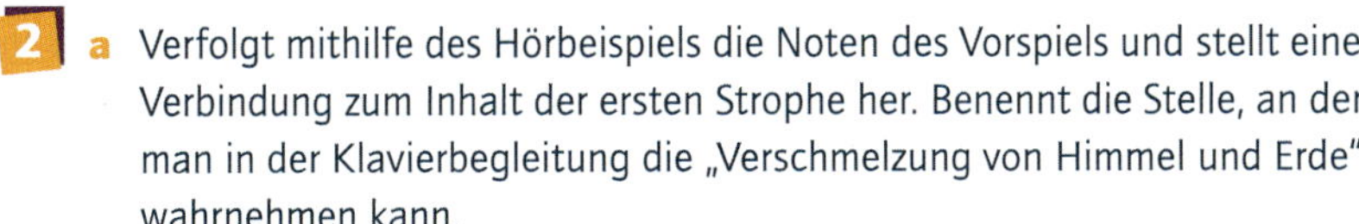

B 17

b Erläutert die Wirkung der Tonrepetitionen in der Klavierbegleitung.

3 Das lyrische Ich wendet sich in der dritten Strophe der eigenen Seele zu, die ihre Flügel ausspannt. Beschreibt, welche musikalischen Mittel Schumann verwendet, um die Wendung ins „Innere“ umzusetzen.

> **INFO**
>
> **Robert Schumann**
> (1810–1856)
> war schon früh leidenschaftlicher Pianist und Komponist. Er verliebte sich in Clara, die Tochter seines Klavierlehrers Wieck und international bekannte Klaviervirtuosin, und heiratete sie gegen den Widerstand des Vaters. Schumann schrieb insgesamt über 250 Lieder, vier Sinfonien, Kammermusiken und viele Klavierwerke.

Gedichtinhalt und harmonischer Verlauf

Schumann nutzt eine außergewöhnliche Harmonik, um den Inhalt des Gedichts musikalisch auszudeuten.

4 **a** Führt folgendes Experiment durch: Hört das Klavierlied mit geschlossenen Augen. An denjenigen Stellen, wo ihr das Gefühl habt, einen Grundklang bzw. Ruheklang zu hören, meldet ihr euch stumm. Wählt vorher jemanden aus, der die Stellen mit den häufigsten Meldungen notiert.

B 17–19

b Benennt die Hauptdreiklänge für das in E-Dur stehende Klavierlied.
[Tipp] Informiert euch dazu auf S. 177 f. („Musiklehre kurz gefasst“) über die Kadenz.

c Bestimmt die Harmonien an den in Aufgabe 4a notierten Stellen und überprüft, welcher Hauptdreiklang jeweils vorliegt.

d Nehmt Stellung zu der Aussage, dass Schumann mit dieser Harmonik den „Schwebezustand“ des lyrischen Ichs zum Ausdruck bringt.

Der Weg nach Hause

Am Ende des Liedes verwendet Schumann eine besondere kompositorische Wendung, um das im Text beschriebene Nachhausekommen hörbar zu machen.

5 **a** Hört zwei Versionen des Schlusses und beschreibt die jeweilige Wirkung. Geht dabei unter anderem darauf ein, an welcher Stelle das Nachhausekommen klanglich vollzogen wird.

B 20, 21

b Diskutiert, welche Version den Text überzeugender umsetzt. Bezieht in eure Diskussion mit ein, was Schumann wohl mit der verwendeten Harmonik erreichen wollte.

6 Belegt Schumanns Aussage, dem Klavier komme die Aufgabe zu, „neben dem Ausdrucke des Ganzen [...] auch die feineren Züge des Gedichts hervortreten“ zu lassen.

Eduard Kaiser: Robert und Clara Schumann (1847)

Wie klingt ein Bild? Was hört man in einem Gedicht? – Mini-Workshop Programmimprovisation

Um eine außermusikalische Vorlage wie ein Bild, ein Gedicht oder einen Prosatext so in Musik umzusetzen, dass Zuhörerinnen und Zuhörer in der Musik die Vorlage, das Programm, wiedererkennen, ist es hilfreich, bestimmte Dinge zu beachten. In dem Mini-Workshop lernt ihr, so ein Programm überzeugend durch Improvisation zu gestalten. Bildet dazu Gruppen aus vier bis fünf Spielerinnen und Spielern. Das Bild und der Text sind Beispiele. Ihr könnt auch andere Vorlagen auswählen.

» *Eine Weile standen sie schweigend da und lauschten dem Zwitschern und Rauschen, dem Brausen und Singen und Plätschern in ihrem Wald. Alle Bäume und alle Wasser und alle grünen Büsche waren voller Leben, von überall her erscholl das starke, wilde Lied des Frühlings. „Hier stehe ich und spüre, wie der Winter aus mir herausrinnt", sagte Ronja. „Bald bin ich so leicht, dass ich fliegen kann."* «
(Astrid Lindgren, aus: Ronja Räubertochter)

Schritt 1: Parameter-Analyse

- Beschreibt das Bild oder den Text hinsichtlich Tonhöhe, Lautstärke und Tempo.

  [Tipp] Es kann sein, dass ein Parameter nicht eindeutig zu bestimmen ist oder dass beide Aspekte eines Parameters vorkommen. Beachtet auch weitere Parameter wie Harmonik, Klangfarbe usw.

Schritt 2: Akustische Signale

- Untersucht Text oder Bild auf Wörter oder Bildteile, die „klingen". Sieht man z. B. im Bild eine Glocke, ein Instrument, einen Vogel oder andere akustisch wahrnehmbare Dinge? Kommen im Text Verben vor, die ein Geräusch oder einen Klang beschreiben? Notiert auch dies.

Schritt 3: Symbolebene

- Gibt es im Bild oder Text Hinweise, die eine symbolische Umsetzung ermöglichen? Beispiele: Ist im Bild die französische Fahne zu sehen, könnte man den Anfang der französischen Nationalhymne, der „Marseillaise", verwenden. Werden im Text marschierende Soldaten beschrieben, könnte ein Marschrhythmus gespielt werden.

Spielkarte aus „Dixit Odyssey"

Schritt 4: Ablaufplan

- Wenn die drei Analyseschritte durchgeführt sind, solltet ihr einen Ablaufplan erstellen. In diesem werden die musikalischen Mittel sowie die zu verwendenden Instrumente notiert.

Schritt 5: Improvisation

- Nun könnt ihr eure Improvisation ausprobieren, üben und schließlich der Klasse vorführen.

Programmmusik: Orchesterspuk und Totentanz

Ein Programm gibt es im Theater, im Konzert oder bei einem festlichen Anlass. Seine Aufgabe ist es dabei, durch die Veranstaltung zu führen. Als Programmmusik bezeichnet man Instrumentalmusik, der ein Programm aus dem außermusikalischen Bereich (z. B. Dichtkunst, Malerei, Natur, Technik oder Geschichte) zugrunde liegt. Programmmusik gab es bereits im Barock (z. B. Antonio Vivaldis „Vier Jahreszeiten"). Im 19. Jahrhundert wurde sie von Komponisten verschiedener Nationen unter anderem deshalb wieder aufgegriffen, weil sie ihnen die Möglichkeit bot, die Landschaft oder Geschichte des eigenen Volkes bzw. Landes zu vertonen (z. B. „Die Moldau" von Bedřich Smetana). Da die Sinfonie strenge formale Regeln und somit oft ein zu enges Korsett für die Darstellung außermusikalischer Inhalte hatte, fanden die Komponisten mehr formale Freiheit in der meist einsätzig angelegten neuen Gattung der „sinfonischen Dichtung".

1 Ihr hört Ausschnitte aus vier verschiedenen Werken. Versucht jeweils herauszufinden, welches Programm zugrunde liegt. Ordnet die Beispiele anschließend einer der drei genannten Grundmöglichkeiten (Infobox) zu. Begründet, warum die Zuordnung in einigen Fällen leichter bzw. schwerer ist.

Der Totentanz: Motiv in allen Künsten

„Sagt ja, sagt nein, getanzt muess sein" ist das Motto eines der bedeutendsten Monumentaltotentänze Europas in der Füssener St.-Anna-Kapelle. Seit dem Mittelalter werden in Literatur, Kunst und Musik der Tod und der Tanz als Symbol für die Gratwanderung zwischen Lebenslust und Todesangst miteinander verbunden.

2 Beschreibt die Symbole auf dem abgebildeten Ausschnitt aus dem Füssener Totentanz. Recherchiert im Internet Geschichte und Bedeutung des Totentanzes.

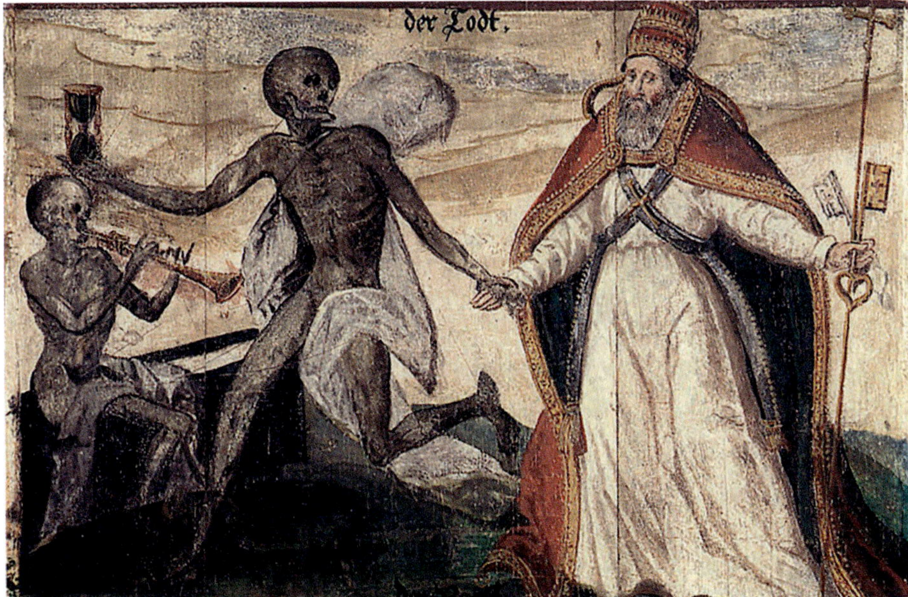

Jakob Hiebeler: Füssener Totentanz (1602)

INFO

Kompositorische Möglichkeiten der Programmmusik

- **Hörbares** (Natur- oder Kulturerscheinungen) mit musikalischen Mitteln nachbilden (z. B. Jagd durch Hornsignale, ein Kuckucksruf durch Terzen)
- **Sichtbares** durch Analogiebildung in klangliche Dimensionen übertragen (z. B. Beschleunigung einer Dampfeisenbahn durch Erhöhung des Tempos, Sonnenuntergang durch absteigende Tonfolgen); weitere Beispiele zur Darstellung außermusikalischer **Ereignisse** findet ihr in der Infobox „Tonmalerei" (siehe S. 13)
- Darüber hinaus werden in der Programmmusik vor allem **Gefühle** und **Stimmungen**, aber auch die **Charaktereigenschaften** von Personen oder **Situationen** in der Musik widergespiegelt. Dies geschieht unter anderem durch bestimmte Intervalle, Intervallfolgen, Akkorde, Akkordfolgen, Pausen oder Rhythmen, denen ein spezieller Symbolwert zugeordnet wird.

Eine Geige spielt zum Totentanz 

Der Totentanz inspirierte viele Komponisten, so auch Camille Saint-Saëns, der die sinfonische Dichtung „Danse macabre" (1875) komponierte.

3 Hört euch den „Danse macabre" an und verfolgt dabei das Gedicht von Henri Cazalis, das Saint-Saëns zu seiner Komposition inspirierte.

Der Totentanz

Ring, ding, ding,
im Stechschritt naht der Sensenmann
und schlägt mit Hacken auf ein Grab.

Ring, ding, dong – um Mitternacht spielt
Vatter Tod
mit seiner Geige auf zum Tanz.

Der kalte Winterwind,
und düster ist die Nacht,
es wimmert aus den Linden.

Bleiche Gerippe tanzen Schatten,
laufen und hüpfen
unter weitem Leichentuch.

Ring, ding, ding,
ein jeder windet sich,
oh, hin und her,

es klappern die Knochen der Tänzer.
Aber pscht!, plötzlich verlässt jeder den Reigen,
jeder drängt, jeder flieht –

der Hahn hat gekräht ...!

Henri Cazalis (1840–1909)

4 Um Mitternacht (zwölf „Glockenschläge" der Harfe) stimmt der Tod seine Geige für den dämonischen Tanz. Informiert euch über die Stimmung der Saiten einer Geige und vergleicht diese mit den im Notenbeispiel dargestellten Intervallen. Überlegt, was Saint-Saëns damit wohl ausdrücken wollte. Nutzt dazu auch die Wissensbox.

WISSEN

Tritonus

Der „Tri-" (= drei) „tonus" (= ursprünglich Spannung, später Ton) ist ein Intervall, das drei Ganztöne umfasst. In der Barockzeit stand der als unnatürlich empfundene Gang einer Stimme in einen Tritonus oft für das Übertreten einer Grenze sowie für Schmerzen. Da er schwer zu singen ist und dissonant klingt, wird er auch Teufelsintervall („diabolus in musica") genannt.

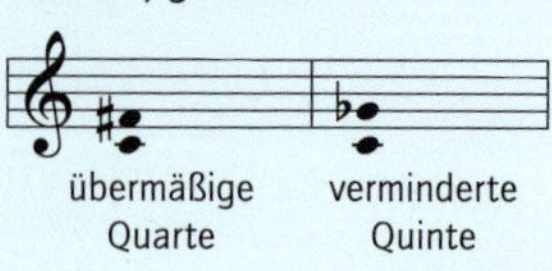

Danse macabre (Ausschnitt) 

Musik: C. Saint-Saëns

Im weiteren Verlauf kann man einen grotesk und schaurig wirkenden Walzer hören. Folgende Tonfolgen bestimmen dabei das Geschehen:

❶ 

❷ 

5 **a** Beschreibt die wesentlichen Gestaltungsmerkmale der beiden Melodien. Findet anschließend mithilfe der Hörbeispiele die Abfolge der Themen heraus und benennt, von welchen Instrumenten sie jeweils gespielt werden.

b Erklärt, inwieweit durch diese Gestaltung eine groteske und schaurige Wirkung erzeugt wird.

Hans Holbein der Jüngere: Der Tod und die Alte, aus: Der Totentanz (gestochen von Hans Lutzelburger, um 1538)

Ein „Knochenklavier"

Saint-Saëns war der Erste, der ein Xylofon in der sinfonischen Musik einsetzte.

6 Haltet mithilfe des Hörbeispiels und einer Stoppuhr den Einsatz des Xylofons fest. Bestimmt, welche Textstelle Saint-Saëns damit darstellen wollte.

B 26–28

Tonmalerei

Komponistinnen und Komponisten von Programmmusik notieren oft nicht nur den Titel des Stückes, sondern geben durch die verwendete Quelle (z. B. ein Gedicht, Bild) weitere Hinweise zur Deutung der Musik. Eindeutige Zuweisung bestimmter Details zum Programm, das der jeweiligen Musik zugrunde liegt, sind aber selten.

7 **a** Ordnet dem unten stehenden Notenausschnitt mithilfe des Hörbeispiels eine Stelle aus dem Gedicht „Der Totentanz" zu.

B 29

b Informiert euch anhand der Infobox auf S. 61 über die Möglichkeiten, Außermusikalisches in Musik umzusetzen. Überlegt anschließend, welche Möglichkeiten Saint-Saëns im Notenausschnitt verwendet hat.

8 Die Deutung von Musik hängt stark vom jeweiligen Rezipienten bzw. von der jeweiligen Rezipientin, seinen bzw. ihren kulturellen Prägungen und Vorerfahrungen ab. Diskutiert, inwieweit Programmmusik in der Lage ist, dem Publikum ein Programm ohne Worte zu vermitteln, und ob eine eindeutige Interpretation überhaupt möglich ist.

INFO

Camille Saint-Saëns (1835–1921) war ein französischer Komponist der Romantik. Neben vielen Werken für Klavier, Orgel und andere Soloinstrumente komponierte er unter anderem Chor- und Orchesterwerke, Opern und geistliche Werke. Auch sein populärstes Werk, der „Karneval der Tiere", eine Suite für Kammerorchester, lässt sich der Programmmusik zuordnen.

Camille Saint-Saëns (Fotografie, um 1880)

Danse macabre (Ausschnitt)

B 29

Musik: C. Saint-Saëns

Franz Liszt – ein musikalisches Universum

Ein reisender musikalischer Virtuose

Musikalisches Virtuosentum zeichnet sich durch die perfekte Beherrschung eines Instrumentes aus. Im 19. Jahrhundert galten neben Franz Liszt vor allem Niccolò Paganini und Frédéric Chopin als Virtuosen. Sie beeindruckten das Publikum durch ihre scheinbar mühelose Bewältigung technisch anspruchsvollster Werke.

a Hört euch einen Ausschnitt aus einer Etüde von Franz Liszt an.  30
b Versucht, im langsamen Tempo die Figur des Notenbeispiels auf dem Tisch zu spielen. Beschreibt nun, warum dieses Stück besonders schwer zu imitieren ist.

Etüde Nr. 12 (aus: Etudes d'exécution transcendante)

Werke

123 Klavierwerke
77 Lieder
93 geistliche und weltliche Chorwerke
11 Orgelwerke
1 Oper
25 Orchesterwerke
7 Werke für Klavier und Orchester
335 Arrangements und Transkriptionen
31 weitere, zum Teil unvollendete Werke
5 Melodramen

2 **a** Beurteilt anhand der Werkübersicht Liszts Schaffen.
b Ordnet die vier Hörbeispiele den Gattungsbegriffen in der Werkübersicht zu.  31–34

Der Pädagoge

Liszt unterrichtete etwa 40 Schüler aus ganz Europa, darunter auch bekannte Komponisten wie z. B. Camille Saint-Saëns (Frankreich) oder Isaac Albéniz (Spanien). Ein Schüler berichtete über den Unterricht Folgendes:

» *Liszt forderte größte Plastik, Reinheit und Klarheit des Vortrages und verlangte, dass der Schüler auf den Tasten singe, d. h. so gesanglich wie möglich spiele. Neben dem Gesange verlangte der Meister Leidenschaft, Majestät und Erhabenheit im Vortrage. Je dämonischer gespielt wurde, umso zufriedener war er.* «

3 Tauscht euch über mögliche Gründe aus, warum bedeutende Komponisten Liszt als Lehrer aufsuchten, und stellt Vermutungen an, was sie sich wohl von seinem Unterricht erhofften.

Eine einflussreiche Persönlichkeit

Liszt war nicht nur ein erfolgreicher Pianist, Komponist und Lehrer. Als Chefdirigent der Weimarer Hofkapelle führte er viele neue Werke auf. So dirigierte er z. B. die Uraufführung von Richard Wagners Oper „Lohengrin". Darüber hinaus war er auch Kulturpolitiker, auf dessen Anregung 1861 der Allgemeine Deutsche Musikverein gegründet wurde. Dieser hatte das Ziel, Werke zeitgenössischer Künstler aufzuführen. Nicht zuletzt war er auch Mäzen und unterstützte die Gründung der Weimarer Orchesterschule, die heutige „Hochschule für Musik Franz Liszt".

4 Diskutiert, welche Voraussetzungen Liszt mitgebracht haben muss, um in so vielen Bereichen tätig werden zu können.

Charles Laurent Marechal: Porträt von Franz Liszt (1840)

Widersprüche: Lebenslust versus Askese und Mönchtum

Aus den Akten der Petersburger Polizei (1842):

» *Der Klavierklimperer Liszt, Eltern unbekannt, ungarischer Abstammung, gefährlicher Freidenker und Freund gottloser Persönlichkeiten, liederlicher Geselle, Säufer und Wüstling [...]* «

Liszt wurde 1865 zum Mönch geweiht und durfte sich fortan Abbé nennen. Er kleidete sich entsprechend und wohnte zeitweise in verschiedenen Klöstern. In einem Brief schrieb er:

» *Mein Hang zum Katholizismus rührt von meiner Kindheit her und ist ein bleibendes und mich beherrschendes Gefühl geworden.* «

5 Interpretiert die gegensätzlichen Einschätzungen von Liszts Persönlichkeit. Tauscht euch über mögliche Gründe aus.

Theodor Hosemann: Liszt am Klavier (Karikatur, 1845)

Canzi és Heller: Liszt (Fotografie, 1860)

Lebensstationen eines europäischen Künstlers

1811 Geburt in Raiding (Ungarn)

1823 Umzug nach Paris

1848 Umzug nach Weimar

1862 Umzug nach Rom (bis 1868)

1869–1886 Leben zwischen Rom, Budapest und Weimar

1886 Tod in Bayreuth

6 Findet mithilfe von Informationen im Internet heraus,

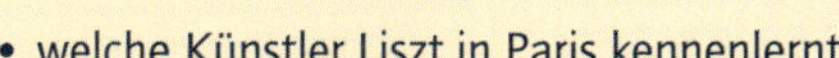

- welche Künstler Liszt in Paris kennenlernte.
- wohin ihn seine erste Konzertreise führte.
- wann er Ehrenbürger von Weimar wurde.
- wo sein Grab zu finden ist.

Liszt in Berichten von Zeitzeugen

» *Wie ein elektrischer Schlag fuhr es durch den Saal, als Liszt hereintrat; [...] Wie Liszt da vor dem Pianoforte saß, wirkte seine Persönlichkeit, dieser Ausdruck starker Leidenschaften in dem bleichen Gesicht, auf mich dämonisch. Er schien an das Instrument genagelt, aus dem die Töne strömten, sie kamen aus seinem Blut, aus seinen Gedanken; er war ein Dämon, der seine Seele freispielen musste.* «

(Hans Christian Andersen)

» *[...] hatte der neunjährige Virtuose Franz Liszt die Ehre, sich vor einer zahlreichen Versammlung des hiesigen hohen Adels [...] auf dem Clavier zu produciren. Die außerordentliche Fertigkeit dieses Künstlers, so wie auch dessen schneller Überblick im Lösen der schwersten Stücke [...] erregte allgemeine Bewunderung und berechtigt zu herrlichsten Erwartungen.* «

(Städtische Preßburger Zeitung 1820)

» *Franz Liszts Kompositionen verraten mehr poetische Absichten als echte schöpferische Kraft, mehr Farbe als Form, mehr äußeren Glanz als inneren Gehalt, ganz im Gegensatz zu Robert Schumann.* «

(Peter Tschaikowski)

» *Diese Kraft, ein Publikum sich zu unterjochen, es zu heben, tragen und fallen zu lassen, mag wohl bei keinem Künstler, Paganini ausgenommen, in so hohem Grad anzutreffen sein. [...] Es ist nicht mehr Klavierspiel, sondern Aussprache eines kühnen Charakters.* «

(Robert Schumann)

7 Charakterisiert mithilfe der Zitate Liszts Wirkung auf die Öffentlichkeit und bekannte Zeitzeugen.

Janos Janko: Karikatur von Franz Liszt (1873)

Virtuos!
Das Klavierkonzert im 19. Jahrhundert

Das im 19. Jahrhundert aufkommende Virtuosentum wurde durch gesellschaftliche und technische Veränderungen begünstigt. Letztere ermöglichten eine Spielweise, die die Wahrnehmung von Instrumentalisten veränderte und für die weitere Musikentwicklung prägend war.

1 **Gruppenarbeit:** Bildet drei Gruppen und beschäftigt euch mit jeweils einer der unten stehenden Aufgabenstellungen. Bildet dann Dreiergruppen mit je einem Profi aus Gruppe **A**, **B** und **C** zu einer der drei Aufgabenstellungen und tauscht euch aus.

A Fasst die erwähnte Konzertsituation zusammen. Geht dabei auf das unterschiedliche Konzertpublikum und die verschiedenen Erwartungen an den Konzertabend ein. Beschreibt, inwiefern sich diese Konzerte von denen früherer Epochen wie Barock oder Klassik unterschieden.

»Das Hamburger Komödienhaus war der Schauplatz dieses Konzertes, und das kunstliebende Publikum hatte sich schon früh in solcher Anzahl eingefunden, dass ich kaum noch ein Plätzchen für mich am Orchester erkämpfte. Obgleich es Posttag war, erblickte ich doch in den ersten Ranglogen die ganze gebildete Handelswelt, einen ganzen Olymp von Bankiers und sonstigen Millionärs […]. Auch herrschte eine religiöse Stille im ganzen Saal. Jedes Auge war nach der Bühne gerichtet. Jedes Ohr rüstete sich zum Hören. Mein Nachbar, ein Pelzmakler, nahm seine schmutzige Baumwolle aus den Ohren, um bald die kostbaren Töne, die zwei Taler Entreegeld kosteten, besser einsaugen zu können.«

(aus: Heinrich Heine: Florentinische Nächte, 1836)

B *»Die Karriere des Virtuosen Liszt wurde durch die technischen Entwicklungen im Klavierbau erst möglich.«*

Belegt diese Aussage mithilfe der beiden Videoausschnitte zur Geschichte des Klavierbaus.

Hammerklavier aus dem Jahr 1720

Flügel mit gusseisernem Rahmen (ab 1825)

C Wie wurde und wird Franz Liszt als Virtuose wahrgenommen? Nutzt die folgenden Zitate und die Karikatur oben, um diese Frage zu beantworten.

»Mein Klavier ist für mich, was dem Seemann seine Fregatte, dem Araber sein Pferd […. Es] ist ja bis jetzt mein Ich, meine Sprache, meine Wünsche, Träume, Freuden und Leiden.«

Franz Liszt (1811–1886)

»[D]ie Triumphzüge der Klaviervirtuosen sind charakteristisch für unsere Zeit […]. Die technische Fertigkeit, die Präzision eines Automaten, das Identifizieren mit dem besaiteten Holze, die tönende Instrumentwerdung des Menschen, wird jetzt als das Höchste gepriesen und gefeiert.«

Heinrich Heine (1797–1856)

»Für den Pianisten ist Liszt ein Prüfstein. Seine Musik erweckt nicht nur alle Möglichkeiten, die in seinem Instrument schlummern, sondern demonstriert drastisch, wozu es eigentlich da ist, nämlich in allem Technischen […] der Musik untergeordnet zu sein.«

Alfred Brendel, Konzertpianist (*1931)

Franz Liszt: Klavierkonzert Nr. 1 (Es-Dur) 

Das 1855 uraufgeführte Klavierkonzert Nr. 1 hat vier Sätze, die ineinander übergehen. Nur vor dem 4. Satz gibt es eine kurze Zäsur. Zeitgenossen haben dem Hauptthema den Text unterlegt: „Das versteht ihr alle nicht! Haha!“. Liszt hatte diesen angeblich verbreitet, um Kritikern gleich den Wind aus den Segeln zu nehmen.

2 a Singt das Motiv des Hauptthemas (1. Satz) und bestimmt die verwendeten Intervalle.
b Beschreibt die Wirkung des kurzen Motivs mithilfe des Hörbeispiels.

B 35

3 Belegt an den abgebildeten Themenköpfen aus dem 2., 3. und 4. Satz die These, dass das ganze Konzert aus dieser Keimzelle geschaffen worden sei.

B 35, 37–39

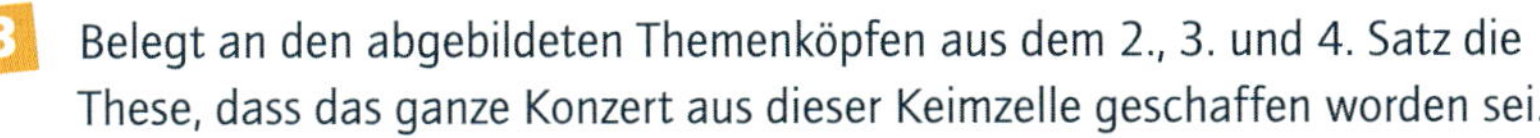

Die Rolle des Orchesters

Im Virtuosenkonzert ist das Orchester über weite Strecken „nur“ Begleiter und thematischer „Stichwortgeber“, damit der Solist oder die Solistin anschließend wieder brillieren kann. An anderen Stellen führt das Orchester die Melodie; es kommt auch zu „Dialogen“ zwischen dem Solopart und einzelnen Instrumenten(-gruppen).

4 Hört den 1. Satz des Klavierkonzertes. Teilt euch vorher in drei Gruppen ein, die sich beim Hören auf folgende Aspekte konzentrieren:

- Verhältnis melodiöser, virtuoser und begleitender Stellen im Klavier
- Orchesterinstrumente, die im Laufe des Satzes die Melodie übernehmen
- Stellen, an denen das Orchester eine begleitende Funktion einnimmt

Tragt die Ergebnisse eurer Gruppe mit denen der jeweils anderen Gruppe zusammen.

B 35, 36

5 Findet mithilfe der Partitur auf den nächsten beiden Seiten heraus, welche Instrumente oder Instrumentengruppen an dieser Stelle des Satzes welche Aufgabe übernehmen (Melodie, Begleitung, virtuoses Spiel).

Kritik am Virtuosentum

Auch heute gibt es Musikerinnen und Musiker, deren technische Fertigkeiten als „virtuos“ zu bezeichnen sind. Der Violinist David Garrett kam mit seinem Können und einer geschickten Vermarktung zu besonderer Bekanntheit. Die Begeisterung für das technische Können der Virtuosinnen und Virtuosen wurde und wird aber nicht von allen geteilt.

> *» Was die Finger schaffen, ist Machwerk; was aber innen erklungen, das spricht zu allen wieder und überlebt den gebrechlichen Leib. «*
> (Robert Schumann)

6 a Recherchiert im Internet einen Mitschnitt, in dem David Garrett mit Rimski-Korsakows „Hummelflug“ einen Weltrekord im „Schnellspielen“ aufstellt und seht ihn euch an.
b Lest das Zitat von Robert Schumann und fasst in eigenen Worten zusammen, wie er dem Virtuosentum gegenübersteht. Übertragt die Aussage des Zitats auf den Weltrekordmitschnitt.
c Stellt euch gegenseitig Formen virtuoser Performance aus aktueller Musik vor.
d Fasst die Ergebnisse aus den Aufgaben a) bis c) zusammen und setzt sie in Beziehung zu euren Eindrücken des Klavierkonzertes. Diskutiert anschließend über euer Verhältnis zu virtuoser Musik.

Partiturausschnitt aus dem Klavierkonzert Nr. 1, 1. Satz B 36

Musik: F. Liszt

! WISSEN

Besonderheiten einer Partitur

Eine **Akkolade** ist eine eckige Klammer, die in der Partitur die Instrumente einer Gruppe zusammenfasst (z. B. hier die Holzblas-, die Blechblas- und die Streichinstrumente).

Die **geschweifte Klammer** fasst mehrere gleiche Instrumente zusammen (z. B. hier die Flöten, Posaunen und ersten und zweiten Geigen). Auch Violoncelli und Kontrabässe werden traditionellerweise so notiert. Beim Klavier verbindet die geschweifte Klammer die beiden Systeme für die rechte und linke Hand (rechte Hand: oberes System, linke Hand: unteres System).

Transponierende Instrumente spielen in einer anderen Lage bzw. in einer anderen Tonart als sie notiert sind. Manche Instrumente transponieren um eine Oktave nach unten (Kontrabass), manche Instrumente um ein bestimmtes Intervall. So klingt bei Klarinetten in B z. B. ein *b'*, wenn diese ein *c''* lesen und spielen.

Was bei einer Klarinette in B so notiert wird:

klingt dann so:

Hans Dahl: Sommertag an einem norwegischen Fjord (o. J.)

Musik – eine Frage der Nationalität

Ab dem 19. Jahrhundert schritt die Industrialisierung in Europa rasant voran. Sie wurde von vielen als existenzielle Bedrohung wahrgenommen. Zeitgleich wuchs in vielen europäischen Ländern ein Nationalbewusstsein, das auch in der Musik seinen Ausdruck durch die sogenannten „Nationalen Schulen“ fand. In einem Brief nannte Modest Mussorgski „die Sprache des Volkes“ als Quelle der Inspiration für Musiker. Aus Angst, diesen „Reichtum“ durch die Industrialisierung zu verlieren und um die eigene nationale Identität zu bewahren, entstanden umfangreiche Sammlungen von Märchen, Liedern, Sagen und Brauchtum.

1 a Tauscht euch darüber aus, welche Märchen und Sagen eurer Heimat ihr kennt und welche Volkslieder ihr singen könnt.
b Diskutiert, ob Nationale Schulen heute noch möglich bzw. sinnvoll sind.

2 Erläutert, welche Elemente Hans Dahl verwendet, um seine Heimat Norwegen im Gemälde darzustellen.

INFO

Kick den Hut: Der Halling
ist ein virtuoser, oft von Männern solistisch aufgeführter Springtanz. Diese wollen dabei Stärke und Geschmeidigkeit beweisen. Der „Kast“ ist eine virtuose Soloeinlage, bei der der Tänzer mit dem Fuß einen Hut treffen soll, der von einem Mädchen auf einer Stange hochgehalten wird.

Halling im norwegischen Gul (1905)

Musik der Fjorde

Der berühmte Geiger Ole Bull unternahm mit dem Komponisten Edvard Grieg im Sommer 1864 weite Wanderungen durch Westnorwegen und öffnete ihm die Augen für die Ursprünglichkeit der norwegischen Musik:

» *Bilde dir deine eigene Sprache. Du hast sie in dir. Schreibe Musik, die deine Heimat ehrt, schaffe eine echt norwegische Atmosphäre. Du wirst berühmt, wenn du das tust.* «

3 a Klatscht den Rhythmus des „Halling“, eines virtuosen norwegischen Springtanzes. Betont den Akzent auf dem letzten Achtel besonders stark.
b Musiziert den „Halling“ mit verschiedenen Instrumenten.

Halling

B 40

Musik: überliefert aus Norwegen

Bordunbegleitung (Cello, Klavier, Stabspiele)

Rhythmusinstrumente

Ein Halling für Klavier 

In den Tanzsätzen Edvard Griegs spürt man den Einfluss norwegischer Volksmusik. Charakteristisch sind unter anderem Vorschlagsnoten, Dissonanzen (vor allem gleichzeitig angeschlagene Sekunden), extreme Lautstärken, Bordunklänge (tiefe Begleit- oder Haltetöne im Quintabstand), Akzente auf unbetonten Zählzeiten und häufig wiederholte melodische Floskeln (z. B. die „Griegformel").

4 Hört euch den „Halling" aus Griegs „Lyrische Stücke" an. Zeigt mithilfe des Notenausschnittes, wo die oben genannten charakteristischen Merkmale auftauchen.

INFO

Griegformel

Die fallende Intervallfolge aus Sekunde und Terz findet sich häufig als Motiv in Griegs Stücken.

Halling (aus: Lyrische Stücke) 

Musik: E. Grieg

Für die Begleitung eines traditionellen Hallings wurde oft eine Hardangerfiedel verwendet. Diese „Bauernfiedel", wie Grieg sie selbst nannte, ist oft kunstvoll verziert und unterscheidet sich von der Violine durch mitschwingende Resonanzsaiten, die unter dem Griffbrett angebracht sind. Grieg sagte über den Kompositionsprozess Folgendes:

> *Meine Aufgabe bei der Übertragung für das Pianoforte war ein Versuch, durch eine stilisierte Harmonik diese Volkstöne auf ein künstlerisches Niveau zu erheben. [...] Das Klavier [musste] auf viele der kleinen Verzierungen verzichten. Dafür hat das Klavier aber den großen Vorteil, durch dynamische und rhythmische Mannigfaltigkeiten sowie durch neue Harmonisierung eine zu große Einförmigkeit zu vermeiden.*

5 Hört einen volkstümlichen Halling und vergleicht ihn mit Griegs stilisierter Klavierkomposition. Vergleicht die Wirkung des Originals mit der von Griegs Bearbeitung. Bezieht in eure Überlegungen auch das Zitat Griegs mit ein.

Hardangerfiedel

Nationale Schulen in anderen Teilen Europas

Die Komponisten der Nationalen Schulen fühlten sich ihrer Heimat in besonderer Weise verbunden und griffen sehr unterschiedlich auf die jeweiligen musikalischen Traditionen (vor allem Lieder und Tänze) zurück. Nationale Schulen entstanden vor allem in Ländern, in denen Menschen unter fremder Herrschaft lebten oder aber das Kulturleben von ausländischen Vorbildern geprägt war. Bekannt sind die Nationalen Schulen, die in Norwegen, Russland, Böhmen und Spanien entstanden.

INFO

Böhmen
war ursprünglich ein eigenständiges königliches Staatsgebiet. Heute gehört es zum Staatsgebiet der Tschechischen Republik.

6 a Informiert euch zunächst in den Boxen unten über wichtige Merkmale der russischen, böhmischen und spanischen Schule.
b Ordnet die Bilder von Musiziersituationen dem jeweiligen Land zu.
c Notiert wesentliche Merkmale spanischer, russischer und böhmischer Volksmusik mithilfe der Hörbeispiele und der musikalischen Begriffe in den Boxen.

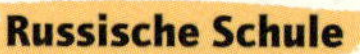

Russische Schule

Im russischen Zarenreich lebten Adel und bürgerliche Oberschicht nach westlichem, meist französischem Vorbild. Dem gegenüber standen Komponisten, die ihre Inspirationsquellen oft im Leben der einfachen Leute, in der russischen Folklore oder in orthodoxen Kirchengesängen suchten.
Hauptvertreter sind Modest Mussorgski (1839–1881), Nikolai Rimski-Korsakow (1844–1908) und Alexander Borodin (1833–1887).

Spanische Schule

Viele spanische Komponisten verbanden im 19. Jahrhundert Volksmusik mit Kunstmusik. Deswegen kam es zu einer bis ins 20. Jahrhundert anhaltenden Blütezeit für die Gitarre, insbesondere bei Joaquín Rodrigo (1901–1999). Flamencorhythmen (Palmas) und die andalusische Kadenz (z. B. Am, G, F, E) kommen ebenfalls häufig vor.
Hauptvertreter dieser Richtung sind Isaac Albéniz (1860–1909) und Manuel de Falla (1876–1946).

Böhmische Schule

Böhmische Komponisten ließen sich unter anderem von der typisch böhmischen Volksmusik mit ihren raschen Tempi, Taktartwechseln und scharfen Akzenten inspirieren.
Neben Antonín Dvořák (1841–1904) spielt in der Böhmischen Schule vor allem auch Bedřich Smetana (1824–1884) eine wesentliche Rolle. Seine Oper „Die verkaufte Braut" wurde nach anfänglichem Misserfolg zum tschechischen „Nationalheiligtum" erklärt.

7 Findet mithilfe der Notenbeispiele und der Hörbeispiele Indizien für die Herkunft aus der jeweiligen Nationalen Schule.

Antonín Dvořák: Slawischer Tanz, op. 46, Nr. 1

Isaac Albéniz: Tango, aus: España, op. 165, Nr. 2

Nikolai Rimski-Korsakow: Russische Oster-Ouvertüre, op. 36

[Das habt ihr gelernt]

- vielgestaltige Merkmale und Motive der Romantik und des 19. Jahrhunderts zu benennen
- das Zusammenwirken von Text, Klavier und Stimme anhand eines Sololiedes zu analysieren
- zu einer außermusikalischen Vorlage zu improvisieren
- verschiedene Gestaltungsmöglichkeiten der Programmmusik zu beschreiben
- Franz Liszt als Künstlerpersönlichkeit im Kontext des Virtuosentums zu charakterisieren
- eine romantische Orchesterpartitur zu lesen
- Merkmale internationaler Volksmusik zu differenzieren und ihre Erscheinungsform in Nationalen Schulen darzulegen

Epochenüberblick Romantik (19. Jahrhundert)

Musik

Die musikalische Romantik hatte ihre Zentren zunächst in Berlin, Leipzig und Dresden. Innerhalb dieser Epoche wurden die musikalischen Formen der vorangegangenen Jahrhunderte weiterentwickelt. In der **Oper** hielten thematisch Märchen und Sagen Einzug. In den **Solokonzerten** spielte das Virtuosentum eine entscheidende Rolle. Im **Klavierlied** wurden Text und Musik ineinander verwoben. Ebenso entstanden neue Gattungen, wie z. B. das **Charakterstück** (lyrische Klaviermusik, um bestimmte Stimmungen auszudrücken) und die **sinfonische Dichtung**. Die musikalische Romantik ging zunächst von Deutschland aus, führte aber später zur Bildung **Nationaler Schulen.** In diesen griffen Komponisten auf regionalspezifische Volksmusik Europas zurück.

Literatur und Gedankenwelt

Die literarische Romantik wandte sich von der Antike und von klassischen Vorbildern ab und stellte die eigene Kultur in den Vordergrund, insbesondere die Sagen und Mythen des Mittelalters. Die Brüder Grimm sammelten auf ihren Reisen viele bis dahin nur mündlich überlieferte Märchen und schrieben sie auf.
All dies waren Reaktionen auf die zunehmende Industrialisierung, die damit einhergehende Verstädterung und den gefühlten Verlust von Geborgenheit.

Folgende Grundthemen (Topoi) kehren in der Romantik daher immer wieder:

- Leidenschaft
- individuelles Erleben
- Gefühl
- die leidende Seele
- Sehnsucht
- Geheimnis

Louis Katzenstein: Die Brüder Grimm hören auf der Durchreise ein Märchen (o. J.)

Komponisten im Fokus

Robert Schumann
1810–1856

Wohnorte
geb. in Zwickau; Leipzig, Heidelberg, Dresden, Düsseldorf

Beruf
freischaffender Pianist und Komponist, Musikschriftsteller, städtischer Musikdirektor

Wichtige Werke
viele Lieder und Liederzyklen, 4 Sinfonien, Werke für Klavier und Klavierkammermusik

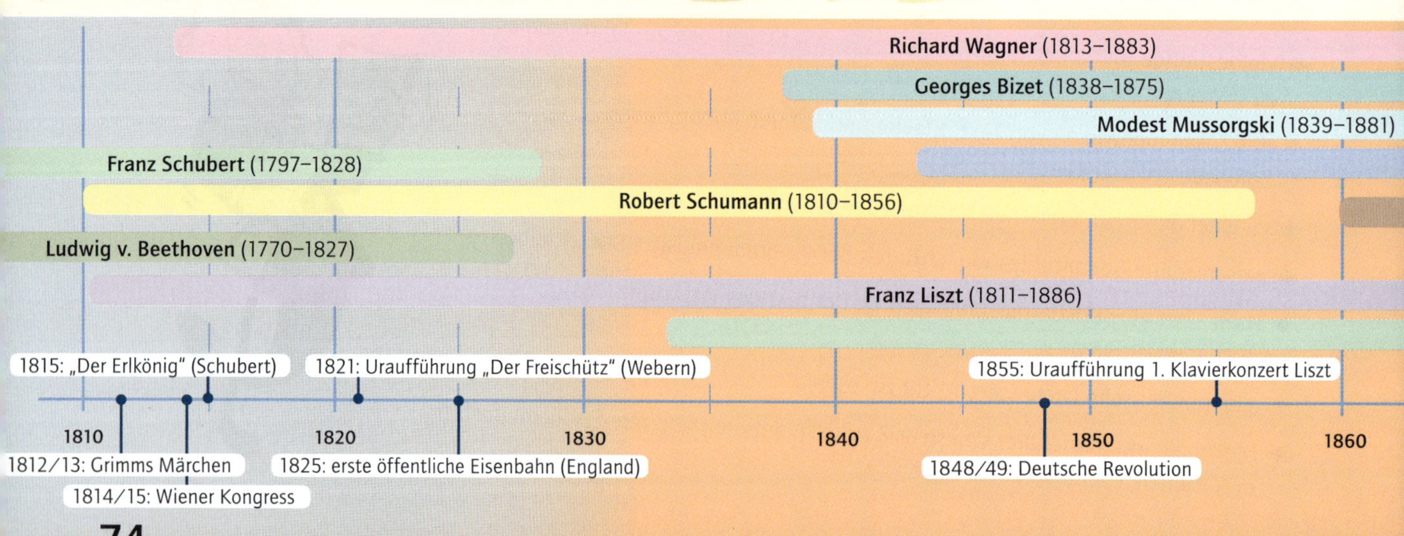

Bildende Kunst und Architektur

In der Malerei der Romantik erkennt man die Vorlieben für Naturdarstellungen und Porträts, starke Licht- und Schattenkontraste, den Vorrang der Farbe vor der Linie, den Ausdruck von Gefühlen, Empfindungen und Stimmungen. Wichtige Künstler: Caspar David Friedrich, William Turner, Eugène Delacroix, Carl Spitzweg.
In der Baukunst wurden während der Romantik historische Formen wieder aufgenommen. So entstanden Neuromanik, Neugotik, Neurenaissance und Neobarock. Im Mittelalter begonnene Kirchen und Dome wurden nun fertiggebaut, so z. B. das Ulmer Münster und der Kölner Dom.

Franz Liszt
1811–1886

Wohnorte
geb. in Raiding/Ungarn; Paris, Weimar, Budapest, Rom

Beruf
freischaffender Pianist und Komponist, Pädagoge, Theaterleiter

Wichtige Werke
2 Klavierkonzerte, 12 sinfonische Dichtungen, viele Werke für Klavier, Chor, Orgel

Richard Wagner
1813–1883

Wohnorte
geb. in Dresden; Zürich, Paris, Bayreuth, Venedig

Beruf
freischaffender Komponist und Dirigent, Festivalintendant

Wichtige Werke
13 Opern, darunter „Der Fliegende Holländer" und „Tristan und Isolde"

Im Überblick

- Rückwendung zum Mittelalter
- Sagen und Märchen als künstlerische Vorlage
- Industrialisierung ◄► Hinwendung zur Natur
- Individualisierung und Rückzug ins Private
- Musik: Weiterentwicklung von Oper und Konzert, Poetisierung der Musik im Lied, Charakterstück und in der sinfonischen Dichtung
- Komponisten: Schubert, Schumann, Liszt, Wagner, Verdi, Smetana, Brahms, Saint-Saëns, Bizet, Dvořák, Grieg

Schloss Neuschwanstein

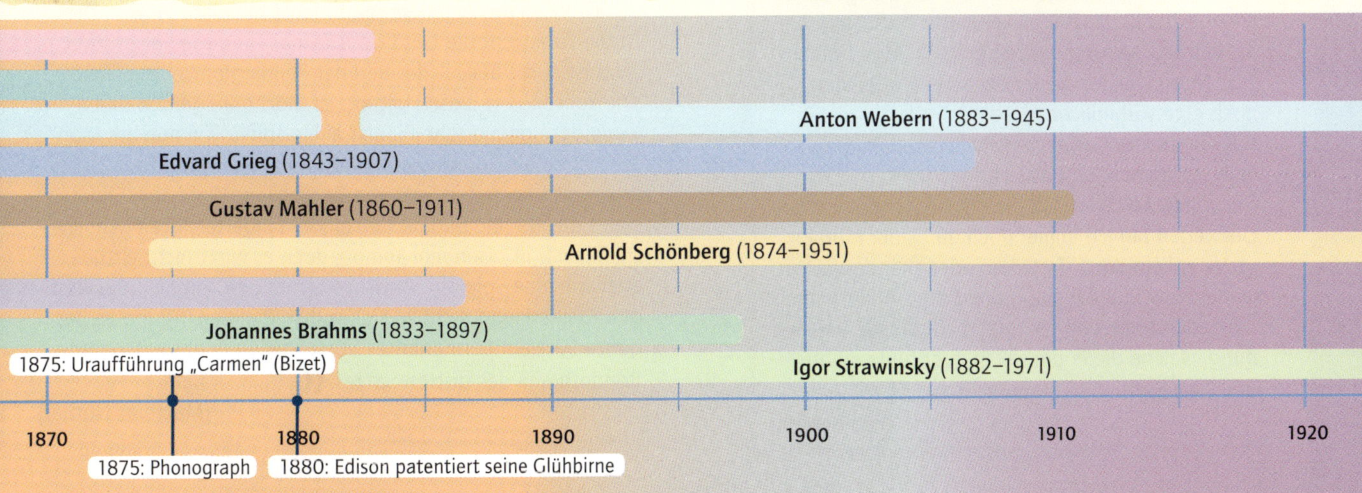

[Workshop] Über Musik schreiben

In diesem Workshop lernt ihr, mithilfe welcher Textgattungen man auf welche Art und Weise über Musik schreiben und dabei unterschiedliche Leserkreise ansprechen kann.

Texte über Musik können sehr unterschiedlich gestaltet sein und Musik aus sehr unterschiedlichen Blickwinkeln beleuchten und beschreiben.

Schritt 1: Textgattungen kennenlernen

- **Gruppenarbeit:** Macht euch mit den Merkmalen verschiedener Textgattungen mithilfe der Infobox vertraut. Teilt dann die unten abgedruckten Texte untereinander auf und lest euren jeweiligen Text mehrmals durch. Notiert Wörter und sprachliche Mittel, mit denen dort über Musik geschrieben wird, und entscheidet dann, zu welcher Textgattung der jeweilige Text gehört.

Schritt 2: Textgattungen vergleichen

- Stellt euch gegenseitig euren Text vor. Geht dabei unter anderem auf die jeweiligen sprachlichen Besonderheiten, auf die Art und Weise, wie Musik in Worte gefasst wird und auf die Funktion des jeweiligen Textes ein. Begründet eure Zuordnung.

INFO

Textgattungen

1. In einer **Kritik** wird die Leistung einer Musikerin oder eines Musikers in einem Konzert oder einer Aufnahme beschrieben und bewertet.
2. Bei einem **Artikel** wird ein musikbezogenes Thema (z. B. Biografien, Trends) behandelt.
3. Bei einer **Analyse** wird ein Musikstück beschreibend in seine Einzelteile zerlegt. Oft wird dabei sehr detailliert auf musikalische Parameter eingegangen.

A »Bei dem Bild, das wir uns von den großen Popkünstlern machen, spielt das Verhältnis zwischen Können und Charakter keine Rolle. Als in den 1960er-Jahren an den Londoner Häuserwänden geschrieben stand, dass Eric Clapton Gott ist, da wies der englische Gitarrist solche Bewunderung, für die sich mancher die Hand abgehackt hätte, zurück: „Dass Musiker heute einflussreicher als Politiker sein können, ist grotesk. Man braucht zum Musikmachen weder besondere Intelligenz noch eine vorbildliche Moral."
Ray Charles war es auch nicht recht, dass man so über ihn sprach, und was er dagegen sagte, ist frei von Koketterie: „Ich bin ein Gebrauchsmusiker. Deswegen bin ich immer noch da." Über Moral verlor er kein Wort. Trotzdem oder eher deswegen war er nicht nur die einflussreichste, sondern auch die geachtetste und bis zuletzt würdigste Erscheinung, welche die Popmusik in ihrer fünfzigjährigen Geschichte hervorgebracht hat.«

(Edo Reents)

B »Bei der vorliegenden Invention handelt es sich um ein polyfones Klavierstück in C-Dur aus der Barockzeit, welches die Verarbeitung eines musikalischen Gedankens, des Motivs in Takt 1, zeigt. Dieses Motiv ist das einzige musikalische Material, welches lediglich vom Kontrapunkt ergänzt wird. Das Motiv ist auftaktig angelegt, da es eine Sechzehntel nach der Eins beginnt und auf einer vollen Zählzeit, der Drei, endet. Es beginnt mit dem Grundton und läuft tonleiterartig bis zur Quarte aufwärts und bewegt sich anschließend in zwei Terzwechseln zum Grundton zurück, um mit einem Sprung aufwärts auf der Quinte zu enden.«

(Sonja Seidel)

C »Im Musizieren gedanklich über die Möglichkeiten und Grenzen des eigenen Instruments hinauszudenken: Dies ist die Fähigkeit, die Leif Ove Andsnes für diese Saison zum „pianist in residence" der Berliner Philharmoniker qualifizierte. Wie konsequent diese Haltung ist, hört man gerade dann, wenn der norwegische Pianist allein spielt, wie nun am Montag bei einem Soloklavierabend im Kammermusiksaal. Dabei ergibt sich im ersten Satz von Beethovens Waldstein-Sonate vieles aus der Eigenlogik funkelnder Fingerfertigkeit. Andsnes spielt zwar in rasendem Tempo, doch es wirkt nicht virtuos, eher wie eine Spieluhr. Andsnes öffnet den Ton hier nie, lässt den Klavierklang nicht zu sich selbst kommen, für ihn ist der ganze Satz ein permanentes Vorschnellen in das entspannte Rondothema des dritten Satzes.«

(Matthias Nöther)

Schritt 3: Formelemente der Textgattungen herausarbeiten

- Notiert gemeinsam die wesentlichen Prinzipien der drei Texte in Stichpunkten. Berücksichtigt dabei unter anderem Aufbau, Inhalt und Stilistik der Texte. Fasst die Stichpunkte so zusammen, dass ein „Fahrplan" mit den wichtigsten Aspekten zur Erstellung der jeweiligen Texte entsteht.

	Artikel	Kritik
Thema	Bild von Musikern in der Gesellschaft	
Aufbau		

Schritt 4: Eigene Texte schreiben 

- **Partnerarbeit:** Hört euch gemeinsam ein Musikstück an und schreibt anschließend einen eigenen Text. Geht dabei folgendermaßen vor:

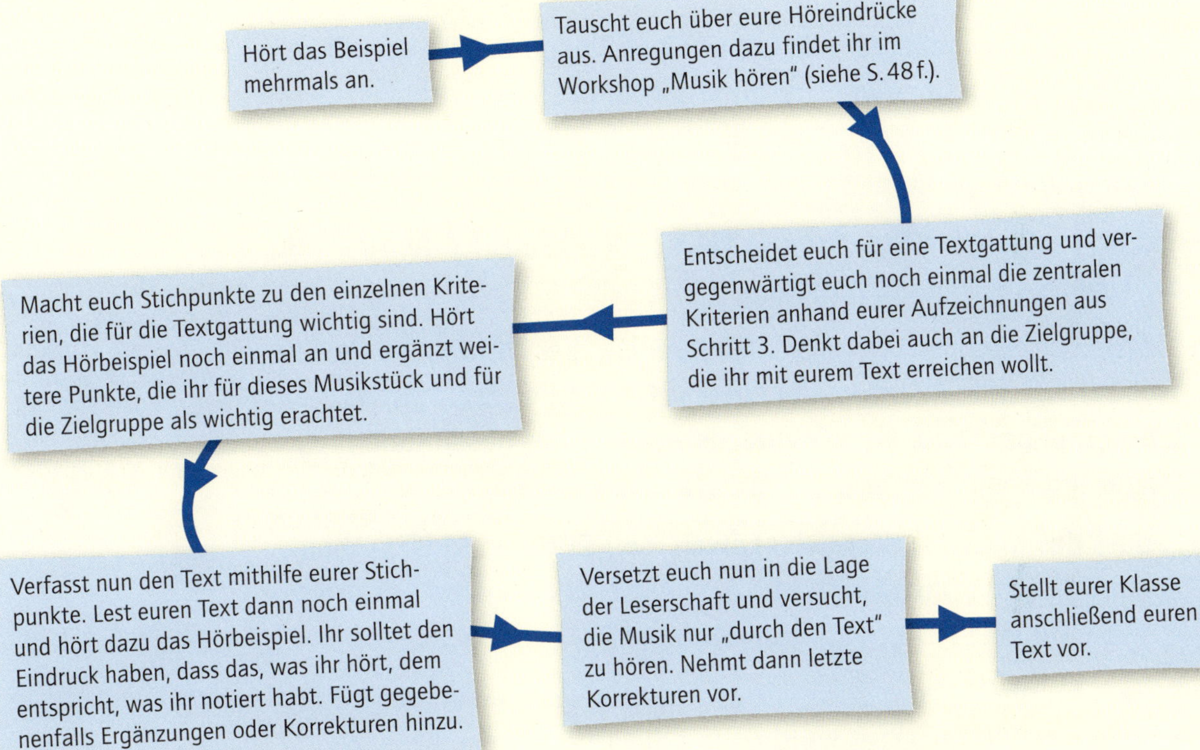

Schritt 5: Wahrnehmung schärfen

- Tauscht euch darüber aus, wie sich eure jeweilige Wahrnehmung der Musik durch das Schreiben der eigenen Texte und das Hören der anderen Texte verändert hat.

[Kapitel 4]

Musiktheater 2: Musical

Wusstet ihr, ...

- ... dass die vier Musicals „Phantom der Oper“, „König der Löwen“, „Wicked“ und „Cats“ zusammen bisher mehr als 15 Milliarden US-Dollar eingespielt haben?
- ... dass seit der Premiere 1988 über 17 Millionen Zuschauer „Starlight Express“ in der eigens dafür errichteten „Starlighthalle“ in Bochum gesehen haben und es als das erfolgreichste Musical weltweit gilt?
- ... dass es allein am Broadway in New York 40 Musicaltheater gibt, die täglich ein Musical zeigen?
- ... dass der bekannteste Musicalkomponist aller Zeiten Andrew Lloyd Webber ist? Mit „Phantom der Oper“, „Cats“ und „Starlight Express“ hat er drei der weltweit erfolgreichsten Musicals geschrieben. Insgesamt komponierte er 20 Musicals bzw. Shows.
- ... dass das Musical „König der Löwen“ seit 2001 im Musicaltheater Hamburg aufgeführt wird und als einer der wichtigsten kulturellen Anlässe für eine Reise nach Hamburg gilt?
- ... dass für die Tänzer in „Phantom der Oper“ aus mehr als 1000 Bewerbern 300 gecastet wurden, um die 14 Rollen zu besetzen?

Stimme und Ohren

Showbusiness

* „blue" wird nur bei der Wiederholung des Strophenteils als Auftakt gesungen.

- Übt zunächst die drei Melodien und den Refrain einzeln.
- Bildet anschließend drei Gruppen und teilt die drei Melodien untereinander auf.
- Gestaltet einen interessanten Ablauf: Beginnt mit einer der Melodien und singt den Refrain gemeinsam. Nehmt im zweiten bzw. dritten Durchgang die anderen Melodien hinzu. Der Refrain dient dabei immer als gemeinsamer Zwischenteil.

Rhythmus und Zusammenspiel

Train Your Brain N°1: Tell Me!

Sprecht den folgenden Satz mit gleichbleibendem Metrum:

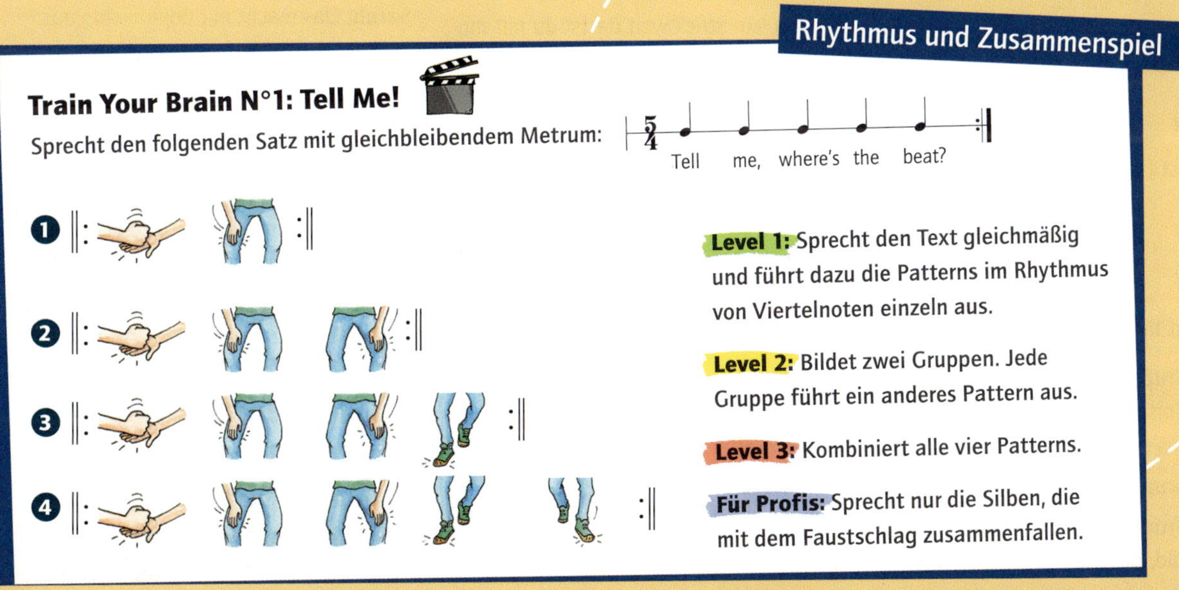

Level 1: Sprecht den Text gleichmäßig und führt dazu die Patterns im Rhythmus von Viertelnoten einzeln aus.

Level 2: Bildet zwei Gruppen. Jede Gruppe führt ein anderes Pattern aus.

Level 3: Kombiniert alle vier Patterns.

Für Profis: Sprecht nur die Silben, die mit dem Faustschlag zusammenfallen.

„Mit dir kann ich bis zu den Sternen gehen“ – Tanz der Vampire

Das wichtigste Thema in fast allen Musicals: die Liebe. Und fast immer sind es zwei Liebende aus zwei gegensätzlichen Welten, die sich durch Herkunft, Familie oder Glauben unterscheiden. So ist es auch bei Sarah und Alfred. Alfred, ein Student, hat sich in Sarah, die Tochter eines Dorfwirts in Transsilvanien, verliebt. Sarah wird von ihrem Vater aus Angst vor Vampiren und den lustvollen Blicken anderer Männer streng behütet. Die junge Erwachsene sehnt sich gerade deshalb nach Freiheit. In Alfred sieht sie einen Verbündeten und will sich von den Zwängen ihres jetzigen Lebens lösen. Im Duett „Draußen ist Freiheit“ singen die beiden über ihre jeweiligen Gefühle.

> **INFO**
>
> **Das Musical „Tanz der Vampire“**
>
> Der Hollywood-Regisseur Roman Polański drehte 1967 die Horrorkomödie „Tanz der Vampire“. Genau 30 Jahre später wurde das darauf beruhende Musical mit der Musik von Jim Steinman ebenfalls unter seiner Regie in Wien uraufgeführt und erobert seither die Bühnen der Welt.

Draußen ist Freiheit

Text: M. Kunze, Musik: J. Steinman

Strophe 1

Alfred: Unter diesem Dach lebt der liebste Mensch der Welt. Kann es Zufall sein, dass wir uns trafen hier?
Sarah, bist du wach? Bitte, komm doch an dein Fenster!
Ich steh hier im Mondlicht und wünsch mir, ich wär bei dir.

Sarah: Nicht so laut! Ich bin ja da. Mach bloß keinen Lärm! Sonst hört dich Papa. [...]

Refrain 1

Strophe 2

Alfred: Keine Mauer, die uns je trennt. Keine Grenze, die wir nicht überwinden.
Komm zu mir, denn mit dir kann ich bis zu den Sternen gehen.

Refrain 2

Draußen ist Freiheit [...]

Bridge

Sarah: Wie romantisch, im Mondlicht zu stehen. Leider bin ich bereits eingeladen.
Nun, ein Stück weit darfst du mit mir gehn.
Doch versprich mir, mich nicht zu verraten.

Alfred: Wo willst du hin?

Sarah: Ein Geheimnis von mir.

Alfred: Nicht durch den Wald!

Sarah: Wenn du Angst hast, bleib hier.

Alfred: Es ist dunkel und kalt.

Sarah: Das macht mir doch nichts aus.

Alfred: Du verirrst dich und erfrierst im Schnee!

Sarah: Ich weiß schon, wohin ich geh.

Alfred: Nachts kommen die Wölfe raus.

Sarah: Langweile mich tot zu Haus. [...]

1 Singt den ersten Refrain des Songs „Draußen ist Freiheit“.

2 **a** **Gruppenarbeit:** Entwerft in mehreren Gruppen eine Umsetzung des ersten Duetts. Bestimmt zwei Personen aus eurer Gruppe als Sarah und Alfred.

Gruppe 1: Setzt den Text als Pantomime um.

Gruppe 2: Formt aus euren beiden Personen ein Standbild, das die Beziehung zwischen ihnen darstellt.

Gruppe 3: Macht aus dem Text eine Theaterszene. Arbeitet vor allem an der ausdrucksvollen Sprache.

b Stellt euch eure Ergebnisse gegenseitig vor und diskutiert, welche Aspekte in den unterschiedlichen Versionen besonders gut umgesetzt sind.

3 Hört das Duett und haltet in einer Tabelle fest, wer in welchem Formteil singt und welche Instrumentierung und musikalische Gestaltung in den einzelnen Teilen verwendet wird.
Ordnet den Formteilen die entsprechenden Inhalte aus den Kästchen zu. (Achtung: Es sind auch mehrere Kästchen pro Teil möglich!)

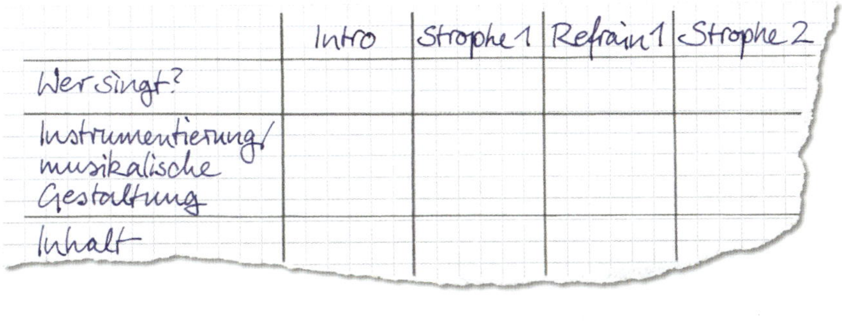

	Intro	Strophe 1	Refrain 1	Strophe 2
Wer singt?				
Instrumentierung/ musikalische Gestaltung				
Inhalt				

Wunsch nach Freiheit

heimliche Verabredung

Appell an Vernunft

Einladung zum Ball steht der Zweisamkeit im Weg

Liebe überwindet alle Grenzen

Alfred und Sarah

4 Informiert euch mithilfe der Infobox über typische Eigenschaften eines Duetts und beschreibt anschließend die Gestaltung der beiden Stimmen in den unten stehenden Ausschnitten. Ordnet sie einem Formteil aus Aufgabe 3 zu.

Text: M. Kunze, Musik: J. Steinman

5 Fasst eure Ergebnisse aus den Aufgaben 2 und 3 zusammen und stellt das kompositorische Grundprinzip des Songs dar.

INFO

Duett

Unter einem Duett versteht man im Allgemeinen ein musikalisches Werk, das von zwei Musizierenden vorgetragen wird. Bei einem gesungenen Duett kommt zu den beiden Gesangsstimmen meistens noch eine Begleitung hinzu. Im Musical ist das Duett sehr häufig vorzufinden, da hier Beziehungen zwischen zwei Charakteren sehr gut dargestellt werden können. Die beiden Stimmen singen dabei

- nacheinander,
- gleichzeitig dieselbe Melodie (unisono),
- parallel in Terzen, Sexten oder Dezimen oder
- gleichzeitig unterschiedliche Text- und Melodiepassagen.

Reiz der Unsterblichkeit

Die Handlung des Musicals basiert auf Geschichten, die in ganz Europa bereits seit der Antike bestehen. Sie erzählen von Wesen, die von der Lebenskraft der Menschen (meist in Form von Blut) leben. Besonders in Südosteuropa ist dieser Aberglaube bis in die Jetztzeit weit verbreitet.

1 a Tragt zusammen, welche Vampirgeschichten euch vertraut sind. Besprecht auch, woher ihr diese Geschichten kennt (z. B. Bücher, Serien, Filme).
b Informiert euch anhand der Infobox über den Vampirglauben. Recherchiert zusätzlich im Internet und findet heraus, woher diese Legenden kommen.

2 Benennt Gründe, warum Geschichten, Erzählungen und Filme über Vampire immer wieder ein faszinierendes Thema sind und nicht auszusterben scheinen.

INFO

Vampire

Die Vampirgestalt, wie wir sie heute kennen, geht auf Romane aus dem 19. Jahrhundert zurück. Der bekannteste davon ist „Dracula" (1897) von Bram Stoker. Er bezieht sich auf den grausamen rumänischen Herrscher Vlad III. Drăculea (rumän., Drache).
Im Volksglauben können Vampire Menschen zu ihresgleichen machen, indem sie sie beißen und ihnen Blut aussaugen. Gegen Vampire sollen vor allem Kruzifixe und Knoblauch helfen, angeblich können sie auch kein fließendes Wasser überqueren und keinen geweihten Boden betreten.
In einem Spiegel sind sie nicht zu sehen. Die eigentlich unsterblichen Vampire kann man vernichten, indem man ihnen einen Holzpfahl ins Herz stößt. Auch direktes Sonnenlicht kann sie zu Staub zerfallen lassen.

Twilight: New Moon – Biss zur Mittagsstunde

»Aber bald wandelten sich meine Empfindungen zu Abscheu und Entsetzen, als ich sah, wie der ganze Mann langsam aus dem Fenster herausstieg und an der Schlossmauer hinabkletterte, und zwar mit dem Kopf nach unten über dem schrecklichen Abgrund hängend, wobei sich sein Mantel wie ein großes Flügelpaar um ihn bauschte.«

(aus Bram Stokers „Dracula")

Porträt von Vlad III. Drăculea, auch genannt Țepeș (rumän., Pfähler), ca. 1428 bis 1477, ein rumänischer Herrscher, der für seine grausamen Hinrichtungen durch Pfählen bekannt war

Szene aus „Interview mit einem Vampir" (Tom Cruise und Brad Pitt)

Hotel Transsilvanien

Der „Tanz der Vampire" beginnt

So geht die Geschichte los: Alfred hat seinen Professor Abronsius, einen Vampirforscher und -jäger, in einem Wintersturm vor dem Erfrieren gerettet und in ein nahe gelegenes Gasthaus gebracht. Dort finden die beiden einen ersten Hinweis auf Vampire: Knoblauch. Die Dorfbewohner leugnen allerdings die Existenz von Vampiren – von einem Grafen von Krolock und seinem Schloss will niemand etwas gehört haben. Dieser versucht im Lauf der Geschichte, die Wirtstochter Sarah in sein Schloss zu locken und letztendlich zu beißen. Im Duett „Draußen ist Freiheit" ist Sarahs Wunsch, dieser Versuchung nachzugeben, bereits spürbar.

Prof. Abronsius

Graf v. Krolock

Alfred

Sarah

3 **Gruppenarbeit:** Deutet das Soziogramm der vier Hauptpersonen, indem ihr jeweils die Beziehung beschreibt.

4 Erstellt gemeinsam eine Prognose, wie sich die Handlung weiterentwickeln könnte.

5 Vervollständigt das Soziogramm im Arbeitsheft in den nächsten Musikstunden nach und nach.

Der Graf und der Professor

Professor Abronsius braucht nicht lange, um herauszufinden, dass im Schloss in der Nähe des Dorfes tatsächlich Graf von Krolock lebt. Dieser ist als Vampir der ausgewiesene Gegenspieler des Professors, der außer seinem Forschungsauftrag auch das Ziel verfolgt, die „lebenden Untoten“ zu bekämpfen. Noch bevor die beiden aufeinandertreffen, werden in zwei Songs grundlegende Charakterzüge der Antagonisten dargestellt.

Graf von Krolock

Gott ist tot

Text: M. Kunze, Musik: J. Steinman

Graf von Krolock: Jahrelang war ich nur Ahnung in dir.
Jetzt suchst du mich und hast Sehnsucht nach mir.
Nun, freu dich! – Uns beide trennt nur noch ein winziges Stück.
Wenn ich dich rufe, hält dich nichts mehr zurück,
getrieben von Träumen und hungrig nach Glück.

Chor:

Sei bereit! (3 x)

Graf von Krolock: Gott ist tot, nach ihm wird nicht mehr gesucht.
Wir sind zum ewigen Leben verflucht.
Es zieht uns näher zur Sonne,
doch wir fürchten das Licht.
Wir glauben nur Lügen, verachten Verzicht.
Was wir nicht hassen, das lieben wir nicht.

Chor: Sei bereit!

Graf von Krolock: Was ich rette, geht zugrund. Was ich segne, muss verderben.
Nur mein Gift macht dich gesund. Um zu leben, musst du sterben.
Schweb mit mir in den Abgrund der Nacht und verlier dich in mir.
Wir werden bis zum Ende jeder Ewigkeit gehn.
Ich hüll dich ein in meinen Schatten.

Sarah: Ich hör eine Stimme, die mich ruft.

Graf von Krolock: Nun, freu dich! –

Wahrheit

5

Text: M. Kunze, Musik: J. Steinman

Mein Wissensdrang kommt nicht zur Ruh, solang noch Zweifel nagen.
Ich lasse kein Geheimnis zu, ich hör nicht auf zu fragen:
Wie und was und wer und wo und wann. [...]

[...] In der Schule fand ich schnell heraus, dass alle Lehrer lügen.
Keine Antwort, die sie gaben, konnte jemals mir genügen,
denn in Büchern eingegraben studierte ich die Rätsel der Natur.
Ich glaub an die Vernunft. Sie wird am Ende triumphieren. [...]

1 Erstellt mithilfe der Songtexte für jede der beiden Personen jeweils ein Profil, das folgende Punkte beinhaltet:

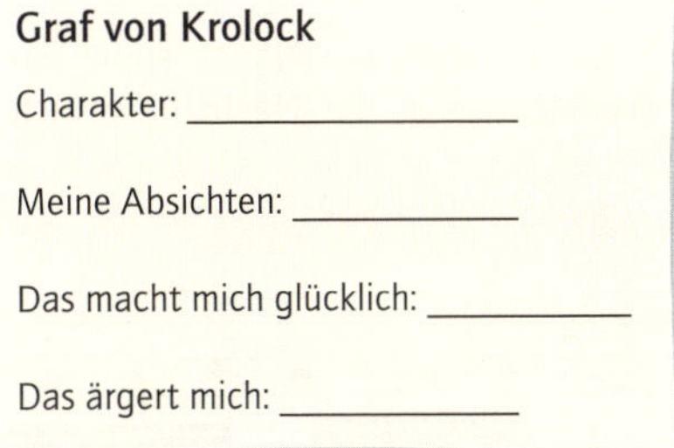
Graf von Krolock
Charakter: ____________
Meine Absichten: ____________
Das macht mich glücklich: ____________
Das ärgert mich: ____________

Professor Abronsius
Charakter: ____________
Meine Absichten: ____________
Das macht mich glücklich: ____________
Das ärgert mich: ____________

Professor Abronsius

2 **a** Überlegt, wie der Charakter der beiden Personen in der Musik ausgedrückt werden kann und vergleicht eure Prognose mit der Aufnahme. (4, 5)
b Singt die Melodie des Chors zur Aufnahme von „Gott ist tot". (4)
c Führt die 1. Strophe von „Wahrheit" als Rap aus.

3 **a** Stellt in einer Tabelle die unterschiedlichen musikalischen Gestaltungsmittel der beiden Songs gegenüber. Geht dabei auf Instrumentation, Tempo, dynamische Entwicklung und Melodiebau ein. (4, 5)

b Vergleicht das Ergebnis mit den beiden Profilen und bewertet, wie die Umsetzung in Musik gelungen ist.

Sei bereit!

Sarah ist der Einladung des Grafen von Krolock gefolgt und wandelt nun durch die düsteren, leeren Räume des Schlosses. Sie fragt sich, welcher Art ihre Beziehung zum Grafen wirklich ist. Der Graf erscheint in Begleitung seiner Ahnen und begrüßt sie. Es gelingt ihm, sich zurückzuhalten und sie nicht zu beißen, weil er sich das für den Ball in der nächsten Nacht aufheben will.

Totale Finsternis

C 6, 7

Text: M. Kunze, Musik: J. Steinman

16 D E A Fism

Du wirst dich in mir er - ken - nen. Was du er - träumst, wird Wahr - heit

18 D E A Fism

sein. Nichts und nie - mand kann uns tren - nen. Tauch mit mir in die Dun - kel - heit ein!

20 D E D(add2)/Fis E(add2)/Gis

Zwi - schen Ab - grund und Schein ver - bren - nen wir die Zwei - fel und ver - ges - sen die Zeit. Ich

22 Fism H

hüll dich ein in mei - nen Schat - ten und trag dich weit. Du

24 A E(add2)/Gis *Sarah* Fism

bist das Wun - der, das mit der Wirk - lich - keit ver - söhnt. Mein Herz ist Dy - na - mit, das ei - nen

26 H *Beide* A Fism

Fun - ken er - sehnt. Ich bin zum Le - ben er - wacht! Die E - wig - keit be - ginnt heut Nacht.

28 D(add2) *poco rit.* E A

Die E - wig - keit be - ginnt heut Nacht.

1 Erarbeitet euch den Song in drei Gruppen (Ahnen, Sarah, Graf). Nehmt die Originalaufnahme und das Playback zu Hilfe. C 6, 7

2 Erstellt in den Gruppen jeweils eine Skizze für eine Folge von fünf Standbildern für eure Darstellerinnen und Darsteller, die die Veränderung in den Personen, insbesondere aber die sich wandelnde Beziehung zwischen Sarah und dem Grafen darstellen.

3 Führt den Song nun auf und nehmt an den entsprechenden Stellen die Standbilder ein.

Sarah und Graf Krolock

Grundwissen aufgefrischt

Menuett

Das Menuett entwickelte sich im 17. Jahrhundert aus einem französischen Volkstanz zum Hof- und Gesellschaftstanz (siehe S. 20). Tatsächlich kam kein Komponist im 18. Jahrhundert am Menuett vorbei. Später wurde es fester Bestandteil größerer Orchesterwerke, z. B. von Sinfonien.
Das Menuett hat meist eine dreiteilige Form:
Menuett I – Menuett II (Trio) – Menuett I

Im Tanzsaal

In Erwartung des großen Balls finden sich die Vampire im Tanzsaal ein. Alfred und Abronsius haben sich verkleidet unter die Menge gemischt. Nun erscheint der Graf und stellt seinen „Gast" Sarah vor. Allerdings betrachtet er sie als sein Eigentum:

[...] Doch sie gehört nur mir!
Keine Sorge! Auch an euch ist gedacht.
Denn seit gestern Abend sind
hier in meinem Labyrinth
und für euch bestimmt
zwei Sterbliche zum Bleiben verdammt!

Im Anschluss daran beißt der Graf zum Entsetzen von Alfred und Abronsius Sarah in den Hals, ohne dass diese sich dagegen wehrt. Danach beginnt der Ball. Die Vampire tanzen gemeinsam ein Menuett.

1 a Begründet, warum die Vampire einen Tanz aus dem 18. Jahrhundert tanzen.
b Gestaltet eine Tanzchoreografie mit den beschriebenen Bausteinen, die die Schrittfolge für die „Damen" zeigen. Die „Herren" tanzen die Schritte spiegelverkehrt. Das Video erleichtert euch die Einstudierung, indem es die Schrittfolge im langsamen Tempo zeigt.

[Tipp] Sehr verbreitet ist die direkte Verbindung aus Grund- und Wechselschritt, gefolgt von einer gegengleichen Schrittfolge (links und rechts getauscht). Beim Elevé werden meist zwei gleiche Schrittfolgen hintereinander getanzt, an die sich zwei gegengleiche anschließen.

Reverenz:
Verbeugung/Knicks zum Gegenüber

Grundschritt:
Zz. 1: re Fußspitze tippt nach schräg re vorne
Zz. 2: re Fußspitze tippt zum li Fuß zurück
Zz. 3: re Fußspitze tippt noch mal nach schräg re vorne

Elevé:
Zz. 1: re Fuß zur Seite stellen
Zz. 2: li Fuß beistellen, dabei beide Fersen heben
Zz. 3: Fersen senken

Wechselschritt:
Zz. 1: Schritt re vor
Zz. 2: li Fuß dazustellen
Zz. 3: Schritt re vor

Am Ende der Tanzszene gelingt es Alfred und dem Professor, die Vampire zu überwältigen. Sarah, die sich nach dem Biss noch nicht in eine Vampirin verwandelt hat, folgt ihnen.

2 Überlegt euch ausgehend von dieser Situation verschiedene mögliche Schlussszenarien.

Das große Finale

Die drei Helden sind auf der Flucht. Wird es ihnen gelingen, dem Grafen und seinen Anhängern zu entkommen?

1 Hört euch das Schlussduett zwischen Alfred und Sarah an.  9
Partnerarbeit: Einigt euch auf eine Rollenverteilung (Sarah, Alfred) und erzählt euch gegenseitig den Inhalt der Schlussszene aus eurer jeweiligen Sicht.

2 **Gruppenarbeit:** Dreht für die vier Protagonisten Sarah, Alfred, Professor und Graf ein kurzes Video: Die jeweilige Hauptperson argumentiert, warum ein Dasein als Vampir (nicht) erstrebenswert sei. Nutzt für die Vorbereitung der Argumentation die euch bekannten Songtexte und Informationen sowie die zusätzlichen Zitate aus anderen Songs des Musicals und dem Roman „Dracula“ von Bram Stoker.

Graf: Ich geb dir, was dir fehlt:
Eine Reise auf den Flügeln der Nacht,
um dem Alltag zu entfliehen
in den Rausch der Fantasie.

Professor: Wenn ihr weiter lügt,
euch selbst betrügt,
wird noch Schlimmeres geschehn.

Alfred: Und vergib uns unser Gier'n
nach dem Bösen und der Nacht.
Lass uns nicht den Kopf verlier'n,
wenn das Tier in uns erwacht!

Sarah: Wie gefällt dir mein Kleid für den Ball?
Der Herr Graf schenkt mir prächtige Sachen!
Er verwöhnt mich, weil ich ihm gefall!
Wenn Papa kommt, wird er Augen machen!

Vampire: Ewigkeit ist Langeweile auf Dauer.
Ein trostloser Kreislauf,
kein Anfang, kein Schluss,
denn stets wiederholt sich dasselbe von vorne,
kein Jubel, kein Entsetzen.

»How blessed are some people, whose lives have no fears, no dreads; to whom sleep is a blessing that comes nightly, and brings nothing but sweet dreams.«
(aus Bram Stokers „Dracula“)

»I am all in a sea of wonders. I doubt; I fear; I think strange things, which I dare not confess to my own soul.«
(aus Bram Stokers „Dracula“)

Finale des Musicals

Das Musical – eine Erfolgsgeschichte 

> **INFO**
>
> **Das Musical**
>
> Aus verschiedenen Formen des unterhaltenden Theaters wie der Operette und der Revue entwickelt sich in New York um 1900 das Musical. Bühneneffekte, Tanzeinlagen und Kostüme spielten dabei eine wichtige Rolle. Begünstigt durch das Aufeinandertreffen vieler unterschiedlicher Nationalitäten und Kulturen, entsteht im Theaterviertel am Broadway in den 1920er-Jahren eine boomende Musicalszene mit 80 Theatern und über 200 Neuproduktionen (!) im Jahr. Die erfolgreichsten Broadwaymusicals wurden auch verfilmt, bald entstanden sogar Musicals, die nur für die Leinwand produziert wurden, die sogenannten Filmmusicals.
>
> Die 60er-Jahre brachten einen Generationenwechsel bei den Autoren und einen musikalischen Umbruch mit sich: Die Rockmusik hielt Einzug ins Musical. Auch spätere Musicalkomponisten bedienten sich meist der jeweils aktuellen populären Musikstile.

Das Musical entstand Anfang des 20. Jahrhunderts am New Yorker Broadway. Das Wort „Musical" ist eine Abkürzung für „musical comedy" oder „musical play". Als Musiktheater vereint es Gesang, Tanz, aufwändige Bühnenbilder, Kostüme, Klang- und Lichteffekte.

1 Berichtet euch gegenseitig von weiteren Musicals, die ihr kennt, und gebt deren jeweiligen Inhalt kurz wieder. Benennt auch den Aufführungsort, Besonderheiten der Inszenierung und ob ihr das Musical live oder als Film gesehen habt.

2 **a** Hört euch die Beispiele an und beschreibt jeweils die musikalischen Merkmale. (C 10–12)
b Versucht, die Hörbeispiele mithilfe der Informationen in der Infobox in eine zeitliche Abfolge zu bringen. Begründet, anhand welcher musikalischen Besonderheiten eine zeitliche Einordnung möglich ist.

Kunst oder Kommerz?

Seit den 1990er-Jahren nimmt die Kommerzialisierung der Musicalbranche zu. Durch steigende Ansprüche an die Ausstattung wird es immer teurer, ein Musical auf die Bühne zu bringen. Um die Kosten wieder einzuspielen, werden längere Spielzeiten notwendig. Eine Produktion wird dazu in mehreren festen, manchmal eigens für diesen Zweck gebauten Spielstätten vermarktet – oft im Paketangebot mit Anreise, Hotel und Merchandising (CDs, T-Shirts, Souvenirs etc.).

3 Findet heraus, wo in eurer Nähe ein Musical gespielt wird. Informiert euch im Reisebüro oder Internet über die Kosten einer Musicalreise. 

4 Findet mithilfe einer Internetrecherche heraus, wie hoch Produktionskosten und Einnahmen (durch Ticketverkäufe und Merchandising) von Musicals (z. B. von „Tanz der Vampire") tatsächlich sind. Diskutiert, ob der Preis für ein Ticket eurer Meinung nach gerechtfertigt ist. 

5 „Musical hat nichts mit Kunst, sondern nur mit Profit zu tun." Nehmt Stellung zu dieser Aussage. Folgende Aspekte könnt ihr dabei mit einbeziehen: Wo ist bei der Produktion eine kommerzielle Ausrichtung erkennbar? Was sind Kennzeichen künstlerischer Arbeit? Schließen sich Kunst und Kommerz aus?

Plakat für „Gaiety Girl" (1893)

Plakat für „My Fair Lady" (1956)

Plakat für die „Rocky Horror Show" (1974)

Von der Idee zur fertigen Produktion

An der Produktion und Inszenierung eines Musicals sind sehr viele Personen beteiligt, bis sich das erste Mal der Vorhang hebt.

6 a Informiert euch im Internet über die Aufgaben und Funktionen der Personen, welche die Tätigkeiten in der Box ausführen.

b Ordnet sie nun den verschiedenen Stadien des Entstehungsprozesses zu.

Arrangement
Bühnenbild
Chor(-leitung)
Choreografie
Geschäftsführung
Gesang
Intendanz
Komposition
Korrepetition
Libretto
Orchester(-leitung)
Regie
Songtext

1 Zu Beginn steht die Idee für ein Stück. Eine Geschichte wird nacherzählt oder neu erfunden und in ein Textbuch verwandelt. Dieses wird in Musik umgesetzt.

2 Ein Theater entscheidet sich dafür, das Werk ins Programm aufzunehmen. Die Planung beginnt. Die Stimmen für das Orchester werden geschrieben, eine Idee für die Inszenierung wird entwickelt.

3 Die Proben mit den Sängerinnen und Sängern beginnen, zunächst nur am Klavier. Der Chor und das Orchester beginnen zu proben. Skizzen für das Bühnenbild entstehen.

4 Die Bühnenproben beginnen. Die Darstellerinnen und Darsteller lernen ihre Wege, Aktionen und Tanzschritte. Das Orchester hat eine erste Durchlaufprobe zusammen mit dem Chor.

5 Alle bereiten sich für die Premiere vor: Hauptprobe, Generalprobe, Vorhang auf!

[Das habt ihr gelernt]

- Songs aus einem Musical zu analysieren und zu interpretieren
- den Inhalt des Musicals „Tanz der Vampire" in Beziehung zu setzen zu Informationen über Vampirglauben
- mehrere Songs aus dem Musical zu singen und in Szene umzusetzen
- die Charaktere des Musicals zu vergleichen, vor allem im Hinblick auf die musikalische Gestaltung der jeweiligen Songs
- ein Menuett zu tanzen und damit das Finale des Musicals nachzuvollziehen
- einen Überblick über die Merkmale und Entwicklungen des Musicals wiederzugeben
- die Funktionen beim Entstehungsprozess einer Musicalinszenierung einzuordnen

[Kapitel 5]

Barock

Mit manchen Begriffen ist es schon merkwürdig. Man verwendet sie dauernd, weiß aber gar nicht, was sie ursprünglich bedeuteten. „Gymnasium" z. B. stammt aus dem Griechischen. Das griechische Wort γυμνός (gymnós) bedeutet „nackt". Ein γυμνάσιον (Gymnasion) war ein Ort des körperlichen und geistigen Trainings und trainiert wurde eben nackt, man machte „Gymnastik".
Oder „Computer": Das Wort stammt aus dem Englischen (to compute) bzw. Lateinischen (computare) und bezeichnet einen „Zusammenrechner". Im Mittelalter waren das Menschen, die langwierige Berechnungen vornahmen, z. B. Astronomen.

„Barock", die Überschrift dieses Kapitels, stammt aus dem Portugiesischen. „Barocco" nannte man dort früher unregelmäßig geformte Perlen, denn das Wort bedeutet soviel wie „schiefrund" oder „merkwürdig". Die Formen der ersten barocken Bauwerke wurden dann, weil sie so fremdartig erschienen, mit diesem Begriff eher abschätzig beschrieben. Wie der Begriff sich gewandelt hat, und vor allem was für „merkwürdige" (des Merkens würdige) Musik in dieser Zeit entstand, erfahrt ihr in diesem Kapitel.

Körper und Bewegung

Pachen-Spruzzle

C 13

Text u. Musik: U. Moritz

1 Bodypercussion: (Hände reiben) (Hände reiben) (Hände reiben) (Hände reiben) — Os Os Os Os

Stimme: Weiß tut, zu-sam-men gut.

2 Bodypercussion: Wa snap Os Wa snap Os

Stimme: Was er tut, wird es gut.

3 Bodypercussion: snap Os snap Os snap Os snap Os

Stimme: Kei-ner tut, doch gut.

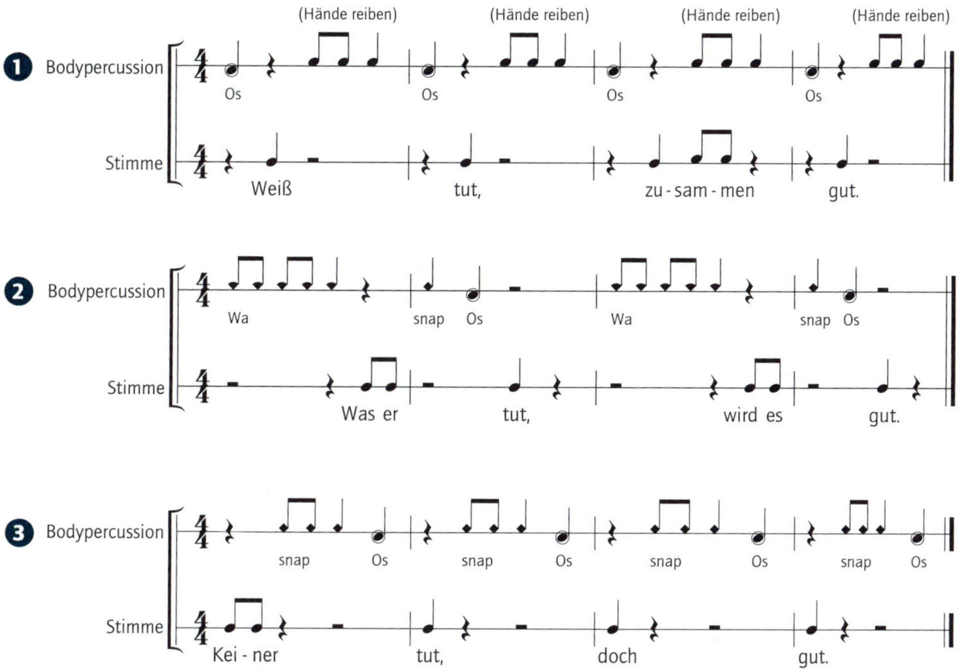

Legende

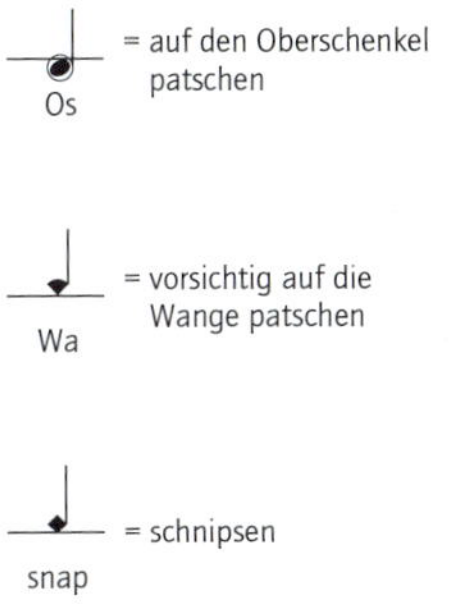

- Os = auf den Oberschenkel patschen
- Wa = vorsichtig auf die Wange patschen
- snap = schnipsen

Übt in drei Gruppen die Patterns. Setzt sie dann zusammen. Vergesst nicht, einzuzählen.

Stimme und Ohren

Come, Follow

C 14, 15

Text u. Musik: J. Hilton

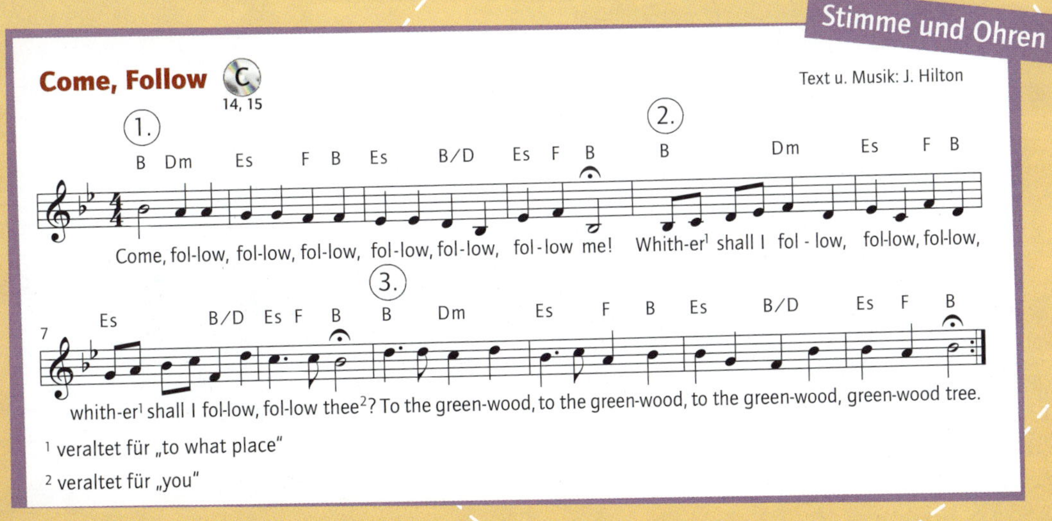

[1] veraltet für „to what place"

[2] veraltet für „you"

Musik am Hofe des Sonnenkönigs 

Kaum zu glauben, dass ein König 72 Jahre lang auf dem Thron von Frankreich saß. Da Ludwig XIV. (1638–1715) bereits mit vier Jahren König wurde und sehr lange lebte, wurde erst sein Urenkel sein Nachfolger auf dem Thron. Der „Sonnenkönig“, wie man ihn auch nannte, gilt als der prächtigste Herrscher seiner Zeit, die man Barockzeit nennt. Diese Pracht drückte sich in Gebäuden, Parks, in Kunstgemälden und der Musik aus. Insgesamt lebte er 33 Jahre als König auf Schloss Versailles bei Paris. Auch heute besuchen Urlaubsgäste aus aller Welt dieses Schloss.

 Bildet zwei Gruppen.
Gruppe A beschreibt den Aufbau des Schlosses und seiner Umgebung genau.
Gruppe B beschreibt auf dem Porträt Kleidung, Frisur und die Raumausstattung. Stellt eure Ergebnisse der anderen Gruppe vor.

Hyacinthe Rigaud: Ludwig XIV. im Krönungsornat (1701)

Pierre Patel: Schloss Versailles (1668)

Für den Adel am Hofe des Königs waren als Ausdruck von Pracht insbesondere Kleidung, Musik und Tanz wichtig. Ludwig XIV. war auch als guter Tänzer bekannt und ist mehrfach öffentlich aufgetreten.

2 Seht euch die Rekonstruktion des Lebens am Versailler Hof in einem Filmausschnitt an. Im ersten Auftritt sieht man den König.

- **a** Vergleicht die historische Kostümierung des Königs auf dem Gemälde rechts mit der aus dem Film.
- **b** Skizziert in eurem Arbeitsheft die Positionen der am Tanz beteiligten Personen. Stellt anschließend den Auftritt als Standbild mit der Klasse nach.
- **c** Findet Gründe für die Auswahl der Tanzpositionen und die Gestaltung der Kostümierung bzw. Choreografie.

Ludwig XIV. als „Apollo" (1653)

Die europäischen Herrscherhäuser veranstalteten in der Barockzeit einen regelrechten Wettbewerb, wer am prunkvollsten und üppigsten leben konnte. Neben Kleidung und Tanz spielten auch die Gebäude und die Musik eine wichtige Rolle.

Für die musikalische Prachtentfaltung beschäftigte man bei Hofe ganze Orchester und man engagierte Hofkapellmeister, die für die Herrscher komponierten und die Werke aufführten.

Auch Ludwig XIV. war es sehr wichtig, seinen musikalischen Reichtum öffentlich zur Schau zu stellen. Deswegen engagierte er Jean-Baptiste Lully als Hofkomponisten. Dieser komponierte viele Stücke, zu denen Ludwig XIV. tanzte.

INFO

Jean-Baptiste Lully
(1632–1687)
kam als Vierzehnjähriger nach Frankreich und komponierte 1653 zum ersten Mal für den französischen Hof. Daraufhin ernannte Ludwig XIV. ihn zum Hofkomponisten. Für Lully begann eine beispiellose Karriere.
So gelang es ihm durchzusetzen, dass seine Kompositionen nur mit seiner Zustimmung aufgeführt werden durften. Lully starb an einer infizierten Wunde, die er sich mit dem schweren Stock zum Schlagen des Taktes selbst zugefügt hatte.

Jean-Louis Roullet: Jean-Baptiste Lully (17. Jh.)

Die Suite – eine europäische Tanzsammlung

Am Hofe Ludwigs XIV. wurde wie an anderen europäischen Höfen die Kunst des Tanzes in rauschenden Bällen vollführt. Die Tanzschritte waren oft sehr kompliziert und genau festgelegt, daher hatten die Adligen neben Reiten und Fechten von frühester Kindheit an Tanzunterricht, denn niemand wollte sich eine Blöße geben. Zur Zeit der Regentschaft Ludwigs XIV. entstand in Frankreich die „Suite" (frz., Abfolge), in der verschiedene europäische Tänze zusammengefasst wurden.

1 **Gruppenarbeit:** Bildet vier Gruppen und erarbeitet euch einen der vier Tänze. Stellt den Tanz in drei Aspekten der Klasse vor:

- Berichtet über Herkunft und Besonderheiten.
- Benennt die wichtigsten musikalischen Merkmale.
- Erarbeitet euch die Tanzschritte und führt sie vor.

Informiert euch dazu in der jeweiligen Box, recherchiert zusätzlich im Internet.

[Tipp] Alle Grundschritte können sowohl in Tanzrichtung (Paare hintereinander, siehe Foto rechts) als auch in andere Richtungen (z. B. Paare zueinander/auseinander) getanzt werden.

Gigue
zweitaktiger Grundschritt

R L R L R
L R L R L
(hüpf hüpf Wech - sel - schritt)

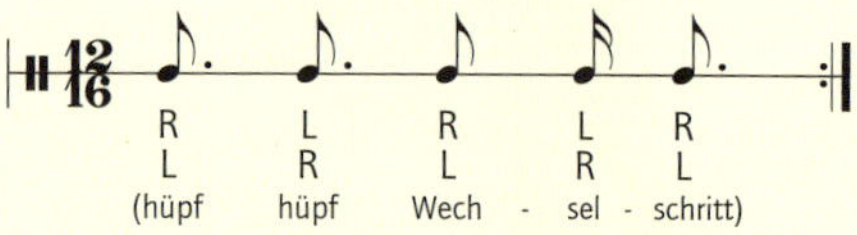

Musik: G. F. Händel

Die Gigue ist ein lebhafter und fröhlicher Springtanz, der sich von den britischen Inseln (wo er noch heute als Jig getanzt wird) über Europa verbreitete. Sie kann im 3/8-, 6/8-, 12/8- oder 12/16-Takt stehen. Die Dreierunterteilung des Grundschlags ist besonders deutlich zu spüren.

Sarabande
zweitaktiger Grundschritt

R (ganzer Fuß) L (Fußballen) (ganzer Fuß) L (ganzer Fuß) R (Fußballen) (ganzer Fuß)

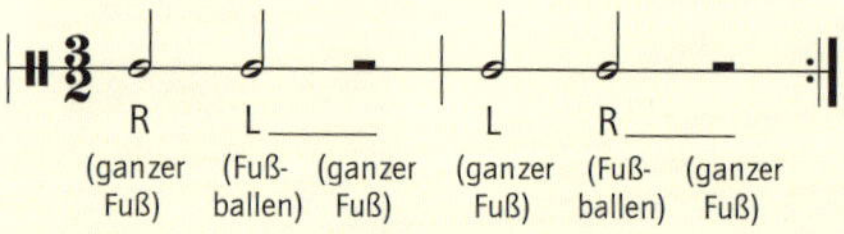

Musik: G. F. Händel

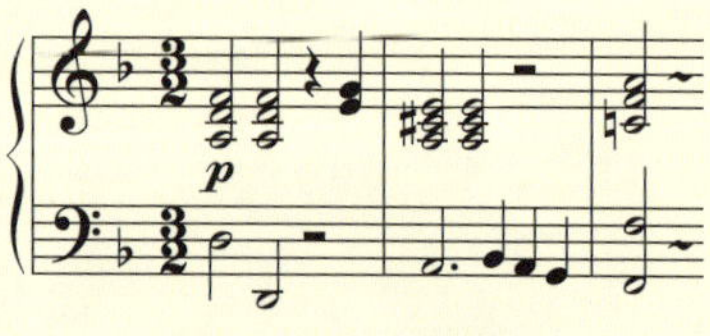

Die Sarabande kam aus Spanien nach Frankreich, tauchte aber erstmals in Lateinamerika auf. Ursprünglich gab es verschiedene Tempi, in denen sie getanzt wurde, im Laufe der Zeit hatte sich aber ein sehr langsames Tempo etabliert. Die Sarabande steht meist im 3/2-Takt und wird als Schreittanz ausgeführt. Besonders betont ist die Zählzeit 2.

Ostse
Deutschland
Frankreich
Italien
Mittelmeer

Ein Barocktanz-Festival (2017)

2 Hört euch die Anfänge der vier Sätze aus der Suite d-Moll von Georg Friedrich Händel an. Bestimmt anhand der Merkmale und der Notenausschnitte die Reihenfolge der Tänze, wie sie in der Suite vorkommen.

Allemande
zweitaktiger Grundschritt

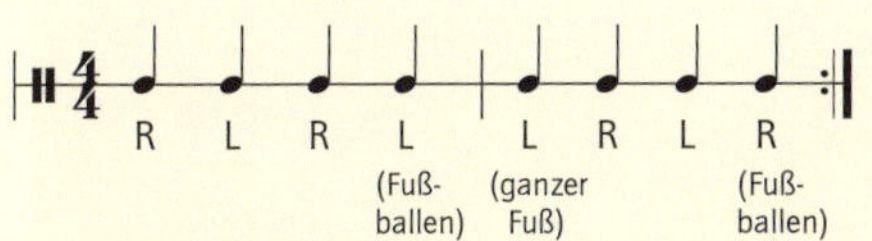

Musik: G. F. Händel

Die Allemande (frz., „deutsch") ist ursprünglich ein deutscher Schreittanz, wurde aber vor allem in England und Frankreich getanzt. Vorbild sind wahrscheinlich deutsche Volkstänze.

Das Tempo ist mäßig langsam; die Allemande steht im 4/4-Takt und hat meistens eine Viertel- oder Achtelnote als Auftakt.

Courante
viertaktiger Grundschritt

R L R L L R L R
(Fußspitze) (Fußspitze)

Musik: G. F. Händel

Die Courante (frz. *courir* = laufen) ist ein Springtanz aus Frankreich bzw. Italien (dort Corrente) im schnellen Tempo. Sie steht im 3/4- oder 6/4-Takt, beginnt mit einem Auftakt und hat unter anderem durch ihre Punktierungen einen fröhlichen Charakter.

WISSEN

Die Suite

Die Suite (frz., Abfolge) ist eine Folge von Tänzen, die insbesondere in der Zeit des Barocks eine der wichtigsten Formen weltlicher Musik war. Vorformen gab es bereits während der Renaissance im 16. Jahrhundert, ihre Blütezeit hatte die Suite aber an den absolutistischen Höfen des 17. und 18. Jahrhunderts und geriet erst ab etwa 1750 aus der Mode.

Neben den Haupttänzen Allemande, Courante, Sarabande und Gigue gab es eine Fülle von anderen Tänzen, z. B. Menuett, Gavotte oder Bourrée. Meist wurden die Tänze zu Paaren gekoppelt, auf einen Schreittanz folgte direkt ein Springtanz. Suiten wurden für verschiedenste Besetzungen geschrieben, von Soloinstrumenten (z. B. Cembalo, Laute, Cello) bis hin zu großen Orchesterbesetzungen, wie bei Händels „Wassermusik" (siehe S. 100 f.).

In der Zeit der Romantik wurde der Name „Suite" wieder für die Auskopplung von mehreren Musikstücken aus einer Oper oder einem Ballett aufgegriffen, und auch im Jazz hat z. B. Duke Ellington mehrere „Suiten" für seine Bigband komponiert.

Georg Friedrich Händel: eine Festmusik für Boote auf der Themse

Georg Friedrich Händel (1685–1759) war seit 1710 am englischen Hofe in London angestellt und hatte oft ungewöhnliche Ideen: Für seine „Wassermusik", aus der das Stück „Alla Hornpipe" stammt, setzte er 50 Musiker in Boote, die neben dem Schiff von König Georg I. (1660–1727) herfuhren und musizierten.

» *Am Mittwochabend [...] begab sich der König bei Whitehall in einer offenen Barke [...] auf eine Bootsfahrt. Und sie fuhren flussaufwärts nach Chelsea. Viele andere Barkassen mit Personen hohen Ranges nahmen daran teil, die Zahl der Boote war so groß, dass geradezu der ganze Fluss bedeckt war. [...] Sie spielten den ganzen Weg [...] die schönsten, besonders für diesen Anlass von Mr. Händel komponierten Sinfonien, welche Seiner Majestät derart gefielen, dass sie auf dem Hin- und Rückweg dreimal wiederholt werden mussten.* «

(Daily Courant, 1717)

Giovanni Antonio Canal (Canaletto): London, Themse mit Blick auf die Stadt und die St. Paul's Cathedral (1746/47)

1 Beschreibt anhand des Zeitungsartikels und anhand des Bildes, auf welche Weise die für das Barock kennzeichnende Prachtentfaltung erkennbar ist.

Wassermusik (Spiel-mit-Satz)

Spiel-mit-Satz: M. Detterbeck, G. Schmidt-Oberländer, F. Niedrig

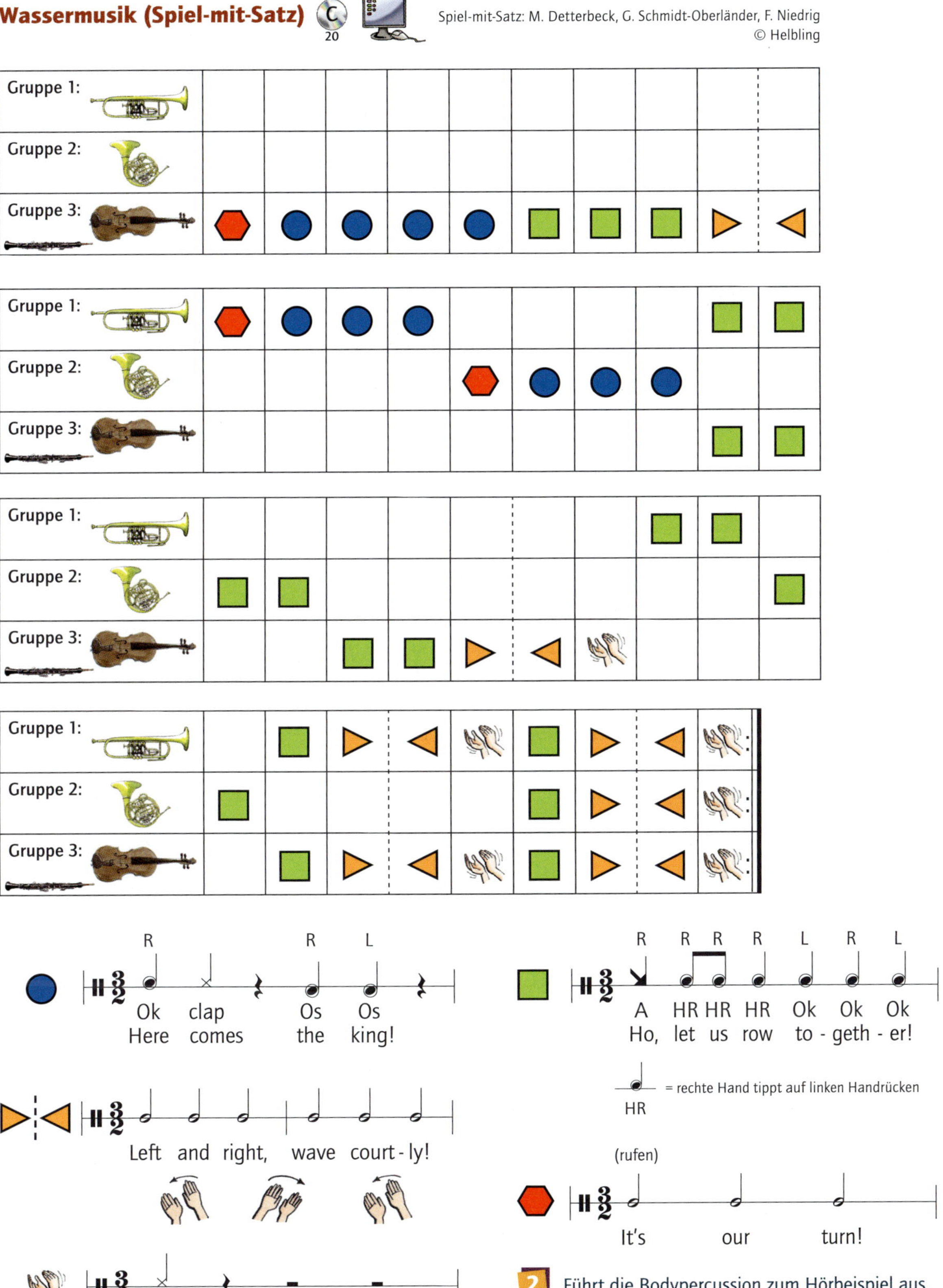

2 Führt die Bodypercussion zum Hörbeispiel aus. Bestimmt jemanden, der den einzelnen Gruppen die Einsätze gibt.

20

Ein Spiel mit Motiven: das konzertierende Prinzip

Die „Wassermusik“ gehört zur Gattung der Suite. Neben tänzerischen Stücken finden sich darin auch Teile, in denen Händel das sogenannte konzertierende Prinzip zum Einsatz bringt. Das Wort Konzert kommt vom lateinischen „concertare“, also „wetteifern“. Die einzelnen Instrumente bzw. Instrumentengruppen werfen sich dabei verschiedene Motive wie Bälle zu.

3 Ordnet den nachfolgenden Motiven die passenden Bausteine aus dem Spiel-mit-Satz auf S. 99 zu.

20

1 

2 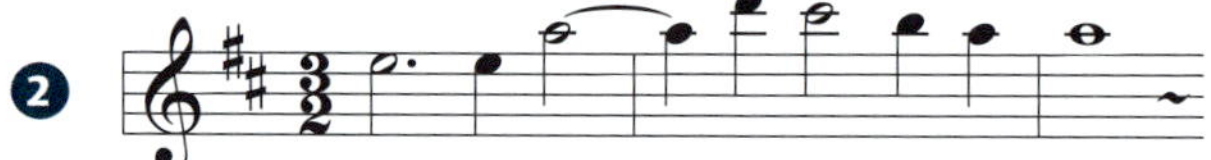

3 

„Alla Hornpipe“ (12. Satz), Ausschnitt aus: Wassermusik, Suite D-Dur

20

Musik: G. F. Händel

Trompete I
Trompete II
Horn I
Horn II
Oboe I
Oboe II
Fagott
Violine I
Violine II
Violine III
Viola
Basso continuo

6 7 6 7

4 Seht euch den Partiturausschnitt oben genau an.

a Sucht nach den Motiven aus Aufgabe 3.

b Ordnet anschließend den gesamten Partiturausschnitt dem passenden Abschnitt im Spiel-mit-Satz auf S. 99 zu.

5 Weist mithilfe des Partiturausschnittes und der Grafik des Spiel-mit-Satzes konzertierende Elemente in diesem Satz nach.

Edouard Hamman: Händel und König Georg I. von England auf der Themse während einer Aufführung der „Wassermusik“ (1860)

! WISSEN

Konzert und konzertierendes Prinzip

Das **Konzert** hat seine Ursprünge in der Entwicklung der **Mehrchörigkeit** vor allem in Venedig im 16. Jahrhundert. Mehrere Chöre auf verschiedene Emporen verteilt „wetteiferten“ (lat. *concertare*) miteinander. Bald wurde diese Form des Musizierens auch in der Instrumentalmusik übernommen, das **Concerto (grosso)** entstand, in dem sich eine Solistengruppe (Concertino) und ein Orchester (Concerto grosso oder Ripieno) gegenüberstanden. In der Barockzeit war diese Form sehr beliebt.

Daneben entwickelte sich das **Solokonzert:** Ein Solist tritt dem Orchester gegenüber und zeigt seine Virtuosität. Diese musikalische Form wurde insbesondere in der Klassik und Romantik überaus populär und führte zur Entwicklung des **Virtuosenkonzertes**, das – vor allem – der Darstellung der Künste des Solisten diente. Allen diesen Entwicklungsstufen ist das **konzertierende Prinzip** gemeinsam, also das Zusammenwirken und Wetteifern verschiedener Gruppen (siehe auch S. 102 f.: „Das Konzert – Entwicklung einer Form“).

Das Konzert – Entwicklung einer Form

Formen verändern sich zwar, aber ihr Prinzip, ihr Aufbau und ihre Funktion bleiben meist gleich, wenn sie sich in der Praxis bewährt haben. Das Rad beispielsweise war zunächst nur eine Holzscheibe, die sich um eine Achse drehte. Für mehr Leichtigkeit und Stabilität sorgten später die Speichen und ein Eisenring. Durch die Erfindung des Luftgummireifens konnte es noch leichter und stoßfreier laufen. An der Form (rund) und der Funktion des Rades (Erleichterung der Bewegung eines Transportmittels) hat sich aber in den über 5000 Jahren seiner Geschichte nichts geändert. Auch in der Musik gibt es Formen, die sich über lange Zeit bewährt haben, z. B. das Konzert.

1 **Gruppenarbeitsphase 1:** Jede Gruppe eignet sich Fachwissen an über die Entwicklungen des Konzertes in einer der vier Epochen mithilfe der Informationen im jeweiligen Kasten, in Nachschlagewerken und im Internet.

Gruppenarbeitsphase 2: Bildet neue Gruppen mit jeweils vier Schülerinnen und Schülern, in denen jeweils eine oder einer Profi für eine Epoche ist und den anderen über die Ergebnisse aus der Gruppenarbeitsphase 1 berichtet.

2 Fasst die Entwicklung des Konzertes schriftlich zusammen. Geht dabei unter anderem auf Veränderungen ein und erklärt, wie das „konzertierende Prinzip" jeweils zum Einsatz kommt.

3 Ordnet die vier Hörbeispiele dem jeweiligen Entwicklungsstadium zu. Begründet eure Entscheidung anhand der jeweiligen musikalischen Besonderheiten.

21–24

Mehrchörigkeit

Renaissance (15./16. Jahrhundert)

Mehrchörigkeit, abgebildet auf der Titelseite einer Schrift von Michael Praetorius (1620)

In einer Chronik von 1590 steht: „[...] und zu dero behuff hat man alda drei unterschiedliche Chor gehalten [...]"

Gioseffo Zarlino berichtet 1558 aus Venedig: „Mehrchörigkeit wurde praktiziert in großen Kirchen, in denen die Vierstimmigkeit, auch wenn viele Sänger für jede Stimme vorhanden sind, [...] nicht mehr ausreicht, [...] in diesem Klang auch Abwechslung zu schaffen."

- entstand in Venedig im Markusdom mit mehreren Emporen
- Chöre wurden meist mit Instrumenten verstärkt, spätere Concerti da chiesa (vokale Kirchenkonzerte) kombinierten Solostimmen mit Instrumenten
- Komponisten: Giovanni Gabrieli, Claudio Monteverdi, Heinrich Schütz

Concerto grosso

Barock (ca. 1600–1750)

Konzert im Zunfthaus zu Zürich (um 1745)

Georg Muffat (1653–1704) berichtet von seiner ersten Begegnung mit der Form des Concerto grosso: „Erste Gedanken (das Concerto grosso betreffend) hab ich vor Zeit in Rom gefaßt, da ich etliche dergleichen schön und mit großer Anzahl Instrumenten auffs genaueste producirten Concerten, vom Kunstreichen Herrn Arcangelo Corelli mit großem Lust und Wunder gehört."

Im „Musikalischen Lexikon" (1802) beschreibt Heinrich Christoph Koch das Concerto grosso als eine erste Gattung, „in welcher sich mehrere Instrumente verschiedener Art, bald wechselweis, bald vereint, zwischen den Sätzen des vollen Orchesters hören lassen."

- entstand in Italien
- zu Festlichkeiten an den Höfen der Kirchenfürsten wurden große Konzerte gegeben – teilweise mit mehr als 150 Musikern
- eine Solistengruppe (Concertino) und ein Orchester (Concerto grosso oder Ripieno)
- Komponisten: Arcangelo Corelli, Antonio Vivaldi, Georg Friedrich Händel

INFO

Die Solokadenz

Als Kadenz wird die Improvisation des Solisten kurz vor Ende eines Satzes (meist 1. und 3. Satz) im Instrumentalkonzert bezeichnet. In der Kadenz hat der Solist die Gelegenheit, seine Virtuosität durch schnelle Läufe, viele Triller, Verarbeitungen von Melodien zu zeigen. In der Klassik wurde die Solokadenz oft noch improvisiert, später wurde sie von den Komponisten meist ausgeschrieben.

Solokadenz, aus: Klavierkonzert Nr. 27, 3. Satz (KV 595) C 25

Musik: W. A. Mozart

Solokonzert

Klassik (ca. 1750–1830)

Adolph Menzel: Flötenkonzert Friedrichs des Großen in Sanssouci (1852)

Im „Musikalischen Lexikon" (1802) steht, dass ein „gut gearbeitetes Concert [...] einer leidenschaftlichen Unterhaltung des Concertspielers mit dem ihn begleitenden Orchester [gleiche]. Diesem theilt der Concertspieler gleichsam seine Empfindungen mit; dieses winkt ihm durch kurze eingestreute Nachahmungen bald seinen Beifall zu, bald bejahet es seinen Ausdruck."

Johann Philipp Kirnberger beklagte 1771: „Dieses sind also die Cadenzen, in welche sich gegenwärtig sowohl die Sänger als die Spieler so verliebt haben, daß man glauben sollte, sie singen oder spielen ein Stük nur deßwegen, damit sie am Ende ihre Fertigkeit durch die seltsamsten Läufe und Sprünge zeigen können."

- erstes Auftreten im Barock (Italien)
- Besetzung: ein Solist und ein Orchester
- Satzfolge schnell – langsam – schnell
- in der Solokadenz zeigt der Solist sein Können
- Komponisten: Wolfgang Amadeus Mozart, Ludwig van Beethoven

Virtuosenkonzert

Romantik (19. Jahrhundert)

Annibale Gatti: Der erste Erfolg von Paganini (um 1890)

Die „Gazetta di Genova" schreibt 1814: „Paganini ist ein Wunder. Mag er ein Teufel sein oder ein Engel, gewiss ist nur, dass er ein musikalisches Genie ist."

Die „Wiener Zeitschrift" bemerkt 1840 über Liszt: „Er fragte immer heftiger, denn seine Gefühle wogten höher, und sein Lieben und Sehnen, Hoffen und Leiden fanden den Weg durch seine Fingerspitzen (...); das lebendig gewordene Piano antwortete auf alle Fragen, es liebte, sehnte, hoffte und litt mit ihm, und trug sein Lieben, Hoffen, Sehnen und Leiden weiter in fremde Herzen."

- entstand in der Romantik
- Besetzung: ein im Zentrum stehender Solist und ein Orchester
- die Solokadenz ist der Höhepunkt
- Komponisten: Niccolò Paganini, Frédéric Chopin, Franz Liszt

Wie Feuer und Eis: barocke Affekte

Man kann sich kaum größere Gegensätze vorstellen als Feuer und Eis. Seit jeher sind Menschen vom Frost mit seinen kunstvollen Gebilden aus Eis und vom Feuer mit seinen züngelnden Flammen fasziniert. In beidem liegt Schönheit und Gefahr, beide wurden vom Menschen gezähmt und nutzbar gemacht, beide können tödlich sein. Daher sind Feuer und Eis in musikalischen Werken und in der Kunst immer wieder dargestellt worden.

INFO

Henry Purcell (1659–1695) galt schon zu seinen Lebzeiten als bester Komponist Englands. Berühmt sind vor allem seine Opern „Dido und Aeneas" (1689) und „King Arthur" (1691). Sie gehören in vielen Häusern zum Standardrepertoire.

1 Teilt eure Klasse in zwei Gruppen. Setzt die beiden Bilder mit Instrumenten und euren Stimmen musikalisch um.

Schritt 1: Eigenschaften von Feuer und Eis beschreiben

Schritt 2: Eigenschaften auf musikalische Parameter (Tonhöhe, Lautstärke usw.) übertragen

Schritt 3: passende Instrumenten- oder Stimmklänge aussuchen

Schritt 4: Ablauf der musikalischen Umsetzung in Bezug auf Form, Wahl der Gestaltungsmittel und den Einsatz der Instrumente in einer grafischen Partitur skizzieren

Schritt 5: Präsentation der Ergebnisse

Von Frostgeistern und Hexen

Henry Purcell gelingt es eindrucksvoll, eisige Kälte und feurige Wut in seiner Musik darzustellen. Man hört z. B. das Zittern vor Kälte, ein anderes Mal nimmt man das hämische Lachen von vor Wut und Eifersucht entbrannten Hexen wahr.

Vor Kälte zittern

In einer Szene der Oper „King Arthur" wird ein Frostgeist aus der Tiefe heraufbeschworen.

2 Hört euch die Arie des Frostgeistes an. Beschreibt mithilfe des Notenausschnittes, wie Purcell das Bild des vor Kälte erstarrenden Frostgeistes umsetzt. Verwendet dabei musikalische Fachbegriffe.

C 26

Arie des Frostgeistes (Ausschnitt)

Text: J. Dryden
Musik: H. Purcell

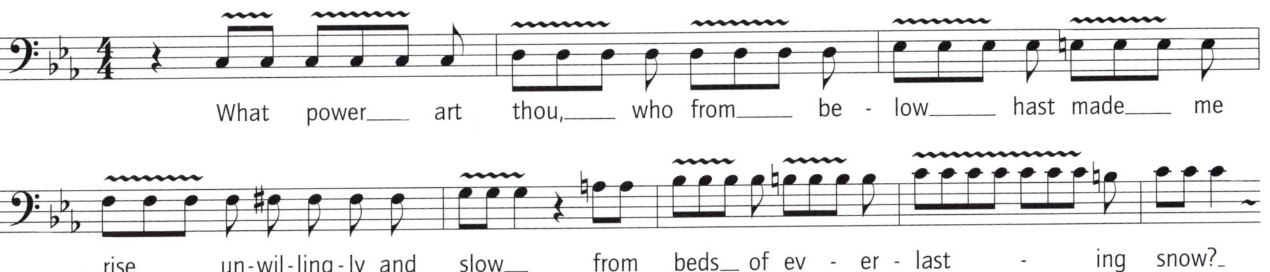

Vor Hass und Eifersucht glühen

In der Oper „Dido und Aeneas" lässt Purcell drei Hexen mit ihrer Freude an Zerstörung und Leid prahlen. Sie gönnen Dido, der Königin von Karthago, und Aeneas, dem Prinzen von Troja, ihre gegenseitige Zuneigung nicht und wollen beide ins Unglück stürzen.

Hexen in „Dido und Aeneas" (Stadttheater Solothurn, 2019)

3 Seht euch das Video mit dem Auftritt der Hexen aus der Oper „Dido und Aeneas" an. Beschreibt, mit welchen Mitteln Purcell den glühenden Hass und die Schadenfreude der Hexen darstellt.

Affekte

In der Barockmusik haben Komponisten versucht, bestimmte Gefühlszustände, auch Affekte genannt, in ihren Werken hörbar zu machen. Die Hauptaffekte waren: Freude, Trauer, Liebe und Hass.

4 Ordnet die beiden Hörbeispiele mithilfe der Infobox jeweils einem der Hauptaffekte und den Notenbeispielen zu. Benennt die verwendeten musikalischen Mittel zur Darstellung der Affekte.

27, 28

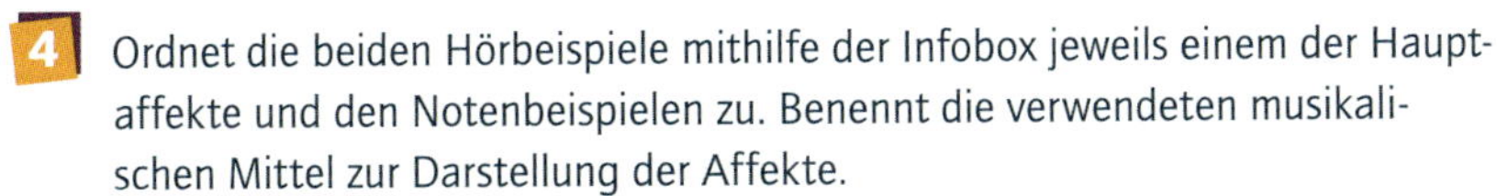

> **INFO**
>
> **Affekte**
>
> Wenn wir Musik hören, hat das Auswirkungen auf unseren Körper und unsere Psyche. In der Werbung wird der Einfluss der Musik sogar bewusst eingesetzt. Die Komponisten des Barocks wollten, dass ihre Kompositionen beim Publikum bestimmte Gefühlsregungen auslösen. Dazu nutzten sie musikalische Figuren, die unter anderem angelehnt sind an Äußerungen, die Menschen „im Affekt", also in einer Gefühlserregung machen, z. B. bei einem Seufzer oder einem Aufschrei.

Grundwissen aufgefrischt

Oratorium

Ein Oratorium besteht aus mehreren Sätzen und ist für Soli, Chor und Orchester komponiert (siehe S. 11). In verteilten Rollen wird eine längere biblische Geschichte erzählt. Es wird meist im Kirchenraum vorgetragen und ohne Schauspielerei aufgeführt.

INFO

Passion

Die Passion ist die Leidensgeschichte Jesu. Im musikalischen Kontext meint man damit ein Oratorium mit eben diesem Inhalt.
In beiden Gattungen wird zwischen den Formen Arie, Rezitativ, Choral und (Turba-) Chor gewechselt.

Elias Gottlob Haussmann: Johann Sebastian Bach (1748)

Johann Sebastian Bachs Johannespassion – eine „Oper" für die Kirche

Johann Sebastian Bach (1685–1750) komponierte für nahezu alle Formen und Gattungen seiner Zeit herausragende Werke. Vor allem seiner Kirchenmusik wird heute noch sehr viel Beachtung geschenkt. So kommen in der Zeit der christlichen Feste Ostern und Weihnachten an vielen Orten Bachs Passionen bzw. sein Weihnachtsoratorium zur Aufführung. In diesen Werken werden die jeweiligen biblischen Geschichten musikalisch vorgetragen. Deshalb spielt das Verhältnis von Worten und Musik eine ganz besondere Rolle, zum Beispiel in der Johannespassion.

1 Erzählt euch mithilfe eures Vorwissens gegenseitig die Leidensgeschichte Jesu. Nutzt bei Bedarf das Internet zum Recherchieren.

2 Frischt euer Grundwissen über die musikalischen Formen im Oratorium (siehe Haydns Schöpfung, S. 11) auf.

3 Findet heraus, wo in eurer Nähe in der letzten Zeit Kirchenmusik von Johann Sebastian Bach aufgeführt wurde.

Die Arie – die betrachtende Perspektive

29, 30

Den Arien in der Johannespassion liegen Texte zugrunde, die nicht aus der Bibel stammen, sondern frei gedichtet sind. Sie geben an entscheidenden Stellen in der Geschichte subjektive Einblicke und lassen die Zuhörenden mitfühlen. Direkt nach dem Tod Jesu am Kreuz erklingt die Arie „Es ist vollbracht".

Es ist vollbracht,
o Trost vor die gekränkten Seelen,
die Trauernacht
lässt nun die letzte Stunde zählen,
der Held aus Juda siegt mit Macht
und schließt den Kampf.
Es ist vollbracht.

4 **a** Lest den Text der Arie und fasst die Grundstimmung zusammen.
b Informiert euch auf S. 105 noch einmal über barocke Affekte. Erstellt dann einen Entwurf für die Vertonung dieser Arie. Geht dabei auf folgende musikalische Mittel ein: Wahl der Instrumente/Singstimme, Tempo, Tonart/Tongeschlecht, Taktart, Grundrhythmus, Melodik.

c Hört eine Aufnahme der Arie und vergleicht sie mit eurem Entwurf.

29, 30

Bach verwendet für den Abschnitt „der Held aus Juda siegt mit Macht und schließt den Kampf" einen kontrastierenden Mittelteil.

5 **a** Stellt die verwendeten Kontraste in einer Tabelle gegenüber.
b Diskutiert, warum sich gerade aus religiöser Sicht diese kontrastreiche Gestaltung für die Arie eignet.

29, 30

Der Chor – die Stimme des Volkes

In der Leidensgeschichte Jesu spielt die Szene, in der das Volk von Pilatus die Kreuzigung Jesu fordert, eine wichtige, dramatische Rolle.

» *Als ihn die Hohenpriester und die Diener sahen, schrien sie: „Kreuzige! Kreuzige!" Pilatus spricht zu ihnen: „Nehmt ihr ihn hin und kreuzigt ihn, denn ich finde keine Schuld an ihm."*
Die Juden antworteten ihm: „Wir haben ein Gesetz, und nach dem Gesetz muss er sterben, denn er hat sich selbst zu Gottes Sohn gemacht."
Als Pilatus das hörte, fürchtete er sich noch mehr [...] «

(Johannes 19,6–8)

Anonym: Christus vor Pilatus (1640)

6 a Verfolgt das Hörbeispiel und benennt Aufbau und Besetzung der Stelle. (CD 31)
b Überlegt, welche Bedeutung die kompositorischen Mittel einerseits für die szenische Wirkung haben und wie sie andererseits den Text („Wir haben ein Gesetz") ausdeuten.

Chor: Wir haben ein Gesetz (CD 31)

Musik: J. S. Bach

7 Achtet beim nochmaligen Hören auf die Umsetzung der zweiten Texthälfte. Vergleicht zusätzlich den gekennzeichneten Schlussakkord im nebenstehenden Notat mit der Grundtonart des gesamten Abschnittes und überlegt, warum Bach den Abschluss wohl mit diesen Mitteln gestaltet hat.

Der Choral – die Sicht der Gemeinde

Mit den Chorälen brachte Bach eine traditionelle Komponente in die Passion ein. Ihnen liegen die Melodien bekannter Kirchenlieder zugrunde, die von Bach neu und ausdrucksstark harmonisiert wurden.

8 Lest den Text des Chorals und stellt heraus, inwiefern hier die Perspektive der gläubigen Christen dargestellt wird.

9 Singt die Choralmelodie. Benennt Merkmale, die den gesanglichen Charakter prägen.

Inhaltlich geben die Choräle die Sicht der Glaubensgemeinschaft wieder, sie sind sozusagen Sprachrohr der Gläubigen. Vor allem die Schuld am Tode Jesu spielt in diesen Abschnitten eine zentrale Rolle.

10 Hört den Choral in einer Aufnahme und bestimmt Stellen, an denen die Harmonisierung besonders ausdrucksstark ist. Überprüft an diesen Stellen die musikalische Ausgestaltung. (CD 32)

11 Musiziert den Choral mehrstimmig mit Gesang und Instrumentalstimmen.

Choral: O große Lieb (CD 32)

Musik: J. S. Bach

Das Rezitativ – die Geschichte wird erzählt

In den Rezitativen wird die Handlung vorangetrieben. Besonders eindrucksvoll komponierte Bach die Szene nach dem Tod am Kreuz. Außergewöhnlich ist die Stelle vor allem deshalb, weil in den meisten Rezitativen die Begleitung den Gesang nur unterstützt. Hier deuten Evangelist (Sänger) und Continuo (Begleitung) den Text gleichermaßen aus.

Rezitativ: Und siehe da, der Vorhang

CD 33

Musik: J. S. Bach

Tenor Evangelist

Generalbass ohne Kontrafagott

Und sie-he da, der Vor - hang im Tem - pel zer - riss in zwei Stück von o-ben an bis un - ten aus. Und die Er - de er - be - be - te, und die Fel - sen zer - ris - sen, und die Grä - ber tä - ten sich auf, und stun - den auf viel Lei - ber der Hei - li - gen.

12 **a** Lest euch zunächst den Text des Rezitativs durch. Findet dann in den Noten Beispiele für die musikalische Ausdeutung des Evangelientextes. (CD 33)

b Hört euch nun eine Aufnahme dieser Stelle an und beschreibt danach, wie die Vorgaben in Bachs Notentext bei der musikalischen Ausführung umgesetzt wurden.

[Das habt ihr gelernt]

- verschiedene Ausdrucksformen barocker Prachtentfaltung miteinander in Beziehung zu setzen
- Grundschritte barocker Tänze zu tanzen
- das konzertierende Prinzip musizierend nachzuempfinden und analytisch nachzuweisen
- verschiedene Gattungen und Formen barocker Musik voneinander zu unterscheiden
- barocke Werke unter verschiedenen Gesichtspunkten zu analysieren (z. B. Satzstruktur, Funktion, Affekte)
- das Wort-Ton-Verhältnis barocker Kompositionen zu bestimmen

Epochenüberblick Barock (ca. 1600–1750)

Musik

Um 1600 entsteht in Florenz die **Oper.** Wichtige Neuerung ist die Monodie: Ein solistischer Gesang deutet die im Text dargestellten Gefühle aus. Der **Generalbass** begleitet: Ein Spieler improvisiert die Akkordstimmen auf Grundlage einer Bass-Stimme z. B. auf dem Cembalo. Das **Oratorium** übernimmt Elemente der Oper, wird aber konzertant (ohne Schauspiel) aufgeführt. **Kantaten** kommen vor allem im evangelischen Gottesdienst zum Einsatz. Das **Konzert** entwickelt sich in zwei Formen: **Concerto grosso** (das gesamte Orchester steht einer Sologruppe gegenüber) und **Solokonzert** (ein einzelner Solist konzertiert mit dem Orchester). Die ersten Orchester entstehen.

Im Überblick

- Absolutismus → üppige Prachtentfaltung
- Ständegesellschaft
- Vergänglichkeitsbewusstsein, Pest, Dreißigjähriger Krieg (→ Vanitas)
- Musik: Generalbass, Oper, Oratorium, Konzert
- Komponisten: Monteverdi, Schütz, Lully, Purcell, Vivaldi, Händel, Bach

Komponisten im Fokus

Johann Sebastian Bach
1685–1750

Wohnorte
geb. in Eisenach; Lüneburg, Weimar, Köthen, Leipzig

Beruf
Organist, Hofkapellmeister, Thomaskantor, Komponist

Wichtige Werke
Weihnachtsoratorium, Passionen und Kantaten, Klavier- und Orgelwerke, Konzerte

Literatur und Gedankenwelt

Der Dreißigjährige Krieg (1618–1648) und die Pest fordern viele Opfer und bringen viel Leid und Zerstörung über Europa. In der Folge spielen in der Literatur vor allem drei Motive eine wichtige Rolle:

- **Carpe diem** = Genieße den Tag (es könnte der letzte sein).
- **Memento mori** = Bedenke, dass du sterben musst.
- **Vanitas** = Vergeblichkeit des Handelns und Vergänglichkeit des Lebens (Symbole: z. B. Sanduhr, Totenschädel)

Daraus leiten Dichter die Forderungen **„Lebensgenuss mit allen Sinnen"** und **„Zuwendung zum christlichen Glauben"** ab.
Wissenschaftler wie Galileo Galilei, Isaac Newton und René Descartes versuchen, die Ordnung der Welt auf Basis naturwissenschaftlicher Untersuchungen zu begreifen und entfernen sich damit zunehmend von den Lehren der Kirche.

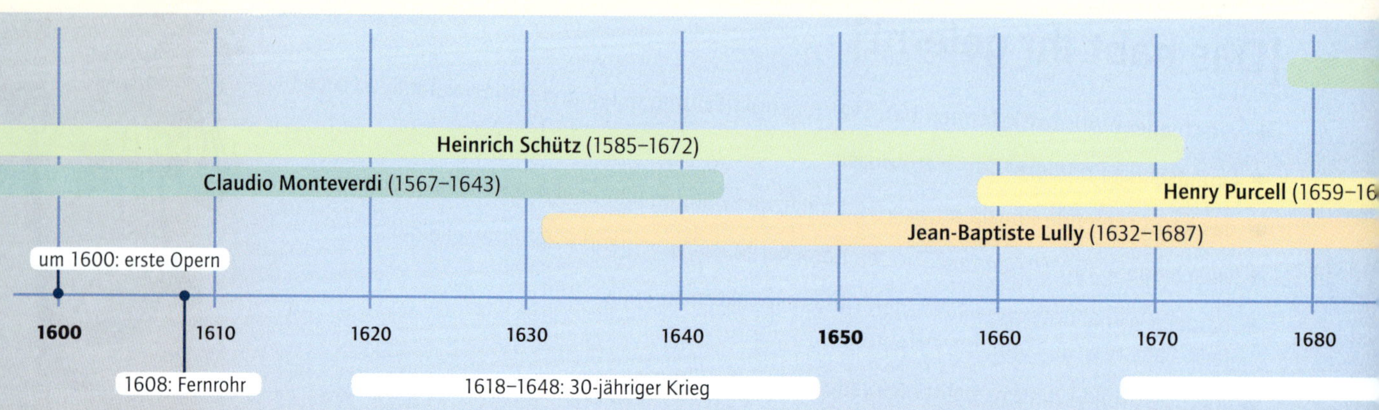

Bildende Kunst und Architektur

Die Staatsphilosophie des Absolutismus hat in der Architektur und Stadtplanung (z. B. von Karlsruhe) einen eindeutigen Ausdruck gefunden: Das gesellschaftliche Leben ist auf den Herrscher als Zentrum der Macht fokussiert. In der geometrisch durchkonstruierten Anlage spiegelt sich das Denken der Barockzeit wider. Die großartigen Schlösser und Kirchen sind symmetrisch angelegt, aber durch viele geschwungene Formen, üppige Gemälde, Skulpturen und reichen Schmuck verziert. In den Gartenanlagen zeigt sich das Streben der Barockzeit, die Natur durch den Verstand zu beherrschen.

Evert Collier: Vanitas (1669)

Georg Friedrich Händel
1685–1759

Wohnorte
geb. in Halle; Hamburg, Florenz, Rom, Venedig, London

Beruf
Organist, Komponist, Dirigent, Opernunternehmer

Wichtige Werke
Wassermusik, Messias, zahlreiche Oratorien und Opern, Suiten, Concerti grossi

Karlsruhe: Schloss und Turm strahlen sonnenförmig in die Alleen und Straßen (Kupferstich von 1739)

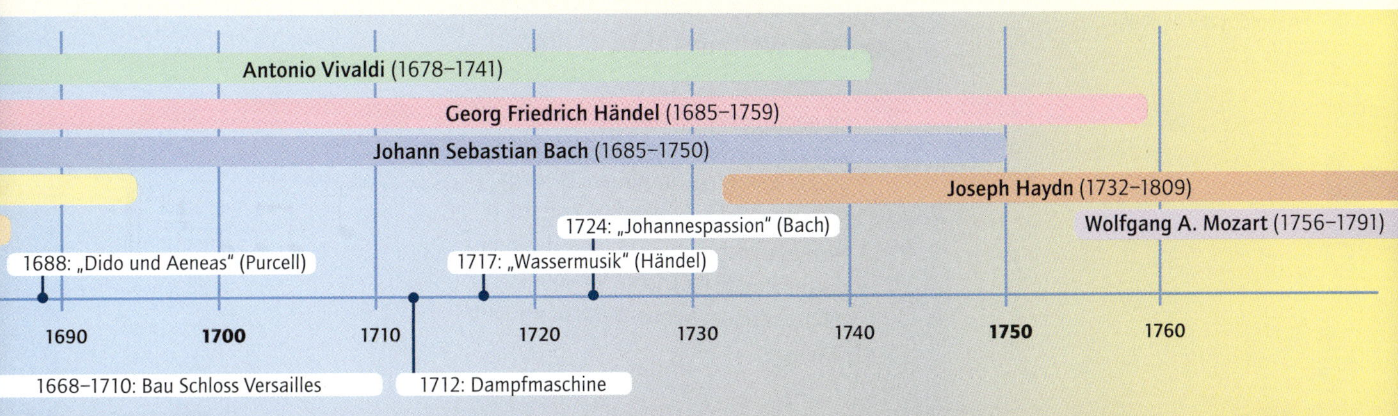

[Workshop] Ein Leadsheet erstellen

In diesem Workshop lernt ihr, mithilfe eines Notenschreibprogramms Noten am Computer zu schreiben. Die aufbauenden Aufgabenstellungen helfen euch dabei, eigene Songideen in Form eines Leadsheets (siehe S. 126 unten) zu notieren und auszudrucken.

Online Noten mit einem sehr einfach und intuitiv zu bedienenden Notensatzprogramm schreiben, das nicht einmal installiert werden muss: Für „Noteflight" braucht ihr nur einen Internetzugang, um Partituren zu erstellen, diese mit verschiedenen Instrumentalsounds abzuspielen, zu drucken oder anderen Nutzerinnen und Nutzern im Netz zur Verfügung zu stellen (Export oder „Sharing").

Schritt 1: „Noteflight" im Internet

- Sucht im Internet das Programm „Noteflight". Zum Erstellen von Partituren registriert ihr euch kostenlos.

Schritt 2: Die ersten vier Takte

- Klickt zunächst links oben auf „Create", um eine neue Partitur zu erstellen. In das nun erscheinende Notensystem könnt ihr in der oberen Notenzeile die folgenden vier Melodietakte einfügen:

- Klickt im ersten Takt neben dem blinkenden Cursor auf die richtige Tonhöhe. Mit gedrückter Maustaste oder mit den Pfeiltasten könnt ihr die Note in der Tonhöhe verändern.

- Nach der Noteneingabe könnt ihr in der Menüleiste oben unter „Dauer" den richtigen Notenwert auswählen.

Schritt 3: Weitere Takte ergänzen

- Im nächsten Arbeitsschritt erfindet ihr weitere vier Takte, um die Melodie zu einem Abschluss zu führen. Bewegt die Maus über den letzten Taktstrich (Schlussstrich) und klickt auf das nun erscheinende Plus-Icon. Ihr könnt Takte mit dem Minus-Icon auch wieder löschen.

[Tipp]

Die Eingabe von Noten in „Noteflight" ist sehr einfach. Über das Hilfemenü oben rechts findet ihr Video-Tutorials und eine übersichtliche Kurzanleitung.

Wichtige Menüfunktionen

- Widerrufen (Strg+Z) und Wiederherstellen (Strg+Y): Funktion, um Eingaben in mehreren Schritten rückgängig zu machen bzw. sie wieder aufzurufen.
- Kopieren (Strg+C): Kopieren eines markierten Objekts
- Einsetzen (Strg+V): Einfügen eines Objekts
- Sichern (Strg+S): Abspeichern der Partitur
- Gesangstext (Strg+L): Einfügen eines Textes unter den Noten
- Akkordsymbol (K): Einfügen von Akkordbezeichnungen

- Hört euch mit der Abspielfunktion oben links eure Melodie mehrmals an und erfindet eine sinnvolle Weiterführung.

[Tipp] Wenn ihr die Melodie mehrmals summt und dann weiterführt, bekommt ihr ein besseres Gefühl für die Wirkung der gesamten Melodie.

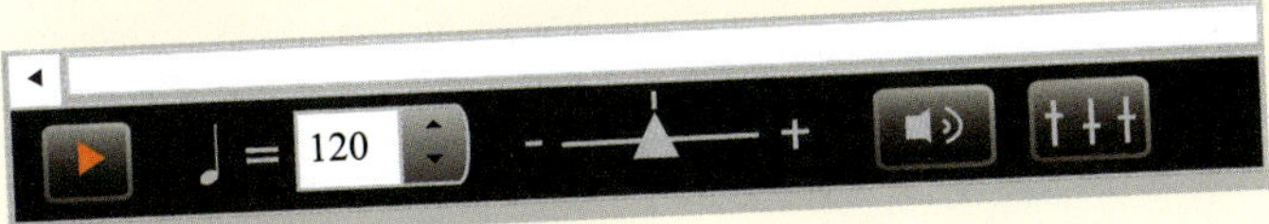

Schritt 4: Liedtext ergänzen

- Gebt nun folgenden Text für die ersten vier Melodietakte ein.

Dafür müsst ihr zunächst die erste Note anklicken. Wählt dann im Menü „Text" oder den Keyboard-Shortcut Strg+L. Erfindet für die weiteren vier Takte einen Songtext und tragt ihn in die Partitur ein.

Schritt 5: Akkordsymbole hinzufügen

- Klickt auf die erste Note im Takt und wählt im Menü unter „Text" ➜ „Akkordsymbol" oder den Kurzbefehl „K".

- Um für eure eigenen Takte die richtigen Akkordsymbole zu finden, solltet ihr die Melodie am besten auf einem Klavier spielen. In der Regel kommt ihr mit den Hauptstufen C-Dur, F-Dur und G-Dur aus. Interessanter wird die Begleitung mit den Nebenstufen a-Moll, d-Moll oder e-Moll.

Schritt 6: Layout und Drucken

- Gestaltet zuletzt das Layout des Leadsheets:
  - Klickt dazu im Menü auf „Formatting". Nun seht ihr euer Leadsheet in der Druckvorschau.
  - Klickt auf „Titel", tragt den Titel für den Song ein und ergänzt euren Namen unter „Composer".
  - Löscht die nicht benötigte Notenzeile durch einen Linksklick vor der Zeile und Drücken der Entfernen-Taste.
  - Speichert und druckt das Leadsheet.
  - Links oben neben dem Logo lässt sich eine senkrechte Menüleiste öffnen. Dort könnt ihr unter „Community" euren Song anderen zugänglich machen.

[Tipp]

Exportfunktion und „sharing"

„Noteflight" bietet zahlreiche Exportmöglichkeiten (als Audio-, MIDI- oder MusicXML-Datei), damit man die Daten von „Noteflight" auch in herkömmlichen Notensatz- und Musikbearbeitungsprogrammen weiterverarbeiten kann. Zudem bietet „Noteflight" den Austausch zwischen den Mitgliedern. Über eine „Sharing"-Funktion kann man anderen Nutzerinnen und Nutzern seine eigenen Musikstücke zugänglich und sogar bearbeitbar machen. Dadurch könnt ihr auch als Gruppe über das Internet zusammen eine Aufgabenstellung bearbeiten.

[Tipp]

Interaktive Notentafel

Die interaktive Notentafel in der MusiX-Programmierung stellt euch ähnliche Funktionen wie „Noteflight" bereit und kann alternativ verwendet werden.

[Kapitel **6**]

Jazz

» Pfh, die Frau, die kenne ich. Die hat immer mit einer Schar Vögel in der Lenox Avenue gewohnt. Ihren Mann kenne ich auch. Der ist einer Achtzehnjährigen verfallen, mit so einer tiefen und schaurigen Liebe, die ihn dermaßen traurig und glücklich gemacht hat, dass er sie erschoss, nur damit das Gefühl anhielt. «

(aus: „Jazz" von T. Morrison)

Der Literaturkritiker Dieter Wunderlich beschreibt den Beginn des Romans „Jazz" der Nobelpreisträgerin Toni Morrison:

» Es ist wie eine Exposition in der Musik: Wir kennen jetzt das Thema. Und wie beim Jazz ist alles Folgende eine Bearbeitung des mehrmals wiederholten Themas. Zunächst nur angedeutete Einzelheiten werden nach und nach ausführlicher beschrieben, Nuancen und Details hinzugefügt; andere Stimmen nehmen das Thema immer wieder auf, umspielen und variieren es, indem sie aus ihrer Perspektive schildern, was geschehen ist. «

Die Gleichzeitigkeit von Trauer und Glück – beide werden in der Einleitung aufgegriffen – spielen im Blues und Jazz eine zentrale Rolle.

Auf die Frage, warum sie dem Roman den Titel „Jazz" gegeben hat, antwortet die Autorin Toni Morrison:

» Ich möchte als Autorin wie ein guter Jazzmusiker sein. Musik machen, die Leute beeindruckt, die wirklich etwas von Musik verstehen; und alle, die Musik als reine Unterhaltung sehen, können dazu tanzen. «

Rat-Scat

D 1, 2

Text u. Musik: M. Detterbeck, G. Schmidt-Oberländer

Führt den „Rat-Scat" in drei Gruppen aus. Imitiert dabei die instrumententypischen Sounds (Artikulation und Phrasierung, Falls, Smears, Shakes, Ghost-Notes ...).

[Tipp] Der Scat kann auch als Kanon ausgeführt werden.

Der Guschtav

D 3

Text u. Musik: J. Fischer-Hasse

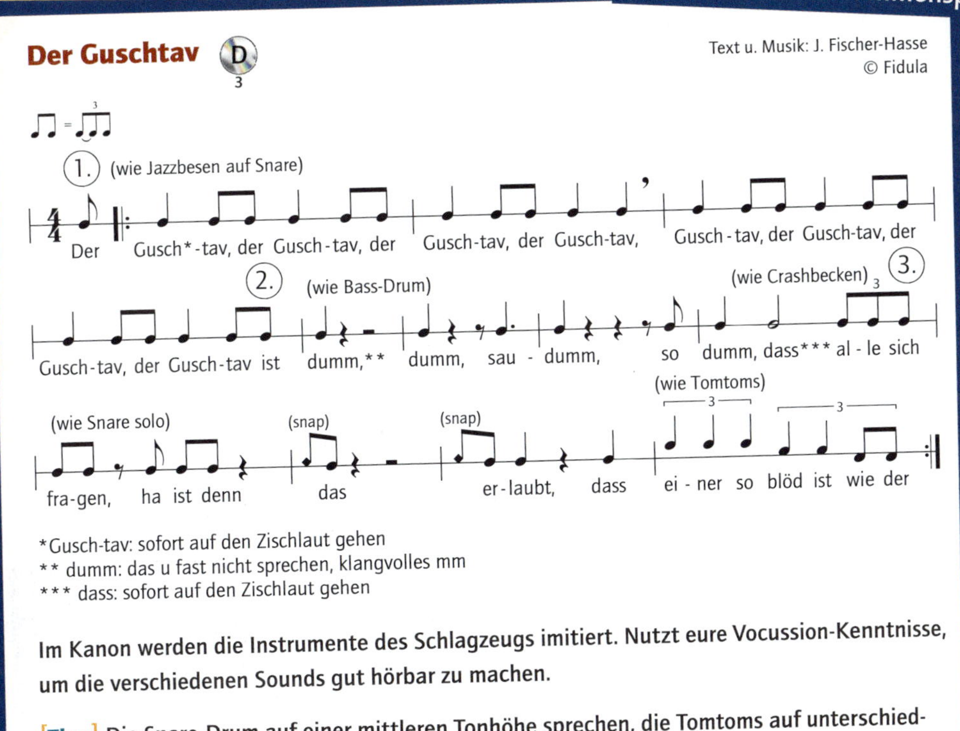

Im Kanon werden die Instrumente des Schlagzeugs imitiert. Nutzt eure Vocussion-Kenntnisse, um die verschiedenen Sounds gut hörbar zu machen.

[Tipp] Die Snare-Drum auf einer mittleren Tonhöhe sprechen, die Tomtoms auf unterschiedlichen Tonhöhen (von oben nach unten) sprechen.

Wurzeln des Jazz 1: Spurensuche in Afrika

Auch wenn der Jazz in den USA entstanden ist, hat er seine Wurzeln in Afrika und Europa. Die nach Amerika verschleppten Sklavinnen und Sklaven brachten ihr kulturelles Erbe mit in ihre neue Heimat und kamen dort mit der europäischen Musik in Berührung. Durch dieses Zusammentreffen entstand der Jazz.

Laute Rufe und Arbeit im Kollektiv: Field-Hollers und Worksongs

Die Sklavinnen und Sklaven versuchten, sich die schwere Arbeit durch Gesang erträglicher zu machen. Während sie sich mit gesangsähnlichen Ausrufen, sogenannten „Field-Hollers", untereinander verständigten, dienten „Worksongs" dazu, den anstrengenden Arbeitsalltag aufzulockern oder auch den Arbeitsablauf innerhalb der Gruppe zu koordinieren. Auf den Plantagen wurde z. B. Baumwolle mit den bloßen Händen gezupft und in lange Säcke gestopft. Auf diese mühselige Arbeit der Versklavten bezieht sich der Song „Pick a Bale o' Cotton".

1 Singt den Song und imitiert beim Singen das Pflücken der Baumwolle und das Hinterherziehen der Baumwollsäcke.

2 **a** Hört euch eine Aufnahme des Songs an und stellt fest, welche Liedteile vom Vorsänger (Call), welche von allen (Response) gesungen werden. D 4

b Findet mindestens drei Vorteile, die das Singen im Wechsel für Vorsängerin oder Vorsänger und Chor (Call & Response) bietet.

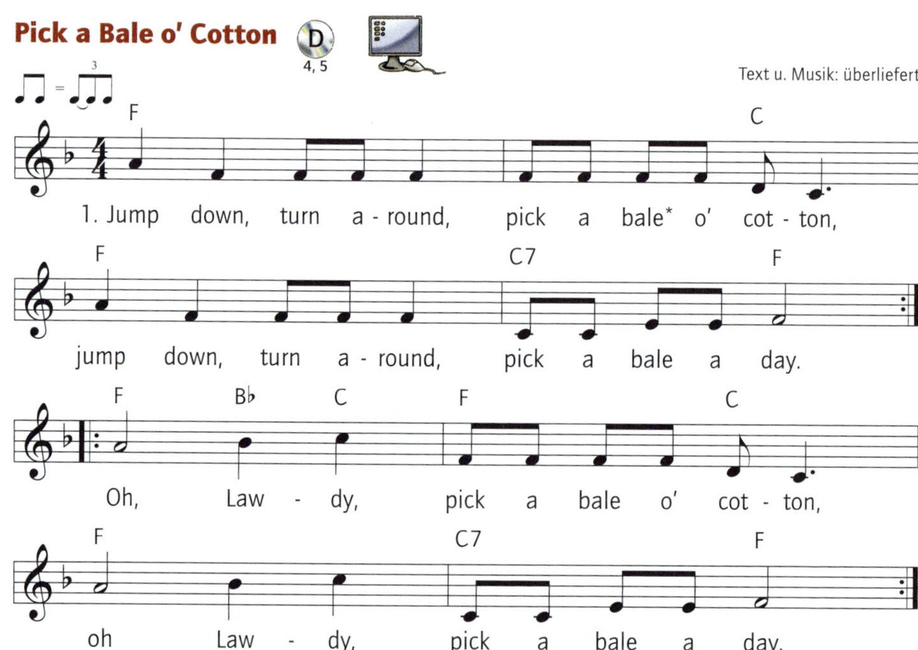

*Ein „Bale" ist eine Gewichtseinheit, die ca. 220 kg entspricht.

2. Me and my partner can pick a bale o' cotton,
me and my partner can pick a bale a day.
Oh, Lawdy ...

3. B'lieve to my soul I'll pick a bale o' cotton,
b'lieve to my soul I'll pick a bale a day.
Oh, Lawdy ...

4. Pick-a, pick-a, pick-a, pick-a, pick a bale o' cotton,
Pick-a, pick-a, pick-a, pick-a, pick a bale a day.
Oh, Lawdy ...

Versklavte auf einem Baumwollfeld in den Südstaaten

» *Die sind einfach da raus und sangen bei der Arbeit. Songs zum Pflügen, Songs, um Maultiere anzutreiben. Diese Lieder erfanden die einfach so nebenbei. Die machten Geräusche und Musik, wie es ihnen gerade passte.* «
(H. Wolf, Musiker)

! WISSEN

Dreieckshandel

Im Zuge der Eroberung der „Neuen Welt" entstand der sogenannte Dreieckshandel, durch den Waren (Rum, Baumwolle, Waffen, Schnaps) und Versklavte in der Zeit vom Ende des 17. bis zum Beginn des 19. Jahrhunderts zwischen Europa, Afrika und Amerika verschifft wurden. Etwa 24 Millionen Menschen aus Afrika wurden versklavt, davon ca. 10 % in die USA verschleppt. Sie brachten ihre Religion und Kultur und somit auch ihre Musik mit, die sich im Laufe der Zeit mit europäischen Einflüssen vermischte. Dies bildete die Grundlage für den Jazz.

Lieder aus den Südstaaten: der Blues

In den Südstaaten der USA arbeiteten die meisten afroamerikanischen Menschen auch nach Aufhebung der Sklaverei (1865) weiterhin auf Plantagen. Aus den Einflüssen von Worksong, Field-Holler, Spiritual und Gospel (siehe S. 118 f.) entwickelte sich der Blues. Ursprünglich unbegleitet, später mit Banjo-, Gitarren- oder Mundharmonikabegleitung gesungen, wurde er eine der einflussreichsten musikalischen Stilrichtungen überhaupt und prägte entscheidend die gesamte Jazz-, Rock- und Popmusik.

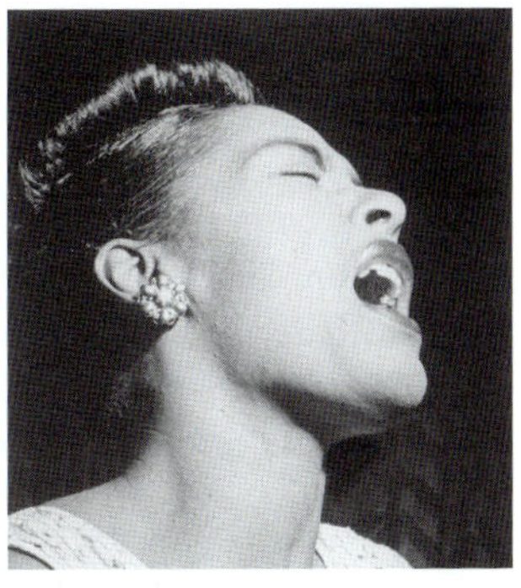

Billie Holiday (1915–1959)

Fine and Mellow

CD 6, 7

Text u. Musik: B. Holiday

Klavier/Stabspiele **E-Bass** **Schlagzeug-Pattern**

3 Begleitet euch beim Singen mithilfe der oben stehenden Patterns. Die Patterns für B♭7 und C7 müsst ihr dazu von F7 aus transponieren.

4 **a** Improvisiert nach dem Call-&-Response-Prinzip mit Instrumenten und Stimme in den letzten beiden Takten jeder Zeile mit dem Tonvorrat des Liedes.

b Erfindet eigene Patterns und notiert die, die eurer Meinung nach am besten passen.

Tonvorrat „Fine and Mellow"

5 Erweitert euren Tonvorrat mit den Tönen der Bluestonleiter.

INFO

Bluestonleiter

Eine von mehreren verbreiteten Bluestonleitern ist die hier abgebildete. Der Tonvorrat des Blues lässt sich im Wesentlichen auf die Überlagerung von afrikanischen und europäischen Tonsystemen zurückführen. Die 3. und 7. Tonstufe werden dabei „schwebend" oder „schwankend" als bewusstes Ausdrucksmittel intoniert und klingen für europäische Ohren „dirty". Die 5. Tonstufe wird häufig erniedrigt („verminderte Quinte"). Diese Töne sind für die Melodik des Blues prägend und werden „Blue Notes" genannt.

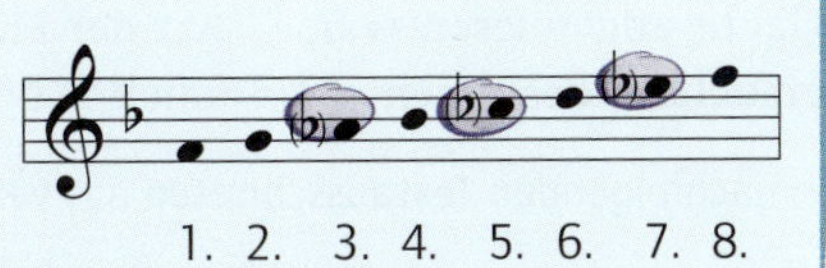

WISSEN

Internationale Akkordsymbole

Jazz ist international. Deswegen hat sich für Jazz-Leadsheets die amerikanische Schreibweise von Akkordsymbolen durchgesetzt, die sich in zwei Punkten von der deutschen Schreibweise unterscheidet:

1. Versetzungen werden durch ♯ oder ♭ angezeigt: Fis = F♯, As = A♭
2. Der Ton H heißt im amerikanischen B: H = B, B = B♭

WISSEN

Call & Response

Im Blues wird oft eine gesungene Phrase durch eine instrumental improvisierte Phrase beantwortet. Diese Ruf-Antwort-Struktur hat ihre Wurzeln in der afrikanischen Musik. Teilweise kann man auch textlich von einer Call-&-Response-Struktur sprechen: Die ersten beiden Zeilen des Blues geben ein offenes Statement ab, das dann in der dritten Zeile erklärt oder kommentiert wird.

INFO

„to be blue"

beschreibt widersprüchliche Gefühle, die aus Sorgen, Nöten und Problemen entstehen. Blues kann aber auch fröhlich, witzig oder ironisch sein, und oft ist er alles zugleich.

All God's children got rhythm – Spiritual und Gospel

Spiritual

In den afroamerikanischen Gemeinden der Südstaaten entstanden Gesänge, die sich oft an alten englischen Kirchenliedern orientierten, aber den eigenen musikalischen Traditionen angepasst wurden. Man erfand neue Texte, wandelte die Rhythmen ab und schmückte die Melodien improvisierend aus. In den Erzählungen über das Volk Israel fanden die Sklavinnen und Sklaven häufig Ähnlichkeiten mit ihrem eigenen Schicksal. Im Alten Testament wird davon berichtet, wie Moses das Volk Israel aus der ägyptischen Gefangenschaft führte. Aus dieser Geschichte schöpften die Versklavten Hoffnung auf ihre eigene Befreiung.

Wade in the Water

8, 9

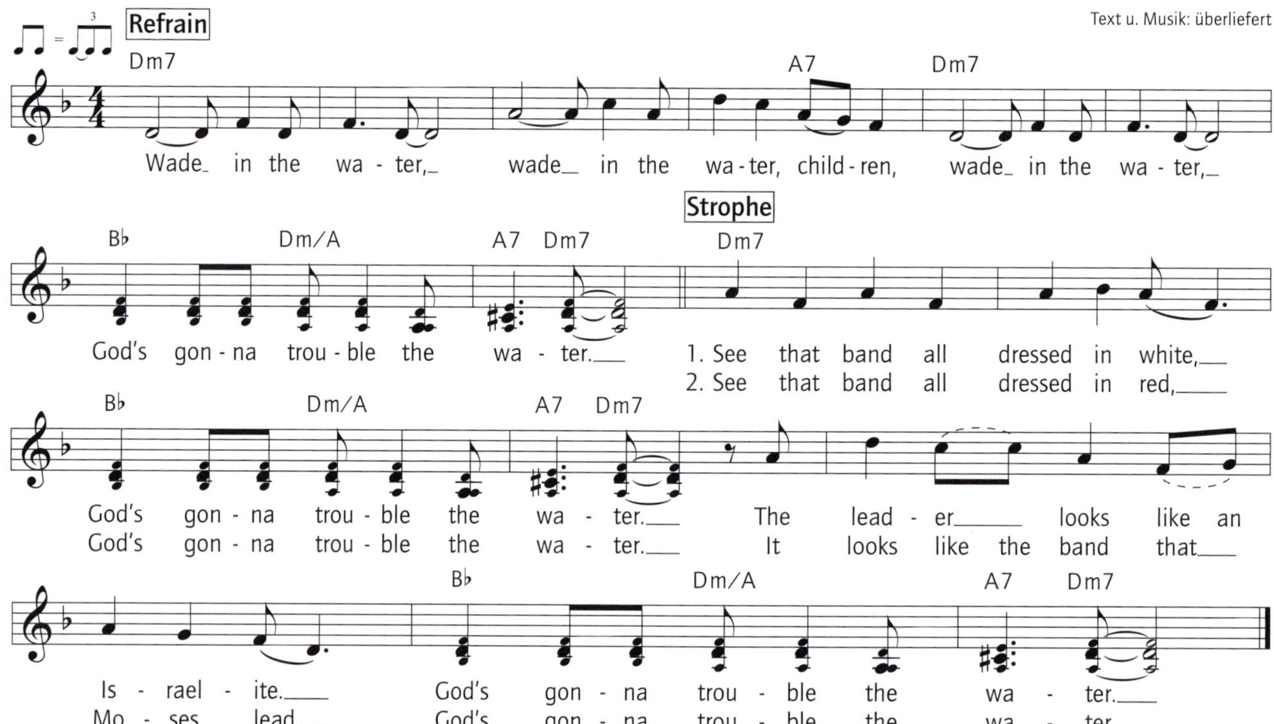

1 Singt das Spiritual. Teilt das Lied in geeignete Call- und Response-Teile ein. (D 9)

2 Beschreibt mithilfe einer Aufnahme des Liedes musikalische Merkmale eines Spirituals. (D 8)

Gesungene Geheimbotschaften: Codesongs

Kurz nach der Gründung der Vereinigten Staaten im Jahre 1776 wurde in vielen Nordstaaten die Sklaverei abgeschafft, da es dort keine großen Plantagen gab, die Wirtschaft also nicht auf Versklavte angewiesen war. Viele Sklavinnen und Sklaven versuchten deswegen, in den Norden der USA oder nach Kanada zu flüchten. Spirituals wurden dabei oft als „Codesongs" eingesetzt, um geheime Botschaften über Möglichkeiten, Richtung oder Art der Flucht weiterzugeben. Symbole und Metaphern spielten bei der Verschlüsselung eine große Rolle.

3 Entschlüsselt die „Codes" in den nachfolgenden Textausschnitten aus verschiedenen Spirituals.

Deep river, my home is over Jordan ...

My Lord calls me!
He calls me by the thunder!
The trumpet sounds it in my soul!

Swing low, sweet chariot,
coming for to carry me home ...

Gospel

Gospels entstanden im Gegensatz zu Spirituals oft spontan im Gottesdienst während der Auslegung des Evangeliums durch den Prediger. Der Name „Gospel“ lässt sich daher vom Englischen „good spell“ (Evangelium, „gute Nachricht“) ableiten. Einige dieser zunächst improvisierten Gesänge wurden in darauffolgenden Gottesdiensten wiederholt und bekamen dadurch im Laufe der Zeit eine feste Form.

4 Hört einen Ausschnitt aus einem Gospelgottesdienst und beschreibt den Entwicklungsprozess von der Predigt hin zu einem Lied. D 10

Gottesdienst einer afroamerikanischen Gemeinde, Washington D. C., 1876

In den Texten von Gospels geht es häufig um den Lobpreis Gottes, vor allem um die Verehrung von Jesus Christus, aber auch um die religiöse Rolle der Gläubigen, ihr Alltagsleben und ihr Verhältnis zu Gott. Im Gospel „Jesus's on the Main Line“ werden die Gemeindemitglieder aufgefordert, mit Jesus zu telefonieren („on the main line“) und sich ihm anzuvertrauen.

Jesus's on the Main Line

D 11, 12

Text u. Musik: überliefert

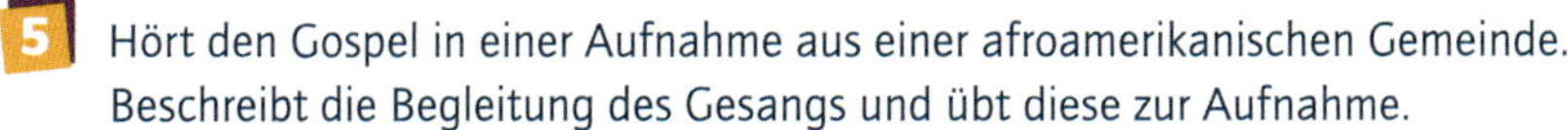

5 Hört den Gospel in einer Aufnahme aus einer afroamerikanischen Gemeinde. Beschreibt die Begleitung des Gesangs und übt diese zur Aufnahme.  D 11

6 Singt den Gospel und begleitet euch dabei selbst.

7 **a** Hört zum Vergleich eine Aufnahme eines modernen Gospelchors und benennt Unterschiede im Arrangement.  D 11, 12 

b Diskutiert über die unterschiedliche Wirkung der beiden Versionen von „Jesus's on the Main Line“. Geht dabei auch auf die verschiedenen Musiziersituationen und mögliche Absichten der Ausführenden ein.  D 11, 12

Morton Roberts: *Marching Band* (um 1958)

Wurzeln des Jazz 2: Spurensuche in Europa

Den Jazz gäbe es nicht ohne den Einfluss der europäischen Musikkultur auf die afroamerikanische Bevölkerung. Elemente der europäischen Kirchenmusik gingen beispielsweise in die Spirituals ein, die Marschmusik hinterließ ebenso ihre Spuren im Jazz: Der rhythmische Aufbau der Märsche, insbesondere aber auch das Instrumentarium der Militärkapellen wurden z. B. im Ragtime und bei den sogenannten Streetbands aufgegriffen.

1 Benennt die unterschiedlichen Instrumente auf dem Bild einer Streetband aus New Orleans. Die Infobox gibt euch dazu einen Hinweis.

Synkopierte Marschmusik: der Ragtime

Für europäische Ohren klang die Klaviermusik, welche afroamerikanische Pianisten in sogenannten „Honky Tonks" (Musikkneipen) spielten, wie zerrissene Marschmusik. Das erklärt auch den Namen dieses Stils (engl. *ragged time* = zerrissene Zeit). Ragtime war komponierte Musik. Dementsprechend konnte man z. B. die Noten von Scott Joplin, dem berühmtesten Ragtimekomponisten, kaufen.

2 Hört euch jeweils den Beginn eines europäischen Marsches und eines Ragtimes an. Benennt Gemeinsamkeiten und Unterschiede. (CD 13, 14)

Radetzkymarsch (CD 13) — Musik: J. Strauß

The Entertainer (CD 14) — Musik: S. Joplin

Streetbands und Jazz Funerals

Nach dem Ende des amerikanischen Bürgerkriegs 1865 konnten Menschen afroamerikanischer Herkunft günstig Instrumente aus aufgelösten Militärkapellen erwerben. So entstanden eine Vielzahl von „Streetbands", die bei Hochzeiten, Beerdigungen und beim „Mardi Gras", dem Karneval der Südstaaten, auftraten. Die Anfang des 20. Jahrhunderts entstandene Beerdigungstradition („Jazz Funeral") wird bis heute vor allem in New Orleans gepflegt.

3 **a** Beschreibt die Musik, die während eines Begräbnisses gespielt wird, mithilfe des Hörbeispiels. Informiert euch im Internet über den Begriff „Jazz Funeral". (CD 15)

b In der HBO-Serie „Treme" wird der Auftritt einer Streetband während eines Begräbnisses gezeigt. Sucht im Internet nach diesem Ausschnitt und benennt die beteiligten Instrumente. Stellt diese Form des „Funerals" einem Begräbnisritual in Deutschland gegenüber.

INFO

Das Sousafon

ist eine amerikanische Variante der Tuba, die auf Initiative des Marschkomponisten J. P. Sousa entworfen wurde, da er ein besser tragbares Tubamodell für das Spielen in einer Militärkapelle haben wollte. Im Bild oben ist in der Mitte ein Sousafon abgebildet.

Die Geburtsstätte des Old Time Jazz

Wer heute nach New Orleans reist, wird auch mit der Frage konfrontiert, ob der Jazz tatsächlich in dieser Stadt erfunden wurde. Darauf gibt es wohl keine absolut gültige Antwort. Gesichert ist, dass New Orleans seit der Gründung (1718) ein Zentrum für Musik war. Als eine der bedeutendsten Hafenstädte des Landes, bei der der Mississippi in den Golf von Mexico mündet, kamen Menschen aus der ganzen Welt zusammen und machten die Stadt zu einem Schmelztiegel der Kulturen. Anders als in anderen US-amerikanischen Städten gab es hier keine Ghettos. Menschen verschiedener Ethnien, Reiche wie Arme lebten auf engem Raum zusammen. James R. Creecy berichtet 1860:

Die King-Oliver-Band (1925)

» *Warst du je in New Orleans? Falls nicht, dann fahr bloß hin. Tag und Nacht gibt's eine Show und furchtbar viel zu sehn! Franzosen, Spanier und Westinder, Kreolen und Musties [...] Nachkommenschaft aller Hautfarben [...]* «

Eine Stadt voller Musik

Um 1900 kamen in New Orleans auf gerade einmal 200 000 Einwohner mehr als 30 Orchester. In den unzähligen Vergnügungsstätten der Stadt wurde täglich Musik gespielt. Der Posaunist Kid Ory berichtet von den Karnevalsfeiern in der Stadt:

» *Tag und Nacht marschierten die Bands die Straßen auf und ab und spielten sich die Lunge aus dem Leib [...]* «

4 Verknüpft euren Höreindruck des „Canal Street Blues" von King Oliver mit den Informationen, die ihr über New Orleans gewonnen habt. D 16

INFO

New Orleans

Bekannt wurde die Stadt vor allem durch die Marching Bands und später für den dort entstandenen Rhythm & Blues, der den Rock 'n' Roll maßgeblich mitprägte. Vorformen dieser Musikrichtungen fanden sich in mehreren Teilen der Vereinigten Staaten, aber New Orleans bildet in den Augen einiger Jazzhistorikerinnen und Jazzhistoriker den „Kristallisationspunkt", in dem der Jazz geboren (nicht „erfunden") wurde. „Aufgewachsen" sei der Jazz dann in Chicago und New York.

Ein Fluss als Lebensader: der Mississippi

Laut dem Bluesmusiker W. C. Handy konnte man um 1900 in Memphis (siehe Karte unten rechts) Musik hören, die sich von der Musik aus New Orleans kaum unterschied. Das ganze Gebiet entlang des Mississippi war von den neuen Klängen des Jazz „infiziert" und wurde zu seiner Lebensader.

5 Stellt mithilfe der beiden Bilder die Bedeutung des Mississippis für die Verbreitung des Jazz dar.

Raddampfer auf dem Mississippi um 1900

Die Story des 

„Jazz ist der Grund, warum dieses Jahrhundert anders klingt als alle anderen." Der Jazztrompeter Dizzy Gillespie wollte damit sagen, dass der Jazz durch seine musikalischen Besonderheiten, wie z. B. Improvisation und Rhythmik, und durch seine rasante Entwicklung der Musikgeschichte eine weitere Farbe verliehen hat. Daher werden im Jazz die Epochen nicht wie in der abendländischen Musikgeschichte in Jahrhunderten, sondern in Jahrzehnten gemessen.

New-Orleans-Jazz und Dixieland

Der Jazz ist vor allem in New Orleans entstanden, daher trägt der früheste Jazzstil auch den Namen der Stadt im Mississippi-Delta. Viele Einflüsse prägten den New-Orleans-Jazz: der improvisierte Blues, das Call-&-Response-Prinzip in Worksongs und Spirituals und auch der tanzbare Beat des Ragtime. Dixieland hieß der von Weißen gespielte New-Orleans-Jazz. Er klang weniger „dirty", orientierte sich also mehr an den Hörgewohnheiten des weißen Publikums.

Besetzung: variabel, meist aber Trompete, Klarinette, Posaune, Banjo/Klavier, Tuba/Bass, Schlagzeug

Spielweise: Kollektivimprovisation (mehrere Spielerinnen und Spieler improvisieren gleichzeitig)

Bekannte Musiker: King Oliver, Louis Armstrong

Swing

In Chicago, Kansas City, vor allem aber in New York entstanden für die Bedürfnisse der großen Tanzsäle immer größere Ensembles, die man bald als Big Bands bezeichnete. Maßgeblichen Einfluss auf die Verbreitung des Swing hatte der Rundfunk, der die Musik im ganzen Land bekannt machte. Die Big Bands gaben während der Weltwirtschaftskrise (1929) arbeitslos gewordenen Musikern einen Arbeitsplatz.

Besetzung: bis zu 20 Mitglieder, bestehend aus

- 3–5 Trompeten
- 3–5 Posaunen
- 4–5 Saxofonen (evtl. Klarinetten)
- Rhythmusgruppe (Klavier, Gitarre, Bass, Schlagzeug)

Spielweise: ausgearbeitete Arrangements, Spiel in „Sections" (jede Bläsergruppe hat eine eigene Aufgabe), Tanzmusik

Bekannte Musiker: Duke Ellington, Glenn Miller, Count Basie, Benny Goodman

Ragtime

(von engl. *to rag* = zerreißen, *time* = Zeit) ist tanzbare Klavier- oder Ensemblemusik und hatte seine Blütezeit zu Beginn des 20. Jahrhunderts.

Besetzung: meist Klavier, aber auch Streetbands

Spielweise: marschartige Begleitung zu einer synkopenreichen Melodie

Bekannte Musiker: Scott Joplin, dessen „Entertainer" ein Standardstück wurde.

Ragtime-Rhythmus

Chicago-Jazz

ist gekennzeichnet durch feste Arrangements. Weil das Vergnügungsviertel Storyville in New Orleans geschlossen wurde, siedelten viele Musiker nach Chicago um. Chicago-Jazz ist der Übergangsstil zum Swing.

Besetzung: wie im New-Orleans-Jazz; neu: Saxofon

Spielweise: stärkere Bedeutung der Soloimprovisation, festere Arrangements, Bläsersätze

Bekannte Musiker: Louis Armstrong, Bix Beiderbecke, Benny Goodman

Bebop

ist der erste Stil des Modern Jazz. Durch seine rhythmischen Freiheiten, sein meist hohes Tempo und seine komplexen Harmoniefolgen wandelt sich der Jazz von der Tanz- zur Kunstmusik. Gelangweilt von der Routine in den Tanzbands waren viele Musiker auf der Suche nach etwas Neuem, Individuellem.

Besetzung: meist Saxofon, Trompete, Rhythmusgruppe

Spielweise: Unisono-Spiel im Thema, zerrissene Phrasierung in den komplizierten und schnellen Solos

Bekannte Musiker: Thelonious Monk, Dizzy Gillespie, Miles Davis, Charlie Parker

Wurzeln des Jazz: Worksong, Blues, Spiritual, Ragtime	New-Orleans-Jazz Dixieland	Chicago-Jazz	Swing	Bebop	Cool Jazz Hardbop
vor 1900	nach 1900	nach 1920	ab 1930	nach 1940	ab 1950

1 Informiert euch über die Jazzstile aus der ersten Hälfte des 20. Jahrhunderts. Ordnet anschließend die Hörbeispiele und Zitate rechts den jeweiligen Stilen zu. (D 17–20)

2 Hört euch eine Swing-Big-Band und eine New-Orleans-Band an und verfolgt den Verlauf in der entsprechenden Grafik unten. Erläutert anschließend die Unterschiede in der Spielweise und der Improvisation. Die Wissensbox gibt euch weitere Hinweise. (D 21, 22)

Beispiel für Swing-Big-Band (D 21)

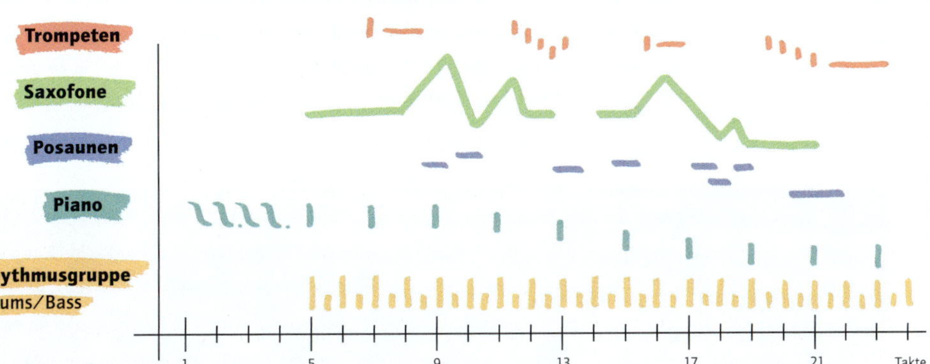

Beispiel für New-Orleans-Jazz

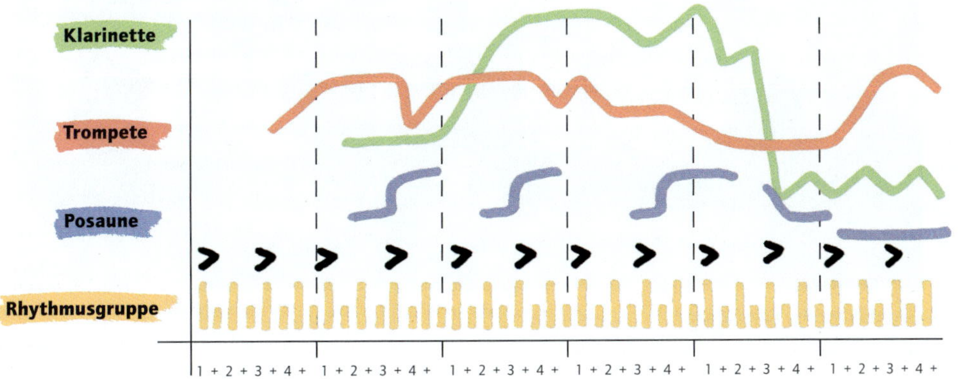

3 **Gruppenarbeit:** Recherchiert online die wichtigsten Merkmale der Jazzstile aus der zweiten Hälfte des 20. Jahrhunderts und erstellt daraus anschließend eine grafische Übersicht für die neueren Jazzentwicklungen.

4 Informiert euch über die Jazzszene in eurer Stadt bzw. Region. Findet unter anderem heraus, welche Jazzstile bei euch „lebendig" sind. Führt dazu Interviews, sammelt Programmhefte und recherchiert im Internet.

» *I say: Play your own way. Don't play what the public wants – you play what you want and let the public pick up on what you're doing.* «
(T. Monk)

» *Keine Noten, verstehst du! Ganz einfach ein halbes Dutzend Männer, die zusammen Musik machten, jeder für sich und auf seine Art und doch passte nachher alles prächtig zusammen.* «
(N. Towles)

» *Finally Beiderbecke came out with a silver cornet. He put it to his lips and blew a phrase. The sound came out like a girl saying „yes".* «
(E. Condon)

» *There is nothing to keep a band together. You simply have to have a gimmick, and the gimmick [Trick] I use is to pay them money!* «
(D. Ellington)

! WISSEN

Kollektivimprovisation und Arrangement

Bei der Kollektivimprovisation improvisiert die gesamte Band über das harmonische Gerüst des Songs. Das Arrangement legt für jede Musikerin und jeden Musiker relativ genau fest, was wann zu spielen ist.

Modaler Jazz Soul Jazz Free Jazz	Rock Jazz Fusion Funk	Neobop Creative Jazz	Hip-Hop-Jazz Nu Jazz	Elektro-Swing
ab 1960	ab 1970	ab 1980	ab 1990	ab 2000

Jazzgeschichte unter der Lupe: vom Swing zum Bebop

Musik für den Ballsaal: der Swing

In den beginnenden 1930er-Jahren hatte sich der Jazz durch Radiosendungen über große Teile der Vereinigten Staaten verbreitet und wurde auch von großen Teilen des weißen Publikums begeistert aufgenommen. In den „Ballrooms", den großen Tanzsälen der amerikanischen Metropolen, tanzten bald Hunderte zu den immer größer werdenden Bands: Die „Big Band" war geboren.

1 **a** Seht euch das Bild der *Count Basie Big Band* genau an, während ihr eine Aufnahme der Band hört. Benennt nun die Anzahl der Musiker nach Instrumentengruppen und tragt sie in eine Tabelle ein.

b Vergleicht euer Ergebnis mit den Informationen zum „Swing" auf S. 122 („Die Story des Jazz").

Count Basie Big Band (1944)

Arbeitsbedingungen für afroamerikanische Musikschaffende

Die Jazzsängerin Billie Holiday berichtete über die Bedingungen, unter denen sie arbeiten musste: „Es gab keine Baumwolle zu pflücken [...], aber glaubt mir [...], es war ein Leben wie auf einer Plantage. Und wir gingen nicht zum Angucken dahin, sondern mussten da leben. Sobald wir unsere Nummer beendet hatten, mussten wir durch die Hintertür verschwinden und uns draußen in die Ecke setzen."

2 Seht euch zunächst den Videoausschnitt aus dem Film „Orchestra Wives" an. Setzt euren Eindruck in Beziehung zu dem Zitat von Billie Holiday.

3 **Gruppenarbeit:** Entwerft eine Szene in einer Bar, in der sich 3–4 schwarze Musikerinnen und Musiker nachts über ihren abendlichen Auftritt im Ballhouse unterhalten. Nutzt dazu auch Begriffe aus der Begriffewolke. Führt euch eure kurzen Szenen vor.

Bezahlung
Diskriminierung
Tänzer
Musikgeschmack
Kommerz
Gerechtigkeit
Zukunft
Erneuerung
Bandgröße
Individualität

Selbstbewusste Musik: der Bebop

Tatsächlich trafen sich viele schwarze Musiker in New York nach ihren Gigs in einem bestimmten Lokal, „Minton's Playhouse" in Harlem. Dort begannen sie in sogenannten Jamsessions zu experimentieren und eine neue Musiksprache für den Jazz zu entwickeln. Dafür waren die großen Big Bands mit ihren größtenteils festgelegten Arrangements und die Ballsäle mit einem Tanzpublikum nicht geeignet.

4 a Betrachtet das Bild eines Bebop-Quintetts. Vergleicht es mit dem Bild einer Big Band (siehe S. 124) hinsichtlich Besetzung und Auftrittsort. Überprüft euer Ergebnis mit den Informationen zum „Bebop" auf S. 122 („Die Story des Jazz").

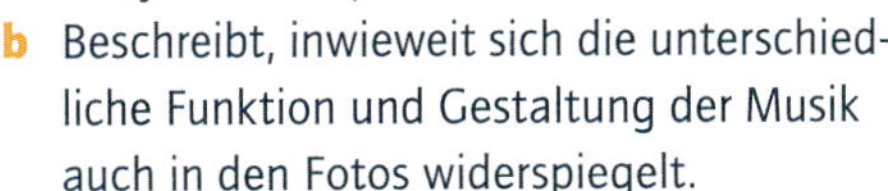

b Beschreibt, inwieweit sich die unterschiedliche Funktion und Gestaltung der Musik auch in den Fotos widerspiegelt.

c Stellt Vermutungen an, inwiefern sich diese Unterschiede auf die Zusammensetzung des Publikums auswirkte.

5 Bildet zwei Gruppen: Gruppe 1 bewegt sich zur Musik (Swing), Gruppe 2 betrachtet die Bewegungsgruppe. Tauscht beim zweiten Hörbeispiel (Bebop) die Rollen. Findet Adjektive, welche die Bewegungen der jeweils anderen Gruppe beschreiben. D 24, 25

6 Vergleicht die beiden Anfänge von Blues-Themen aus dem Swing und dem Bebop hinsichtlich Rhythmik, Akkordfolgen und Tonvorrat. Versucht, die Melodien zum Hörbeispiel mitzusingen. Tragt eure Ergebnisse in eine Tabelle ein.

Bebop-Quintett (Album von 1955)

Swingin' the Blues

Musik: C. Basie, E. Durham
© Bregman-Vocco/Chappell & Co.

Au Privave

Musik: Ch. Parker
© Atlantic/Criterion/Rondor

7 a Hört euch die Ausschnitte aus Beethovens 9. Sinfonie und die beiden Lieder aus dem arabischen Kulturraum an. Nehmt dann Stellung zu dem Zitat des Jazzforschers Joachim Ernst Behrendt zum Bebop. D 26–28

b Findet weitere Beispiele für Unisono-Musik und besprecht, inwiefern die Aussage auch hier zutrifft.

»Eingerahmt werden die Improvisationen von der Präsentation des Themas (oft im Unisono) am Anfang und am Schluss eines Stückes – im Allgemeinen durch zwei Spieler, meist ein Trompeter und ein Saxofonist. [...] Musikpsychologisch sagen Unisonos, wo immer sie auftreten – von Beethovens Finale (Ode an die Freude) und schon vorher im Hauptmotiv des 1. Satzes der Neunten bis zur Beduinenmusik des Maghreb in Nordafrika und zu den Chören der arabischen Welt: Hier sprechen wir. Und wir sind solidarisch. Und ihr, zu denen wir sprechen, seid anders als wir und wahrscheinlich: Gegner.«
(Joachim Ernst Behrendt)

Plattencover des Albums von Ella Fitzgerald und Louis Armstrong (1959)

Let's jazz! Elemente des Jazz

Im Jahre 1934 komponierte George Gershwin die Oper „Porgy and Bess“ mit dem Song „Summertime“, der zum meistgecoverten Song aller Zeiten wurde und „Yesterday“ von den *Beatles* weit abgeschlagen auf den 2. Platz verweist. „Summertime“ wurde so erfolgreich, weil es durch seine relativ einfache Harmonik und Orientierung am Blues Jazzmusikerinnen und Jazzmusikern viel Freiraum zur Improvisation gab.

INFO

Akkordsymbole

Im Jazz werden die Harmonien oft durch zunächst kompliziert wirkende Akkordsymbole angegeben. Das Prinzip ist jedoch recht einfach, da jeder Akkord aus dem 1., 3. und 5. Ton besteht. Zusätzlich können noch weitere Töne angegeben werden, die mit einem ♯ oder ♭ versehen werden können. Der Akkord in T. 5 sieht dann so aus:

Ein Slash-Akkord zeigt einen anderen Basston als den Grundton an. Der Akkord Am7/E sieht ausgeschrieben folgendermaßen aus:

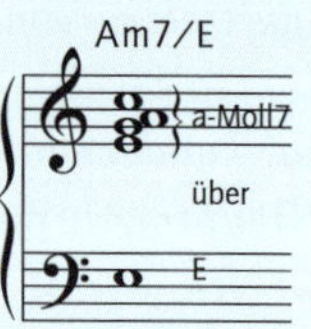

Summertime

D 29–31

Text: I. Gershwin, E. D. Heyward
Musik: G. Gershwin
© Gershwin Music/Chappell & Co.

2. (One of these) mornings
you gonna rise up singin'.
Then you spread your wings
and you'll take to the sky.

But till that morning
there's a nothing-can-harm-you
with daddy and mama
standing by.

Grundwissen aufgefrischt

Leadsheet

Das Leadsheet führt (engl. *to lead* = führen, *sheet* = Blatt) die Jazzmusikerinnen und -musiker durch einen Song und stellt ihnen alle nötigen Informationen in einer Art Kurzschrift zur Verfügung. Es enthält in der Regel die Melodie, den Text, die Harmonien, den Namen des Komponisten bzw. der Komponistin und des Texters bzw. der Texterin und meist auch Hinweise zu Tempo und Stilistik.

Ordnet die folgenden Satzteile richtig zu und findet im Leadsheet von „Summertime“ je ein Beispiel dafür:

Ein Akkordsymbol	steht links oben über dem Leadsheet.
Die Tempoangabe	zeigt zusätzlich den gewünschten Basston an.
Ein Slash-Akkord	ist eine Richtlinie für die freie Gestaltung.
Die Melodie	wird ternär, also mit Triolenfeeling, gespielt.
„Swing“	steht über einem Melodieton oder einer Pause.

Unverwechselbar! – Der individuelle Ausdruck im Jazz

Nach einem Konzert von Louis Armstrong stand in der „Times" (London, 1951):

> »*Natürlich ist diese Stimme hässlich, gemessen an dem, was wir in Europa Schönheit des Gesangs nennen. Aber der Ausdruck, den Louis Armstrong in diese Stimme legt, alles das, was an Seele und Herz und Tiefe in jedem Ton mitschwingt, macht diese Stimme schöner als das meiste, was es an technisch brillantem und schön klingendem, aber kaltem und seelenlosem Gesang in der Welt heute gibt.*«

Louis Armstrong (1901–1971)

1 Deutet das Video in Bezug auf die oben abgedruckte Konzertkritik.

Auf die Frage, was eine gute Jazzerin oder einen guten Jazzer ausmacht, bekommt man meist folgende Antwort: „Gutes Timing!" oder „Du musst deine eigene Sprache finden!". Ziel ist also nicht die notengetreue Wiedergabe eines Werkes, sondern der individuelle Ausdruck.

2 Vergleicht drei Interpretationen von „Summertime" (Ella Fitzgerald, Louis Armstrong, Joni Mitchell) miteinander. Tragt dazu in einer Tabelle die jeweiligen Besonderheiten der Aufnahme ein (Improvisation, individueller Ausdruck, Timing und Besetzung).

Eine Sache des Feelings: Schleiftöne, Glissandi und Swingphrasierung

In der klassischen Musik gilt es als technisches Unvermögen, den Ton nicht unverfälscht und präzise spielen bzw. singen zu können. Ganz anders im Jazz:

> »*Das Charakteristikum von Louis Armstrongs Spiel ist, wie er den Ton eigentlich erst „auf Umwegen" erreicht. Er drückt mit jeder Note etwas aus.*«
>
> (DER SPIEGEL, 1951)

3 Hört euch noch einmal das Beispiel von Louis Armstrong an und erklärt, wie Armstrong den Ausdruck steigert. Die Wissensbox gibt euch weitere Hinweise.

Ein wichtiges Element für den Jazz ist auch die sogenannte Swingphrasierung. Dabei werden zwei aufeinanderfolgende Achtelnoten nicht gleichmäßig gespielt, sondern die erste Achtel länger und leise, die zweite kürzer und lauter: ♫-♫

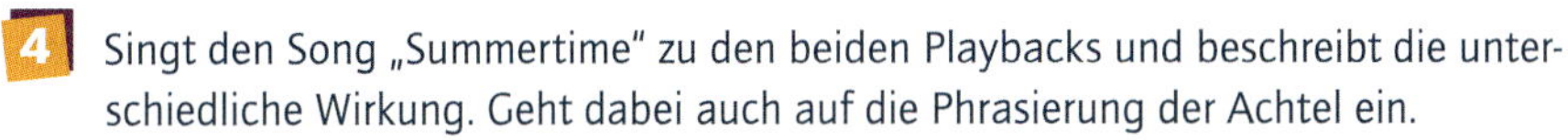

4 Singt den Song „Summertime" zu den beiden Playbacks und beschreibt die unterschiedliche Wirkung. Geht dabei auch auf die Phrasierung der Achtel ein.

D 32, 33

Die Seele des Jazz: Improvisation

Während in der klassischen Musik die Kunst der Improvisation in den vergangenen Jahrhunderten verloren gegangen ist, stellt sie im Jazz ein zentrales Element dar. Ella Fitzgerald war eine der führenden Sängerinnen, die mit ihren virtuosen Improvisationen das Publikum begeisterte.

5 **a** Hört euch eine Aufnahme von „It Don't Mean a Thing" an und findet Merkmale, die das Publikum fasziniert haben könnten.

b Informiert euch über Ella Fitzgerald im Internet. Seht euch dann das Video an und benennt die besonderen Bühneneigenschaften der Sängerin.

! WISSEN

Tonbildung im Jazz

Im Jazz werden eine Reihe von Effekten und Artikulationsmöglichkeiten eingesetzt, um den Ausdrucksgehalt eines Tones zu steigern:

- **Smear:** Der Ton wird tiefer angesetzt und auf die gewünschte Tonhöhe gezogen.
- **Glissando:** Zwei Töne werden „gleitend" auf- oder abwärts miteinander verbunden.
- **Dirty Tones:** Töne werden durch bestimmte Techniken unsauber hervorgebracht.
- **Vibrato:** Ein ausgehaltener Ton wird durch geringe Tonhöhenveränderungen lebendig.
- **Growl** (engl., knurren): rauer, heiserer Klang

Harmonie im Jazz: die II-V-I-Kadenz

Wenn Jazzmusikerinnen und Jazzmusiker zusammen „jammen“ – also bei einer Session spontan miteinander spielen – improvisieren sie oft über sogenannte „Jazzstandards“. Das sind Songs, die den meisten vertraut sind. Viele dieser Standards verwenden über weite Strecken eine bestimmte Harmonieformel, die II-V-I-Kadenz. Diese spielt auch in folgendem Song eine zentrale Rolle.

I'm Be-boppin', Too

D 35, 36

Text u. Musik: L. Gillespie

A

C7(add13) F6(add9) Dm7 Gm7 C7 F6 Dm7 Gm7 C7
Hey ba - by, boo waah shee boo 1./2. al - ways re-minds me of you.
3. let's play a so - lo for you.

5 F6 Dm7 Gm7 C7 F6 Dm7 1. Gm7 C7 2. Gm7
A a ee ee oo oo, you got me be - bop - pin' too. Say

B

9 Cm7 F7 B♭maj7 B♭maj7 Dm7
I hear ev-'ry day, no mat - ter where I go, when I come home late at

14 G7 Cmaj7 Cmaj7 C7 D. S. al Coda
night, there you sit with it on the ra - di - o. Say

17 F6 C7 F6
be - bop - pin' too.

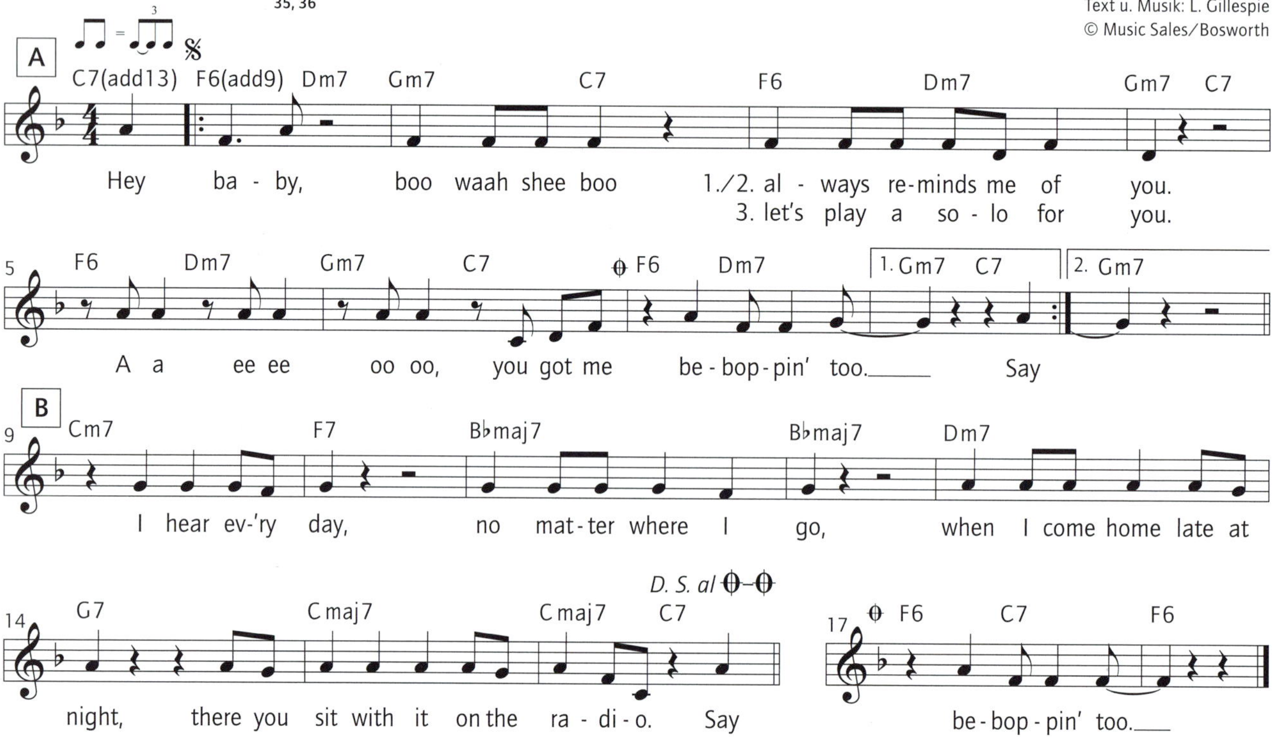

! WISSEN

Dominantseptakkord

Ein Septakkord entsteht bei einer Schichtung von drei Terzen (1., 3., 5. und 7. Ton einer Tonleiter) übereinander. Der Dominantseptakkord steht auf der V. Stufe einer Tonart. Er beinhaltet neben dem Leitton, der nach oben zum Grundton strebt, noch die kleine Septe, die zur Terz der Tonika abwärts strebt. Dadurch entsteht eine noch stärkere Schlusswirkung.

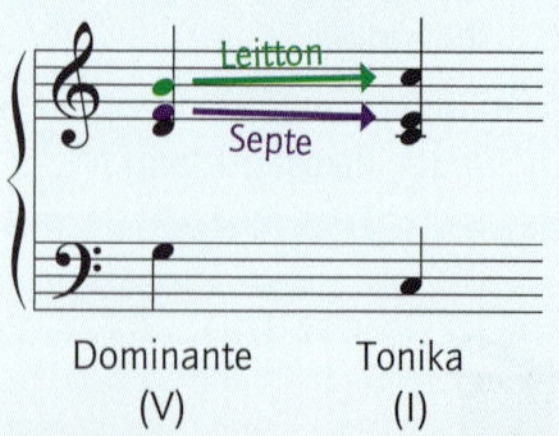

Die harmonische Würze: Septakkorde

Im Jazz werden oft Septakkorde verwendet, die vor allem von der V. Stufe (Dominante) zur I. Stufe (Tonika) einer Tonart besondere Spannung erzeugen.

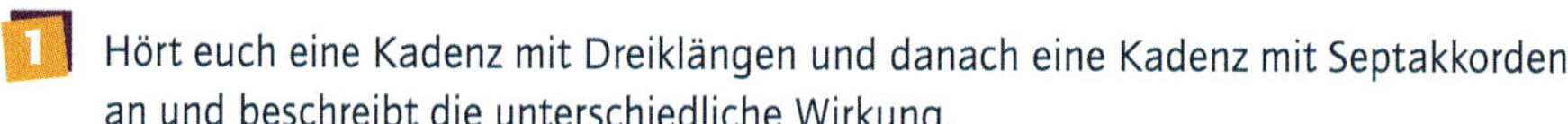

1 Hört euch eine Kadenz mit Dreiklängen und danach eine Kadenz mit Septakkorden an und beschreibt die unterschiedliche Wirkung.

D 37, 38

2 **a** Spielt oder singt gemeinsam die beiden unten stehenden Melodien zur Klavierbegleitung. Versucht zu spüren, wohin der vorletzte Ton jeweils strebt und ergänzt den letzten Melodieton nach Gefühl.

b Schreibt die beiden Melodien in ein Notensystem und darunter den jeweiligen Grundton des Akkordes. Benennt jeweils das Intervall der notierten Töne im Verhältnis zum Grundton und erklärt mithilfe der Wissensbox die besondere Wirkung der Schlusswendung.

3 Analysiert den B-Teil von „I'm Be-boppin', Too“ hinsichtlich des harmonischen Verlaufs. Beschreibt die Regelmäßigkeit an dieser Stelle.

Jazzarrangement mit Bausteinen

In Jazzstandards wechselt häufig die Grundtonart. Diese erkennt man am besten an der I. Stufe einer II-V-I Kadenz (siehe Infobox). Die Dur-Tonleiter der I. Stufe ist auch der Tonvorrat für die Improvisation in den entsprechenden Takten der Kadenz.

4 Arrangiert „I'm Be-boppin', Too" mithilfe der abgebildeten Bausteine. Geht dabei folgendermaßen vor:

Schritt 1: Überlegt, wie oft der Baustein ❶ im A-Teil wiederholt werden muss.

Schritt 2: Führt den Baustein ❷ so fort, dass er zu den Akkorden im 2. Teil des B-Teils passt.

Schritt 3: Legt für jeden Takt fest, welches Rhythmusmodell ihr verwenden wollt.

Schritt 4: Notiert das Arrangement.

❶

❷
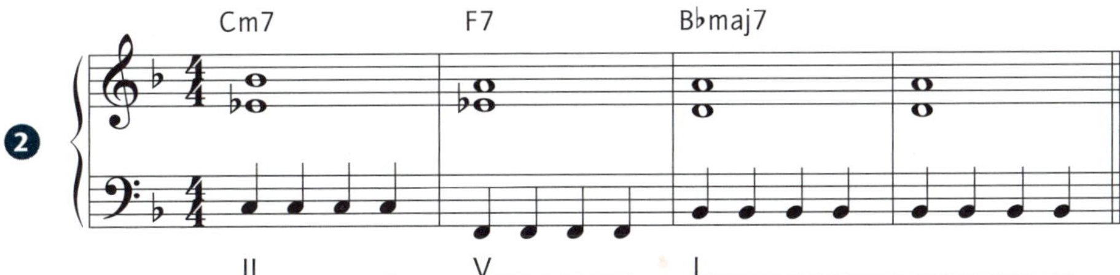

Rhythmusmodelle

5 Gestaltet für euer Arrangement einen interessanten Ablauf. Ein „Bandleader" zählt das Tempo ein, gibt den Solistinnen und Solisten sowie Sängerinnen und Sängern die Einsätze und zeigt an, wie lange der Schlusston gehalten werden soll.

[Tipp] Verwendet für die Improvisation als Tonvorrat jeweils die Dur-Tonleiter der I. Stufe (z. B. im A-Teil F-Dur). Überprüft mithilfe der Aufgaben 3 und 4, wie viele verschiedene Skalen im ganzen Stück benötigt werden. Teilt diese auf unterschiedliche Instrumente auf.

! WISSEN

Tempo angeben im Jazz

Im Jazz ist es besonders wichtig, dass alle Bandmitglieder sich von Anfang an einig sind über das Tempo. Das „Einzählen" geschieht daher meist folgendermaßen: Der Kopf der Band (oder die Person am Schlagzeug) stellt sich das Tempo vor und schnipst dabei auf Zählzeit 2 und 4. Wenn er oder sie das Tempo sicher hat, wird eingezählt:

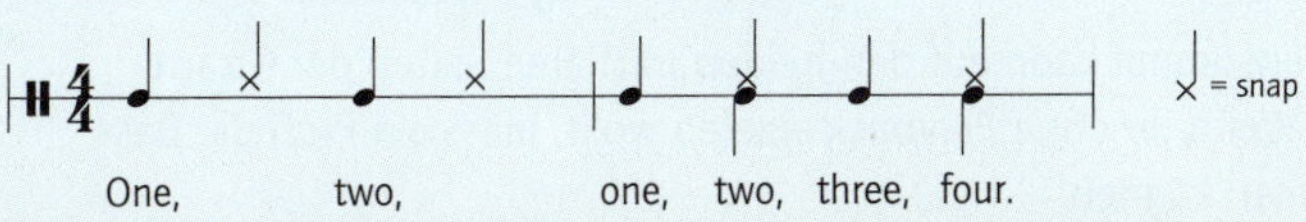

INFO

II-V-I-Kadenz

Der Name der Kadenz bezieht sich auf die Abfolge der Akkorde der II., V. und I. Stufe einer Tonart. Über diesen Tönen werden meist Septakkorde aus den Tonleitertönen gebildet, sodass sich drei Akkordtypen ergeben:

II. Stufe: Moll-Septakkord

V. Stufe: Dominantseptakkord

I. Stufe: Major-Septakkord

Diese unterscheiden sich insbesondere durch ihre unterschiedliche Verwendung von kleinen und großen Terzen und Septimen.

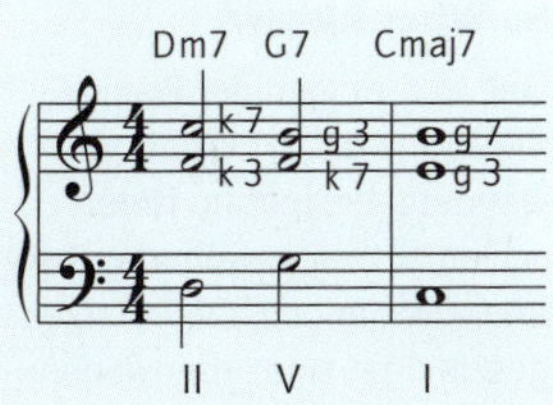

Miles Davis (1926–1991)

Miles Davis – ein Meilenstein der Jazzgeschichte

Der Trompeter Miles Davis kann ohne Zweifel als einer der bedeutendsten Jazzmusiker bezeichnet werden. Beinahe ein halbes Jahrhundert galt er als wegweisend für den Jazz und war bei jeder stilistischen Weiterentwicklung maßgeblich beteiligt. 1959 nahm er mit „Kind of Blue" das bestverkaufte Jazzalbum aller Zeiten auf. Das bekannteste Stück daraus ist „So What". Es basiert auf einer einfachen Bassmelodie und zwei Akkorden.

INFO

So-What-Akkord

Der Akkord, den der Pianist Bill Evans für „So What" verwendete, besteht im Unterschied zu den gewohnten Drei- und Vierklängen, die in Terzen geschichtet sind, überwiegend aus übereinandergeschichteten Quarten. Dadurch bekommt er eine sehr „offene" Wirkung. Für Dm^7 sieht der Akkord folgendermaßen aus.

So What

D 39

Musik: M. Davis

1 Erarbeitet euch den Rhythmus der abgebildeten Akkorde, indem ihr die Oberstimme mit Text zum Playback singt. Verteilt anschließend die Stimmen der Akkorde auf die angegebenen oder weitere Instrumente und spielt zum Playback. D 40

[Tipp] Die Gitarrenstimme kann auf den beiden mittleren Saiten der Gitarre gespielt werden. Wenn ihr ohne Playback spielen wollt, muss ein Profi die Bass-Stimme übernehmen können.

Alte Tonleitern und schwebende Klangflächen: modale Improvisation

Ende der 1950er-Jahre entwickelte Miles Davis zusammen mit anderen Musikern die sogenannte modale Improvisation, die später in den Free Jazz mündete. Anders als bei den bis dahin gängigen Jazzstandards bestimmte nun nicht mehr eine Folge von Harmonien (siehe S. 128 f.) das Material für Improvisationen, sondern „modale Skalen“ (Tonleitern). Damit griffen Jazzmusikerinnen und Jazzmusiker auf den Tonvorrat der alten Modi (Kirchentonarten, Kirchentöne) zurück. Damit eine modale Improvisation möglich wurde, wurden die meisten Stücke nur noch mit ein oder zwei Akkorden harmonisiert.

2 a Spielt zunächst eine C-Dur-Tonleiter auf dem Klavier oder einem Stabspiel. Spielt dann die Stammtonreihe von *d'* bis *d''* im dorischen Modus.

b Erläutert, welche Besonderheiten der dorische Modus aufweist. Vergleicht dazu die Lage der Ganz- bzw. Halbtonschritte und informiert euch über Kirchentonarten mithilfe der Wissensbox.

c Spielt eine einfache Melodie (z. B. „Alle meine Entchen“) zunächst original und dann im dorischen Modus. Beschreibt die unterschiedliche Wirkung.

In „So What“ wird der dorische Modus (*d'* bis *d''*) für die Improvisation verwendet.

3 Improvisiert mit zwei Stabspielen abwechselnd über den Begleitsatz oder das Playback von „So What“. Alle Improvisierenden bekommen dazu acht Takte Zeit. Dehnt später die Improvisationsteile aus, um das Solo freier gestalten zu können. D 40

Für Profis: Improvisiert im B-Teil mit den schwarzen Tasten des Klaviers.

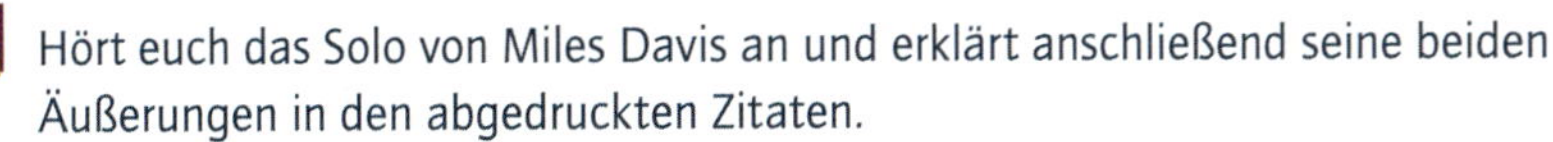

4 Hört euch das Solo von Miles Davis an und erklärt anschließend seine beiden Äußerungen in den abgedruckten Zitaten. D 41

Ein Jazzuniversum: Miles Ahead

„Miles Ahead“ ist der Titel eines Albums von Miles Davis aus dem Jahr 1957. Dieses Wortspiel charakterisiert den Musiker treffend als einen Vordenker, der vielen anderen Kolleginnen und Kollegen mit seinen Ideen und Innovationen „Meilen voraus“ war. Als einer der wichtigsten Musiker des Bebop „erfand“ er quasi den Cool Jazz, war wesentlich an der Entwicklung des Hardbop beteiligt, war der Vorreiter des modalen Jazz, nahm die ersten beiden wegweisenden Rockjazz-Alben auf und war schließlich einer der ersten Jazzmusiker, die Hip-Hop und Jazz miteinander verbanden.

5 Ihr hört fünf Stücke von Miles Davis in der Reihenfolge ihrer Entstehung. Ordnet sie mithilfe der Zeitleiste auf S. 122 f. jeweils einem Jazzstil zu. D 42–46

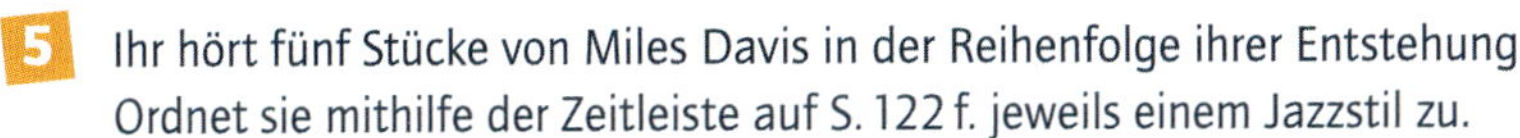

6 Beschreibt mithilfe der Zitate von Miles Davis seine Einstellung zur Kreativität.

» *It's not about standing still and becoming safe. If anybody wants to keep creating they have to be about change.* «

» *Nothing is out of a question for me. I'm always thinking about creating. My future starts when I wake up in the morning and see the light […] Then I'm grateful.* «

» *Always look ahead, but never look back.* «

» *I don't care if a dude [hier: Typ, Kerl] is purple with green breath as long as he can swing.* «

INFO

Modi bzw. Kirchentonarten

Im gregorianischen Choral, in Volksliedern, aber auch im Jazz, gibt es neben Dur- und Moll-Tonleitern auch andere Tonreihen, die aus der Stammtonreihe gebildet werden. Diese sogenannten Kirchentonarten (Modi) heißen:

- **ionisch:** *c – c* (= C-Dur)
- **dorisch:** *d – d*
- **phrygisch:** *e – e*
- **lydisch:** *f – f*
- **mixolydisch:** *g – g*
- **äolisch:** *a – a* (= a-Moll)

Jeder Modus besitzt seinen eigenen Klangcharakter.

» *I always listen to what I can leave out.* «

» *Don't play what's there, play what's not there.* «

INFO

Darius Milhaud
(1892–1974)
war ein französischer Komponist und studierte in Paris Geige, Komposition und Dirigieren. Er gründete mit anderen Komponisten die *Groupe des Six*, die sich sowohl vom romantischen als auch impressionistischen Ideal abwandte und unter anderem Unterhaltungsmusik in ihre Kompositionen integrierte. Nach Ausbruch des Zweiten Weltkrieges emigrierte er in die USA und unterrichtete dort Komposition. Milhaud beeinflusste Jazzmusiker, aber auch Komponisten der Minimal Music und der Avantgarde.
Zu seinen mehr als 400 Werken zählen Opern, sinfonische Musik, Konzerte, Kammer- und Vokalmusik und Lieder.

Darius Milhaud (Fotografie, um 1926)

INFO

Jazzelemente bei Milhaud

- Instrumentation: Saxofon, Schlagwerk in der Funktion eines Drumsets
- Rhythmus: Synkopen, „riffs" (kurze, prägnante, sich wiederholende Phrasen)
- Melodik: Blue Notes, Umspielungen der Klarinette
- Formgestaltung: „shout-chorus" (in einem Arrangement oft der letzte Teil, in dem alle Parameter verdichtet werden: laut, hoch, tutti)

Jazz meets Classic meets Jazz

Als der französische Komponist Darius Milhaud 1920 das erste Mal Jazz hörte, beschrieb er seine Eindrücke folgendermaßen:

» *Die neue Musik war sehr subtil in ihrem Gebrauch von Klangfarben. Das Saxofon fällt ein, es quetscht den Saft aus Träumen. Oder die Trompete: dramatisch oder gelegentlich schläfrig, die Klarinette dauernd in ihrem oberen Register gespielt, der lyrische Gebrauch der Posaune, über Vierteltöne schleifend [...] das Ganze [...] zusammengehalten vom Klavier und subtil unterstrichen durch die komplexen Rhythmen der Percussion [...]. Der konstante Gebrauch von Synkopen in der Melodie war von solch kontrapunktischer Freiheit, dass der Eindruck von ungeregelter Improvisation entstand [...]* «

1 Erläutert anhand der Beschreibung Milhauds, auf welchen Jazzstil er sich wohl in seiner Beschreibung bezieht.

Jazz und Ballett: La création du monde

Wenige Jahre nach dem ersten Kontakt mit Jazz erhielt Milhaud einen Kompositionsauftrag für das Ballett „Die Erschaffung der Welt", das auf afrikanischen Mythen basiert. Milhaud arbeitete mit vielen Jazzelementen und integrierte sie in seine Musik.

2 **a** Hört euch fünf Ausschnitte aus „Die Erschaffung der Welt" an und tragt zusammen, welche Elemente Milhaud dem Jazz entnommen hat und welche Elemente europäischer Kunstmusik erkennbar sind. Geht dabei unter anderem auf Instrumentation, Rhythmik, Melodik und Formgestaltung ein. Die Infobox unten gibt euch weitere Hinweise.

b Ordnet die Partiturausschnitte den von euch gefundenen Jazzelementen zu.

La création du monde (Ausschnitte)

Musik: D. Milhaud
© Eschig/Ricordi

❶

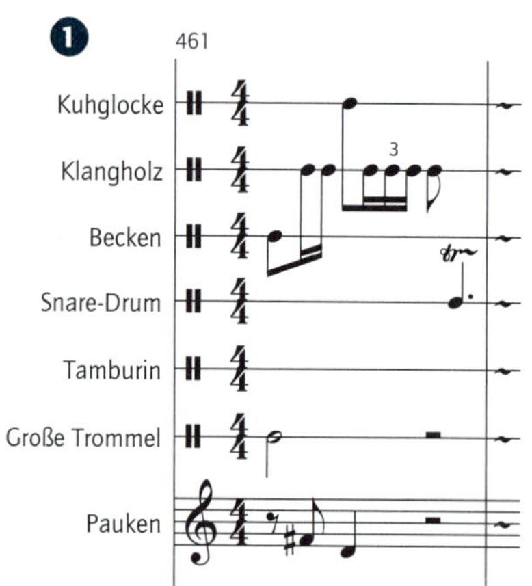

❷

❸

❹

❺

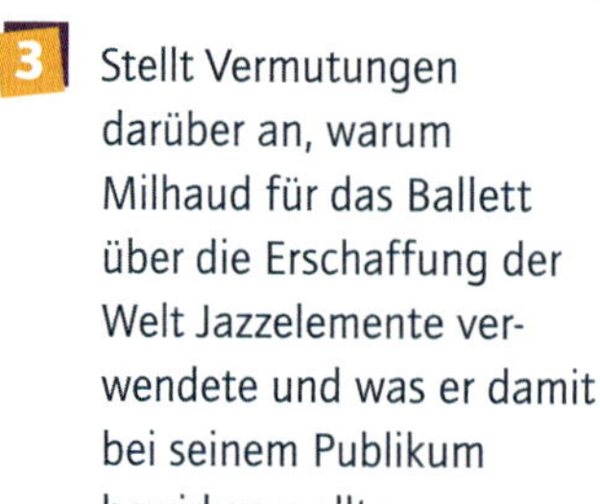

3 Stellt Vermutungen darüber an, warum Milhaud für das Ballett über die Erschaffung der Welt Jazzelemente verwendete und was er damit bei seinem Publikum bewirken wollte.

Barockmusik im Jazz: Das *Modern Jazz Quartet*

Eine der langlebigsten Jazzcombos war das *Modern Jazz Quartet*, das mit wenigen Unterbrechungen von 1952 bis 1994 zusammenspielte. Als Vertreter des Cool Jazz schafften sie den Spagat zwischen streng durcharrangierten, von barocker Kunstmusik inspirierten Themen und bluesorientierter Improvisation.

4 **a** Hört euch das Thema des Stückes „Versailles" mehrmals an. Erstellt dabei eine Skizze des Einsatzes der Instrumente.

D 52, 53

b Deutet eure Skizze in Bezug auf den Namen des Stückes und bezieht dabei eure Kenntnisse über barocke Formgestaltung ein. Informiert euch dazu gegebenenfalls nochmals in Kapitel 5.

Versailles

D 52

Musik: J. Lewis
© MJQ/Essex

Der Pianist John Lewis des *Modern Jazz Quartet* steuerte die meisten Kompositionen für das Quartett bei. Die Titel seiner Musikstücke verwenden Begriffe, die oft an Europa oder europäische Musik erinnern: „Toccata", „Élysée", „Vendome", „Concorde", „La Ronde", „Venice" oder „Jazz Ostinato".

5 Informiert euch über die Bedeutung dieser Begriffe und weist daran nach, dass John Lewis sich intensiv mit europäischen Einflüssen auseinandergesetzt haben muss.

6 Hört nun die gesamte Aufnahme des Stückes „Versailles" an.

a Achtet beim Hören auf typische Jazzelemente wie Phrasierung und Artikulation.

D 52, 53

b Nehmt Stellung zur Aussage, das *Modern Jazz Quartet* sei ein Grenzgänger zwischen Klassik und Jazz. Bezieht den Namen der Gruppe in eure Überlegungen mit ein.

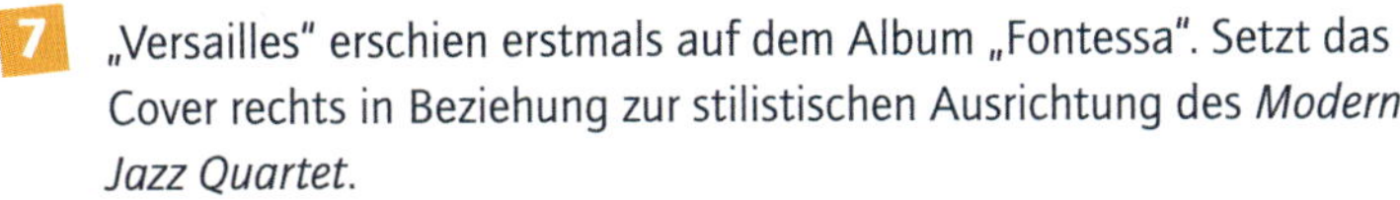

7 „Versailles" erschien erstmals auf dem Album „Fontessa". Setzt das Cover rechts in Beziehung zur stilistischen Ausrichtung des *Modern Jazz Quartet*.

Plattencover von 1956

[Das habt ihr gelernt]

- die afrikanischen und europäischen Wurzeln mit den Anfängen des Jazz in Beziehung zu setzen
- einen Worksong und einen Blues zu singen, zu begleiten und dazu zu improvisieren
- die Elemente von Spiritual und Gospel zu vergleichen
- einen Überblick über die Jazzgeschichte durch eigene Recherche zu vervollständigen
- die Arbeitsbedingungen afroamerikanischer Musikerinnen und Musiker szenisch nachzuvollziehen
- Unterschiede zwischen verschiedenen Jazzstilen anhand unterschiedlicher Medien zu erklären
- einen Interpretationsvergleich eines Jazzstandards anzustellen
- einen Jazzstandard harmonisch zu analysieren und mithilfe von Bausteinen zu arrangieren
- eine modale Improvisation zur Begleitung auszuführen
- Bezüge zwischen Jazz und Klassik herzustellen

[Kapitel 7]

Moderne bis 1950

1999 wurde von der Gesellschaft für deutsche Sprache eine Liste mit hundert Wörtern veröffentlicht, die als besonders bezeichnend für das 20. Jahrhundert gelten:

Aids, Antibiotikum, Apartheid, Atombombe, Autobahn, Automatisierung

Beat, Beton, Bikini, Blockwart, Bolschewismus

Camping, Comics, Computer

Demokratisierung, Demonstration, Demoskopie, Deportation, Design, Doping, Dritte Welt, Drogen

Eiserner Vorhang, Emanzipation, Energiekrise, Entsorgung

Faschismus, Fernsehen, Film, Fließband, Flugzeug, Freizeit, Friedensbewegung, Führer, Fundamentalismus

Gen, Globalisierung

Holocaust

Image, Inflation, Information

Jeans, Jugendstil

Kalter Krieg, Kaugummi, Klimakatastrophe, Kommunikation, Konzentrationslager, Kreditkarte, Kugelschreiber

Luftkrieg

Mafia, Manipulation, Massenmedien, Molotowcocktail, Mondlandung

Oktoberrevolution

Panzer, Perestroika, Pille, Planwirtschaft, Pop, Psychoanalyse

Radar, Radio, Reißverschluss, Relativitätstheorie, Rock'n' Roll

Satellit, Säuberung, Schauprozess, Schreibtischtäter, Schwarzarbeit, Schwarzer Freitag, schwul, Selbstverwirklichung, Sex, Single, Soziale Marktwirtschaft, Sport, Sputnik, Star, Stau, Sterbehilfe, Stress

Terrorismus

U-Boot, Umweltschutz, Urknall

Verdrängung, Vitamin, Völkerbund, Völkermord, Volkswagen

Währungsreform, Weltkrieg, Wende, Werbung, Wiedervereinigung, Wolkenkratzer

Die Liste zeigt die rasante Entwicklung von Gesellschaft und Technik im 20. Jahrhundert. Die Entwicklung der Musik dieses Jahrhunderts ist ein Spiegel dieses Prozesses.

Körper und Bewegung

Fisches Nachtgesang

Text: Chr. Morgenstern, Musik: M. Evanzin

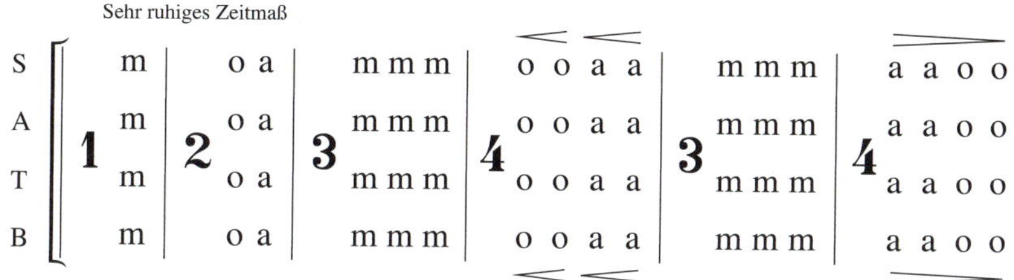

	3		4		3		4		3		2		1	
S		m m m		a o a o		m m m		a o o o		m m m		a o		m
A		m m m		o a o a		m m m		o a o o		m m m		a o		m
T		m m m		a o a o		m m m		o o a o		m m m		a o		m
B		m m m		o a o a		m m m		o o o a		m m m		a o		m

rit.

Fisches Nachtgesang

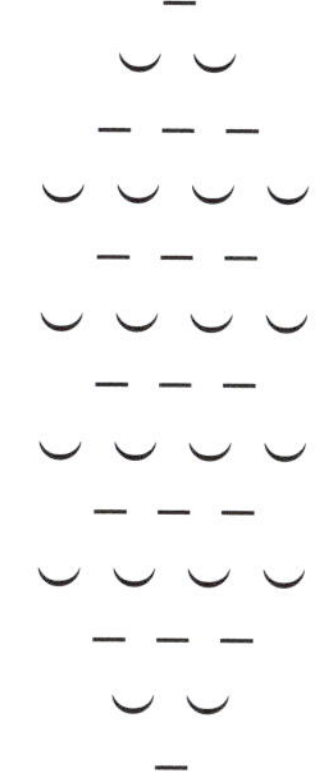

Die vorkommenden Vokale a, o und der Konsonant m sind lautlos, aber mit deutlicher Mimik darzustellen:

a: weit geöffneter Mund, freudestrahlender Gesichtsausdruck

o: rund geöffneter Mund, erstaunter Gesichtsausdruck

m: geschlossener Mund mit zugespitzten Lippen („Küsschen geben")

Zwischen den Lauten wird der Mund immer wieder geschlossen. Alle Veränderungen der Mundstellung bzw. der Mimik erfolgen in fließender Bewegung.

< > = Steigerung/Verminderung der Intensität des Ausdrucks

Stimme und Ohren

How to „Cage" a Little Song

54, 55

Text u. Musik: C. Hiller

Übt den Song, bis ihr ihn sicher singen könnt und gestaltet damit eine Performance, bei der jede Person in ihrem Tempo, ihrer Lautstärke, ihrem selbst gewählten Anfangston die Zeile so oft singt, wie sie möchte.

[Tipp] Experimentiert mit verschiedenen Raumaufstellungen (Gruppen, verteilt usw.).

Auf dem Vulkan tanzen: Aufbruch in die Moderne

Um 1900 machte sich vor dem Hintergrund des schnellen technischen Fortschritts und des rasanten Bevölkerungswachstums eine weltweite Verunsicherung breit (Fin de Siècle, frz. *fin* = Ende, *siècle* = Jahrhundert). Um die sich schnell und sehr individuell verändernden Lebenswelten darzustellen, suchten Kunstschaffende aus Literatur, bildender Kunst und Musik nach neuen Ausdrucksmöglichkeiten. Die Suche bildet den Ausgangspunkt für den Stilpluralismus des 20. Jahrhunderts. Die Aussage des Komponisten Alban Berg, „auf dem Vulkan [zu] tanzen", kann als symptomatisch für die politische und gesellschaftliche Situation des 20. Jahrhunderts, aber auch für die Entwicklung der Musik dieser Zeit gesehen werden.

Moderne

Ludwig Meidner: Apokalyptische Landschaft (1913)

Weltenende

Dem Bürger fliegt vom spitzen Kopf der Hut,
in allen Lüften hallt es wie Geschrei,
Dachdecker stürzen ab und gehn entzwei
und an den Küsten – liest man – steigt die Flut.

Der Sturm ist da, die wilden Meere hupfen
an Land, um dicke Dämme zu zerdrücken.
Die meisten Menschen haben einen Schnupfen.
Die Eisenbahnen fallen von den Brücken.

Jakob van Hoddis (1887–1942)

Romantik

In Danzig

Dunkle Giebel, hohe Fenster,
Türme tief aus Nebeln sehn,
bleiche Statuen wie Gespenster
lautlos an den Türen stehn.

Träumerisch der Mond drauf scheinet,
dem die Stadt gar wohl gefällt,
als läg zauberhaft versteinert
drunten eine Märchenwelt.

Ringsher durch das tiefe Lauschen
über alle Häuser weit
nur des Meeres fernes Rauschen –
wunderbare Einsamkeit!

Und der Türmer wie vor Jahren
singet ein uraltes Lied:
Wollte Gott den Schiffer wahren,
der bei Nacht vorüberzieht.

Joseph von Eichendorff (1788–1857)

Carl Spitzweg: Die Postkutsche (ca. 1880)

1 **a** Vergleicht die beiden Gedichte und Bilder aus der Zeit der Moderne und der Romantik miteinander.

b Fasst eure Ergebnisse zusammen und benennt Grundzüge der jeweiligen Epoche. Nutzt dazu auch den Epochenüberblick „Romantik" auf S. 74 f.

Neue Ausdrucksmöglichkeiten in der Musik

In der Musik äußerte sich das Verlangen nach neuen Ausdruckmöglichkeiten in einer veränderten Klang- und Tonsprache. Anstelle von riesigen Orchestern traten nun Ensembles in freier Besetzung mit oft ungehörten Instrumentalkombinationen. Technische Entwicklungen regten zum Experimentieren mit ersten elektronischen Instrumenten an. Über alle Formen und Gattungen hinweg setzten sich Kompositionsprinzipien durch, die in starkem Kontrast zu den traditionellen musikalischen Ordnungen standen. Diese Musik nennt man „atonale Musik".

2 Hört das Klavierstück von Arnold Schönberg und benennt mithilfe des Notentextes und der Wissensbox Elemente atonaler Musik.

WISSEN

Neue Kompositionsprinzipien atonaler Musik

In der atonalen Musik wird auf eine definierte **Tonalität** verzichtet. Der Grundtonbezug vergangener Epochen verschwindet. Das tonale Zentrum bleibt „frei". **Dissonanzen** („Missklänge") waren in früheren Epochen fast ausschließlich Spannungsklänge, die in Konsonanzen („Wohlklänge") aufgelöst wurden. In der Musik des 20. Jahrhunderts emanzipierten sie sich und standen den Konsonanzen gleichberechtigt gegenüber. Typische dissonante Intervalle sind Sekunde, Septime und Tritonus (= drei Ganztonschritte, siehe S. 62). Der **Rhythmus** spielt in vielen Stücken des 20. Jahrhunderts eine zentrale Rolle und ist oft eines der wichtigsten Gestaltungsmittel. Das **Metrum** wird oftmals frei behandelt. Die atonale Musik ist von Taktwechseln bzw. der bewussten Verschleierung des Metrums geprägt. Tradierte **Formen** (Liedform, Sinfonie, Sonate usw.) verlieren an Bedeutung.

3 Stellt dem Klavierstück von Arnold Schönberg das nur 18 Jahre ältere von Johannes Brahms gegenüber.

Wassily Kandinsky: Impression III (1911)

„luft von anderem planeten“: die Auflösung der Tonalität

Arnold Schönberg komponierte zu Beginn des 20. Jahrhunderts als einer der ersten Komponisten im atonalen Stil. 1911 hörte der Maler Wassily Kandinsky die Musik Schönbergs in einem Konzert und schrieb an den Komponisten:

> *Die „heutige“ malerische und musikalische Dissonanz ist nichts als die Consonanz von „morgen“.*

1 Hört euch einen Ausschnitt aus Schönbergs Klavierstück op. 11, Nr. 3 an und setzt es in Bezug zum nebenstehenden Bild, das Kandinsky direkt nach dem Konzert gemalt hat. Bezieht auch das oben stehende Zitat mit ein.

2 Seht euch den Ausschnitt der Videodokumentation mit dem Dirigenten Sir Simon Rattle an und fasst zusammen, welche Faktoren zur „Sprengung“ der Tonalität beigetragen haben.

Schönbergs Streichquartett op. 10, Nr. 2

Bereits mit seinem zweiten Streichquartett aus dem Jahr 1908 ließ Schönberg das tonale System hinter sich. Im vierten Satz singt eine Sopransolistin den Text aus dem Gedicht „Entrückung“ (1907) von Stefan George. Gleichsam wie mit einer Metapher für den historisch bedeutenden Schritt in die Atonalität heißt es dort zu Beginn: „Ich fühle luft von anderem planeten“.
Im zweiten Satz verarbeitet Schönberg das Lied „O du lieber Augustin“. Dieses Lied wird mit dem Wiener Bänkelsänger Markus Augustin (1643–1685) in Verbindung gebracht, dem man in Wien 1908 sogar ein Denkmal errichtete.

Kompositionsanregungen

- Melodie und Begleitung in zwei Tonarten oder Tongeschlechtern spielen
- Tonart im Laufe der Liedmelodie wechseln
- „unpassende“ Begleitung („falsche“ Akkorde) wählen
- Abspaltung bzw. Sequenzierung von Motiven einsetzen

3 **Gruppenarbeit:** Ihr erhaltet den Auftrag, zur Einweihung des Augustindenkmals auf der Grundlage von „O du lieber Augustin“ eine Komposition zu erstellen. Es wird eine experimentierfreudige bzw. atonale Komposition gewünscht.

a Singt zunächst das Lied. Denkt euch anschließend mithilfe der Wissensbox auf S. 137 und den nebenstehenden Anregungen eine passende Gestaltung aus.

b Übt eure Komposition mit verschiedenen Klasseninstrumenten ein und gestaltet ein kleines Konzert mit Ansage, Band, Orchester usw.

c Stellt das Ergebnis eurer Klasse vor und tauscht euch über eure Erfahrungen und Beobachtungen während des Kompositionsprozesses und der Darbietung aus.

O du lieber Augustin

Streichquartett op. 10, Nr. 2 (Auszug aus dem 2. Satz)

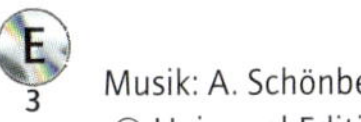

Musik: A. Schönberg

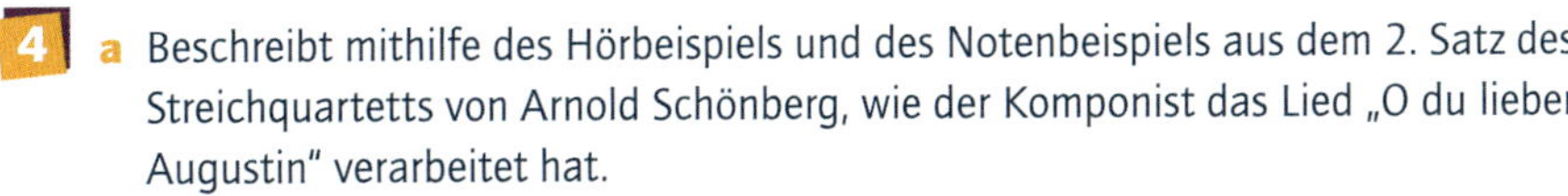

4 **a** Beschreibt mithilfe des Hörbeispiels und des Notenbeispiels aus dem 2. Satz des Streichquartetts von Arnold Schönberg, wie der Komponist das Lied „O du lieber Augustin" verarbeitet hat.

b Diskutiert, inwiefern man das musikalische Zitat der Textpassage „alles ist hin" programmatisch deuten kann.

INFO

Bänkelsänger

Der Bänkelgesang war bis ins 19. Jahrhundert in Europa weit verbreitet. Fahrende Sänger zogen von Ort zu Ort, um auf Marktplätzen, Jahrmärkten oder anderen belebten Orten ihre Lieder darzubieten. Um von der Menge besser wahrgenommen zu werden, stellten sie sich häufig auf eine Bank („Bänkel").

Augustinbrunnen in Wien

Tumultreiche Aufführungen

Schon die Uraufführung des Streichquartetts Nr. 2 von Schönberg wurde von lachenden Zuhörerinnen und Zuhörern gestört. Im sogenannten „Watschenkonzert", das 1913 in Wien stattfand, kam es jedoch zum Eklat: Das Publikum reagierte entsetzt auf die neuartige Musik der Komponisten Alban Berg, Anton Webern, Arnold Schönberg und Alexander von Zemlinsky. Laut Presseberichten kam es zu tumultartigen Ausschreitungen. Kandinsky berichtet über dieses Konzert:

» *Das Publikum benahm sich pöbelhaft wie Schulfratzen, nieste und räusperte sich unter Kichern und Stühlerücken, sodass es schwer war, der Musik immer zu folgen.* «

5 **a** **Gruppenarbeit:** Tauscht als Beteiligte des Konzertes (Schönberg, Musikerinnen und Musiker, Konzertpublikum) eure Empfindungen und Standpunkte in einem Rollenspiel aus.

b Beurteilt im Plenum, ob es sich bei den Konzerten um Misserfolge handelt, und wie man die Ereignisse während des Konzertes bewerten kann. Bezieht in eure Überlegungen auch eure ersten Reaktionen beim Hören der Musik mit ein.

Watschenkonzert (Karikatur aus der „ZEIT" vom 6.4.1913)

Auf dem Weg zu neuen Ordnungen ...

Die Atonalität führte zu einer immer stärkeren Verkürzung der Stücke (Aphorismen) und schien ein Weg ins Verstummen – in eine Krise. Das vierte Stück aus den Orchesterstücken op. 10 (1913) von Anton Webern, einem Schüler Schönbergs, besteht aus gerade einmal sechs Takten.

1 Tauscht euch über euren Höreindruck aus. 

Orchesterstück op. 10, Nr. 4

Fließend, äußerst zart (♩ = ca. 60)

Musik: A. Webern

Trompete in B mit Dämpfer/ Klarinette in B

Posaune mit Dämpfer

Mandoline

Celesta

Harfe

kleine Trommel

Solo-Violine mit Dämpfer

Solo-Viola mit Dämpfer

rit. – tempo; dolcissimo; sehr gebunden; dolce; Zeit lassen; wie ein Hauch

... mit zwölf Tönen

Ein Aspekt der neuen Musiksprache nach 1900 war das Experimentieren mit Melodien auf Basis der chromatischen Tonleiter. Die Komponisten der atonalen Musik waren überzeugt, dass die Gleichberechtigung der zwölf verschiedenen Töne anstelle der Kadenzharmonik und der Ausrichtung auf ein tonales Zentrum treten müsse.

2 **a** Notiert eine chromatische Tonleiter und streicht die erklingenden Töne des Orchesterstücks op. 10, Nr. 4 der Reihe nach ab, bis zum ersten Mal alle 12 Töne der chromatischen Tonleiter erklungen sind.
[Tipp] In der Stimme der Viola wird die sogenannte Flageolettnotation verwendet. Die erklingenden Töne heißen beide *b*. Beachtet die transponierenden Instrumente in der ersten Partiturzeile (siehe S. 69).

b Beschreibt, wie Webern die zwölf Töne der chromatischen Tonleiter im weiteren Verlauf einsetzt.
[Tipp] Enharmonische Töne sind gleichberechtigt, z. B. *as* = *gis*.

3 Nehmt Stellung zu der geforderten „Gleichberechtigung" der Töne.

Erst um 1920 gelang Schönberg der Durchbruch zu ausgedehnteren Kompositionen. In seiner Methode der „Komposition mit zwölf nur aufeinander bezogenen Tönen“ wurde ein wesentlich strengerer und strukturierterer Umgang mit dem musikalischen Material der chromatischen Tonleiter definiert.

4 Diskutiert darüber, warum Schönbergs Methode für viele Musikschaffende der damaligen Zeit als hilfreich erachtet wurde. Nutzt die Wissensbox und die Hinweise aus der Videodokumentation. 

Zwölf Töne für einen Engel  

Die Zwölftontechnik wurde in Kritiken vielfach als „zu akademisch“ bezeichnet. Das Violinkonzert mit dem Namen „Dem Andenken eines Engels“ von Alban Berg erfreut sich jedoch trotz der Kompositionsweise im Stile der Dodekafonie seit seiner Uraufführung 1936 allgemein großer Beliebtheit. Der vom tragischen Tod der 18-jährigen Manon Gropius berührte Berg schrieb an deren Mutter Alma Mahler:

»*Aber dennoch: eines Tages – noch bevor dieses fürchterliche Jahr zu Ende sein wird – mag Dir […] aus einer Partitur, die dem Andenken eines Engels geweiht sein wird, das erklingen, was ich fühle und wofür ich heute keinen Ausdruck finde.*«

5 Hört den Beginn des Violinkonzertes und beschreibt die Klangwirkung. (E 5)

6 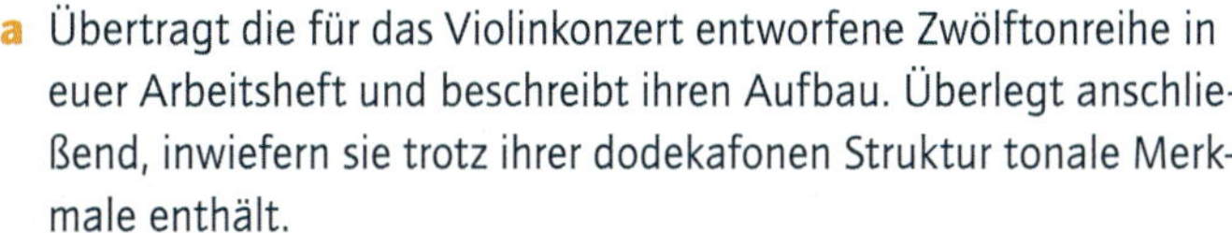
a Übertragt die für das Violinkonzert entworfene Zwölftonreihe in euer Arbeitsheft und beschreibt ihren Aufbau. Überlegt anschließend, inwiefern sie trotz ihrer dodekafonen Struktur tonale Merkmale enthält.

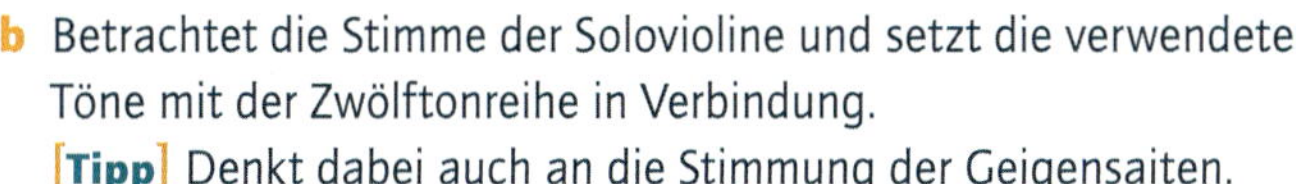
b Betrachtet die Stimme der Solovioline und setzt die verwendeten Töne mit der Zwölftonreihe in Verbindung.
[Tipp] Denkt dabei auch an die Stimmung der Geigensaiten.

Zwölftontechnik 

(auch: Dodekafonie von griech. *dodeka* = zwölf, *phonos* = Ton) meint eine Kompositionstechnik, die um 1920 von Arnold Schönberg entwickelt wurde. Mit ihr wurde eine neue Ordnung des musikalischen Materials möglich und die freie Atonalität abgelöst.
Schönberg legte fest, dass kein Ton wiederholt werden darf, bevor nicht alle Töne der chromatischen Tonleiter erklungen sind. Dazu wurde zu Beginn eines Kompositionsprozesses eine zwölftönige „Reihe“ aufgestellt, die mit den Kompositionsprinzipien der Fuge (Umkehrung, Krebs, Abspaltung etc.) durchgeführt wurde.

Reihe des Violinkonzertes

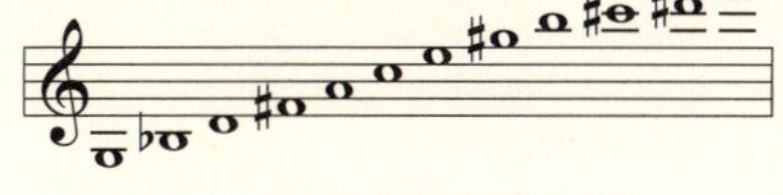

Violinkonzert (E 5)

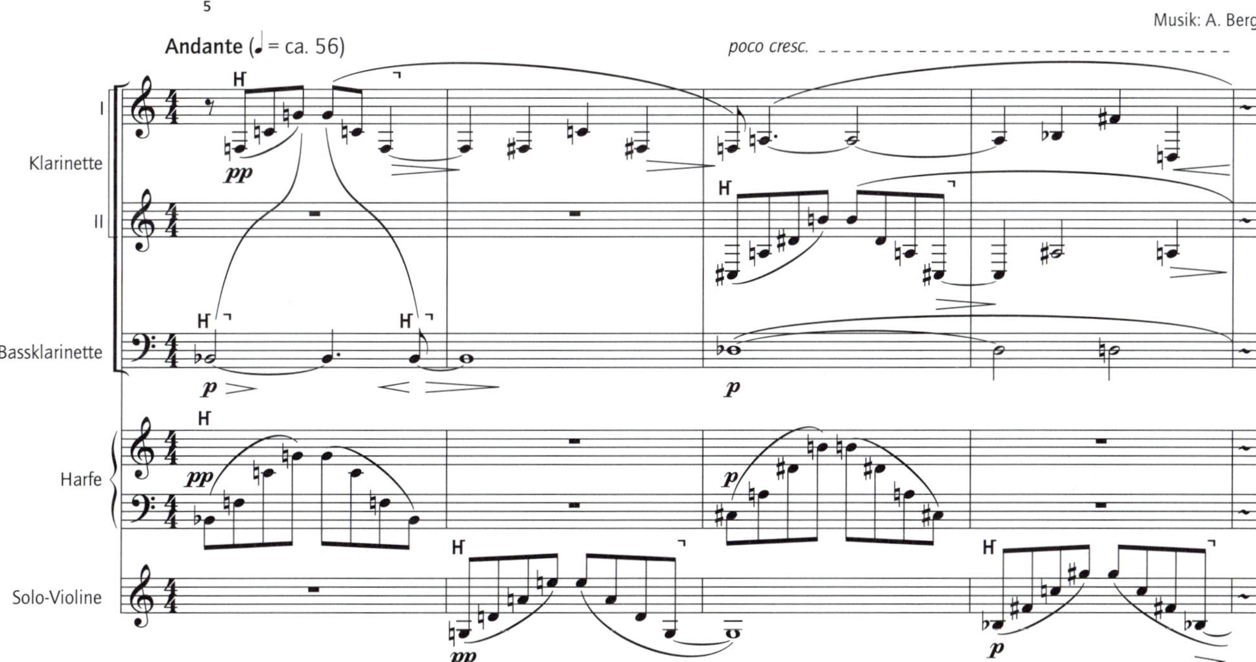

Der Eindruck des Augenblicks: Impressionismus

Die atonale Musik und die Zwölftontechnik waren nicht die einzigen Entwicklungen der Musik im 20. Jahrhundert. Um die Jahrhundertwende gab es in der Malerei und der Musik mit dem sogenannten „Impressionismus" eine Strömung, in der versucht wurde, subjektive Eindrücke (frz. *impression*) oder eine bestimmte Atmosphäre zu vermitteln. Der französische Komponist Claude Debussy (1862–1918) ließ sich durch die Gemälde von James Abbott McNeill Whistler zum Orchesterwerk „Trois Nocturnes" inspirieren. Den ersten Satz darin nannte er „Nuages" (dt. *Wolken*). Im Gegensatz zu einem Gemälde spielt in der Musik der zeitliche Verlauf eine große Rolle.

INFO

Tremolotechnik

Unter einem Tremolo (ital. *tremolo* = zittern, beben) versteht man eine musikalische Verzierung, bei der entweder ein Ton schnell wiederholt wird oder zwei Töne (im Abstand von mindestens einer Terz) rasch wechseln.
Auf einem Stabspiel gibt es für die Ausführung eines Tremolos auf einem Ton zwei Möglichkeiten:

1. Versucht, mit zwei Schlägeln den Klangstab möglichst schnell und gleichmäßig abwechselnd anzuschlagen. Haltet die Schlägel dabei leicht versetzt, damit sie sich nicht gegenseitig treffen.

2. Haltet zwei Schlägel mit einer Hand im sogenannten „Gabelgriff". Dabei wird der Zeigefinger zwischen die Stiele genommen. Ihr könnt nun ein Tremolo erzeugen, wenn ihr am vorderen Ende eines Klangstabes hin- und herschwingt und ihn dabei abwechselnd von oben und unten trefft.

James Abbott McNeill Whistler: Nocturne in Blue and Silver: The Lagoon, Venice (1879/80)

1 Diskutiert, welche Eigenschaften Wolken haben und wie man diese musikalisch umsetzen kann.

2 Sucht euch geeignete Instrumente und erfindet euer eigenes „Wolkenstück". Verwendet dafür die pentatonische Tonleiter und einen festen Viertelrhythmus. Als Anregung könnt ihr den Beginn des unten stehenden Arrangements nutzen. Folgende Überlegungen helfen euch bei der Gestaltung: Größe der Tonschritte oder -sprünge, Dynamik, Spieltechniken (z. B. Tremolotechnik auf Stabspielen, Boomwhackers anpusten), Wahl eines geeigneten Tempos. Bestimmt eine Person, die das Metrum vorgibt und die Einsätze koordiniert.

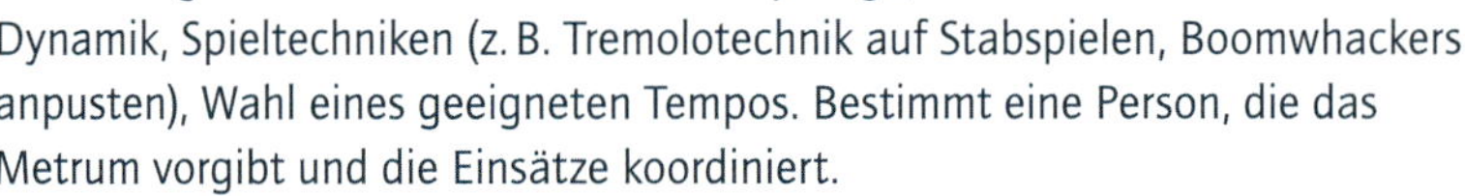

Möglicher Beginn eines eigenen „Wolkenstücks"

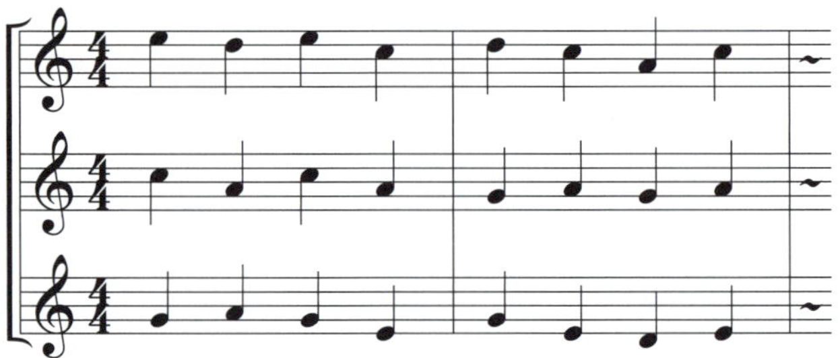

3 Hört anschließend den Beginn von Debussys „Nuages" und vergleicht ihn mit eurem Entwurf.

In der Musik des Impressionismus kommt eine neue und eigenständige Tonsprache zum Tragen, die sich auch in „Nuages" wiederfinden lässt. Auf den Karteikarten unten findet ihr typische Merkmale dieser Tonsprache.

4 Ordnet den Merkmalen auf den Karteikarten jeweils eine passende Stelle in den unten stehenden Partiturausschnitten zu.

E 6

Melodik

- fließende, engräumige, wellenförmige Bewegung
- tonale Zentren werden vermieden (fehlender Leitton)

Rhythmik

- verschleierte Taktschwerpunkte durch Haltebögen und lange Notenwerte
- überlagernde Taktarten

Harmonik

- keine Kadenzharmonik
- Akkorde mit Septimen, Nonen oder anderen hinzugefügten Tönen
- frei schwebender, teils dissonanter Klang

Differenzierte Instrumentierung

- Reduktion der Besetzung durch eine sparsame Orchestrierung; stattdessen häufiges Aufteilen der einzelnen Stimmgruppen
- bewusster Einsatz von Instrumenten und deren Klangfarbe

Ausschnitte aus „Nuages"

Musik: C. Debussy

5 Stellt mithilfe des Zitats Aspekte heraus, die darauf hindeuten, dass Debussy sich von Whistlers Bildern inspirieren ließ.

6 a Diskutiert, wie ihr euer Wolkenstück aus Aufgabe 2 anpassen könnt, um es „impressionistischer" wirken zu lassen.

b Spielt euer Stück erneut in einer überarbeiteten Version.

» Sie sind Illustrationen der Theorie, dass die Malerei so eng mit der Musik verwandt ist, dass die Farben der einen wie die geordneten Klänge der anderen verwendet werden können und sollten; dass die Malerei nicht darauf abzielen sollte, dramatische Emotionen zum Ausdruck zu bringen, Ereignisse der Geschichte darzustellen oder Aspekte der Natur abzubilden, sondern sich damit begnügen sollte, unsere Stimmungen zu formen und unsere Vorstellungskraft zu wecken […]. «

(Tom Taylor, Kunstkritiker, 1871 in „The Times" über die Bilder von James Abbott McNeill Whistler)

Inszenierung der Béjart Ballet Company *2001 in Paris*

Rhythmische Urgewalten: Le sacre du printemps

Ein Werk mit Sprengkraft

In Igor Strawinskys Ballettmusik „Le sacre du printemps“, die der Komponist Arthur Honegger als „Atombombe der Neuen Musik“ bezeichnet haben soll, kann man „Urgewalten“ ausbrechen hören. Strawinsky bedient sich vor allem auf der rhythmischen Ebene einer archaischen Klangsprache und bringt damit die Unerbitterlichkeit der Handlung zum Ausdruck:

» *Alte, weise Männer sitzen im Kreis und schauen dem Todestanz eines jungen Mädchens zu, das geopfert werden soll, um den Gott des Frühlings günstig zu stimmen.* «

Der freie Umgang mit der Rhythmik ist ein wichtiges Merkmal der Musik nach 1900 und wird von Strawinsky exzessiv ausgestaltet. Augenzeugen berichteten von der Uraufführung (1913):

» *Ein gewisser Teil der Zuhörer war fasziniert von dem wie sie meinten „blasphemischen“ Versuch, die Musik als Kunst zu zerstören. Von wütender Begeisterung mitgerissen fingen sie bald, nachdem der Vorhang sich geöffnet hatte, an, zu miauen und laute Vorschläge für den Fortgang der Vorstellung zu machen.* «

INFO

Strawinsky und das Ballett
Musik für professionellen Tanz entstand erst im Frankreich des 17. Jahrhunderts. Dabei handelte es sich um Ballettmusik (ital. *ballo* = Tanz), die Teil der Oper war. Ihre Blütezeit liegt in der zweiten Hälfte des 19. Jahrhunderts in Russland (Tschaikowski: „Schwanensee“, „Nussknacker“).
Eines der weltweit bekanntesten Ballettensembles des 20. Jahrhunderts waren die vom russischen Impresario (Manager) Sergej Diaghilew gegründeten „Ballets Russes“. Sie uraufführten die heute bekanntesten Werke Strawinskys: „Der Feuervogel“ (1910), „Petruschka“ (1911) und „Le sacre du printemps“ (1913).

1 Stellt mithilfe des Videoausschnittes Vermutungen an, warum der Rhythmus im 20. Jahrhundert in den Fokus rückt.

2 Die beiden Videoausschnitte zeigen ein Ballett des 19. Jahrhunderts und einen Ausschnitt aus „Le sacre du printemps“. Beschreibt die jeweils verwendeten Gestaltungsmerkmale und benennt Gemeinsamkeiten und Unterschiede.

3 Hört die Einleitung an und überlegt, was das Konzertpublikum damals so verstört haben könnte. Informiert euch zusätzlich im Internet.

4 **a** Beschreibt mithilfe des Hörbeispiels einen Ausschnitt aus dem „Tanz der Jünglinge“. Achtet auf Instrumentierung, Rhythmus und thematische Entwicklung.
b Hört euch mehrmals das Hörbeispiel an und ergänzt im Arbeitsheft die fehlenden rhythmischen Akzente (>).

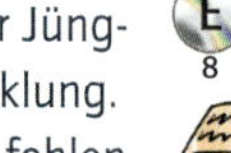

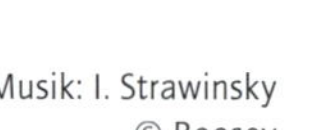

Tanz der Jünglinge (Ausschnitt aus: Le sacre du printemps)

Musik: I. Strawinsky
© Boosey

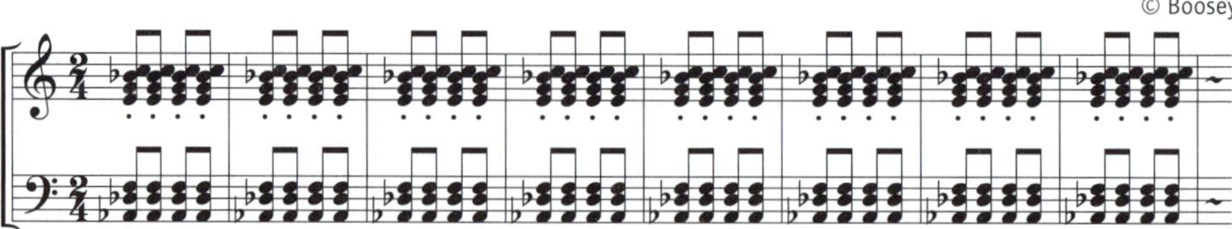

5 **Gruppenarbeit:** Legt fest, wer den Dirigierpart, wer die Klavierparts und wer die Percussion mit Claves (Klangstäben) übernimmt. Spielt gemeinsam das Notenbeispiel. Die Claves setzen die Akzente. Tauscht die Aufgaben und Instrumente.

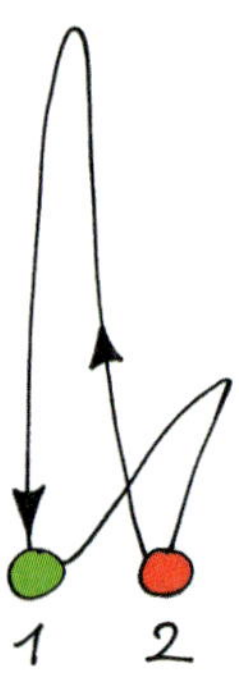

Schlagfigur für den 2/4-Takt (rechte Hand)

Danse sacrale: Le sacrifice (Ausschnitt aus: Le sacre du printemps)

E 9

Musik: I. Strawinsky

151 152

Oboe/ Englischhorn
Fagotte
Kontra-fagott
Hörner in F I II
III IV
III con sord.
sf
IV senza sord.
Trompeten
con sord.
marc. 5
Posaunen
f marc. 5
sim. 5
Violine I
f
9
div.
p cresc.
Violine II
Viola
Cello
Kontrabass

INFO

Igor Strawinsky (1882–1971) reiste 1910 nach Paris, wo unter anderem auch „Le sacre du printemps" (1913) uraufgeführt wurde. Ab 1920 lebte Strawinsky vorwiegend in Frankreich, später in den USA. In seiner langen Schaffenszeit schrieb er zunächst Werke in spätromantisch-impressionistischer Tradition („Der Feuervogel"), wandte sich dann einer völlig neuen Tonsprache zu, in der die Rhythmik dominierte („Le sacre du printemps", „L'histoire du soldat"), schrieb im neoklassizistischen Stil („Psalmensinfonie") und verwendete zuletzt Reihentechniken.

6 Verschafft euch mithilfe des Hörbeispiels einen Überblick über die Partitur, die in Schichten aufgebaut ist. Erläutert die Spielweise der einzelnen Schichten und benennt die Instrumente/Instrumentengruppen, die diese Schichten spielen.

9

INFO

Zoltán Kodály (1882–1967) war Komponist, Pädagoge und Volksmusikforscher. Er wurde durch seine „Kodály-Methode" weltweit bekannt, die den Kindern Verständnis von Musik ermöglichte, indem sie zunächst Musik unter anderem mithilfe von Solmisation (Zuordnung von Silben zu bestimmten Tonstufen) und Rhythmussilben lehrte, um dann etwas über Musik zu vermitteln. Kodály schrieb zwei Opern, Orchesterwerke und Kammermusik sowie heute noch viel gesungene Chormusik.

Zoltán Kodály (Fotografie, ca. 1930–1940)

Die Háry-János-Suite oder: Wie komponiert man ein Niesen?

Háry János war ein ungarischer Soldat, der in den napoleonischen Kriegen gedient hatte und sehr gern von seinen „Heldentaten" erzählte. Diese waren so unglaublich, dass er die Geschichten immer mit einem großen Niesen begann, in Ungarn ein Zeichen dafür, dass die Geschichte „wirklich wahr" ist. Der ungarische Komponist Zoltán Kodály hat einige der Geschichten zu einer Suite (siehe S. 97) zusammengestellt und leitet diese mit einem großen Nieser für Orchester ein.

1 **Gruppenarbeit:** Erarbeitet in Gruppen jeweils eine Vertonung eines riesengroßen Niesers. Nutzt dafür nicht eure Stimme, sondern nur Instrumente aus dem Musikraum und eure sonstigen Körperklänge. Stellt euch eure Versionen gegenseitig vor und fügt sie dann zu einem großen Nieskonzert zusammen.

2 Hört euch nun die Version aus der Suite an. Beschreibt, E 10

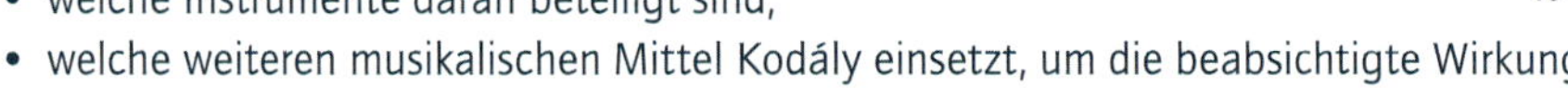

- welche Instrumente daran beteiligt sind,
- welche weiteren musikalischen Mittel Kodály einsetzt, um die beabsichtigte Wirkung zu erzielen.

In der Suite, die Kodály 1927 zur Uraufführung brachte, erzählt er in 6 Sätzen aus dem Leben des Volkshelden.

3 Ordnet den drei Hörbeispielen die kurzen Beschreibungen und die Notenbeispiele zu. Begründet eure Zuordnung unter Verwendung musikalischer Merkmale.

A Vom Glockenturm der Wiener Burg aus beobachtet Háry János das Treiben in der Stadt und den Aufmarsch der Soldaten.

B Háry János besiegt in einer heldenhaften Schlacht Napoleon, der hier zu Grabe getragen wird.

C Ein verliebtes Paar in der ungarischen Puszta (steppenartige Tiefebene) singt ein Liebeslied.

Musik: Z. Kodály

Ungarische Volksmusik als Stilmittel

Zoltán Kodály war wie sein Freund Béla Bartók Volksmusikforscher. Er sammelte im Laufe seiner Feldforschung über 3500 Volkslieder, die er mit dem Phonographen aufnahm und untersuchte. Immer wieder ließ er Eigenarten der ungarischen Volksmusik auch in seine Kompositionen einfließen, so auch in die Háry-János-Suite. Dieses „Folklorismus" genannte Stilmittel prägte nicht nur sein Werk, sondern auch das seines Zeitgenossen und Freundes Béla Bartók.

INFO

Merkmale ungarischer Volksmusik

Rhythmik:
Verwendung von punktierten und insbesondere umgekehrt punktierten Rhythmen: ♪♩. bzw. ♫.

Instrumentation:
Verwendung des Zymbals, eines geschlagenen Saiteninstrumentes

Melodik:
Verwendung von übermäßigen Sekunden (= drei Halbtonschritte, siehe S. 36) in einer Tonleiter und von Vorschlägen:

4 **a** Informiert euch zunächst in der Infobox über Merkmale der ungarischen Volksmusik.

b Belegt in den Partiturausschnitten aus dem Intermezzo der Suite, wo und wie Kodály diese Merkmale eingesetzt hat.

Musik: Z. Kodály

Der 5. Satz „Intermezzo" ist in der Form eines Verbunkos geschrieben. Dieser zeichnet sich durch den Wechsel zwischen langsamen und schnellen Teilen aus. Das Wort „Verbunkos" stammt vom deutschen Wort „Werbung" ab, da der Tanz mit seiner schmissigen Art dazu diente, Soldaten anzuwerben.

5 Hört euch nun den gesamten Satz an und erstellt in eurem Arbeitsheft einen Ablaufplan, der diese besondere Form anschaulich darstellt. Geht dabei insbesondere auf wiederkehrende Teile, die rhythmische Gestaltung, die Rolle des Tempos und die Instrumentation ein.

József Bikkessy Heinbucher: Dudelsackpfeifer bei der Soldatenwerbung (1816)

„Anything goes“ – Musik nach 1950

» *Der einzige allgemeine Grundsatz, der den Fortschritt nicht behindert, lautet: Anything goes.* «

Dieses Zitat des deutschen Philosophen Paul Feyerabend beschreibt eigentlich dessen anarchistische Wissenschaftstheorie. Da Feyerabend in der Kunst auch eine Möglichkeit zum Erkenntnisgewinn sah, beeinflusste das Zitat auch die Entwicklung der Kunsttheorie im 20. Jahrhundert und wurde zum Sinnbild für die Möglichkeiten der Literatur, bildenden Kunst und Musik in der zweiten Hälfte des 20. Jahrhunderts.

Serialismus

Die serielle Musik (frz. *sérielle* = gereiht) entstand in Frankreich und ist eine Weiterentwicklung der Zwölftonmusik. Während man in der Dodekafonie nur die Töne der chromatischen Tonleiter streng sortiert hatte, wurden in der seriellen Musik möglichst alle musikalischen Parameter (Tonhöhe, Tondauer, Lautstärke und Klangfarbe) in Zahlenreihen sortiert. Die Idee einer möglichst „reinen“ Musik entsprang dem Wunsch nach großer Klarheit, ohne Überflüssiges, ohne Unbestimmtheit und ohne Beliebigkeit des persönlichen Geschmacks. Kritiker werfen dieser Musik einerseits Unspielbarkeit vor, andererseits könne kein Mensch diese Ausdifferenzierungen hörend erfassen.

Wichtige Vertreter: Luigi Nono, Luciano Berio

Präparierte Instrumente

Um 1940 begann John Cage, die Saiten eines Klaviers mit Radiergummis, Papier oder sogar Nägeln zu präparieren, um unterschiedliche Klänge (z. B. perkussive Sounds, Mehrklänge oder sehr hohe Flageoletttöne) zu erzeugen. „Es gilt, das akademisch verbotene, nichtmusikalische Klangfeld, soweit dies manuell möglich ist, zu erforschen“, forderte Cage bereits einige Jahre zuvor. Die Technik der präparierten Instrumente hat insbesondere auch den Jazz und den Bereich des Dark Wave beeinflusst. Nach Cage griffen viele Komponisten Neuer Musik auf die Manipulation von Instrumenten zurück.

1 Bildet fünf gleich große Stammgruppen und arbeitet anhand der Informationen in den farbigen Flächen jeweils zu einem der aufgeführten Stile bzw. Kompositionsrichtungen wesentliche Aspekte und Merkmale heraus. Weitere Informationen findet ihr im Internet.

2 **a** Findet euch in Expertenrunden mit fünf Mitgliedern mit jeweils einer Person aus jeder Stammgruppe zusammen. Informiert euch gegenseitig über die Musikstile und diskutiert, inwiefern der Slogan „Anything goes“ für die Musik in der zweiten Hälfte des 20. Jahrhunderts gerechtfertigt ist. Ordnet dabei auch die abgebildeten Notenbeispiele den Kompositionsrichtungen zu.

b Hört euch drei Beispiele an und versucht, diese den genannten Kompositionsrichtungen zuzuordnen. E 15–17

Musik: J. Cage

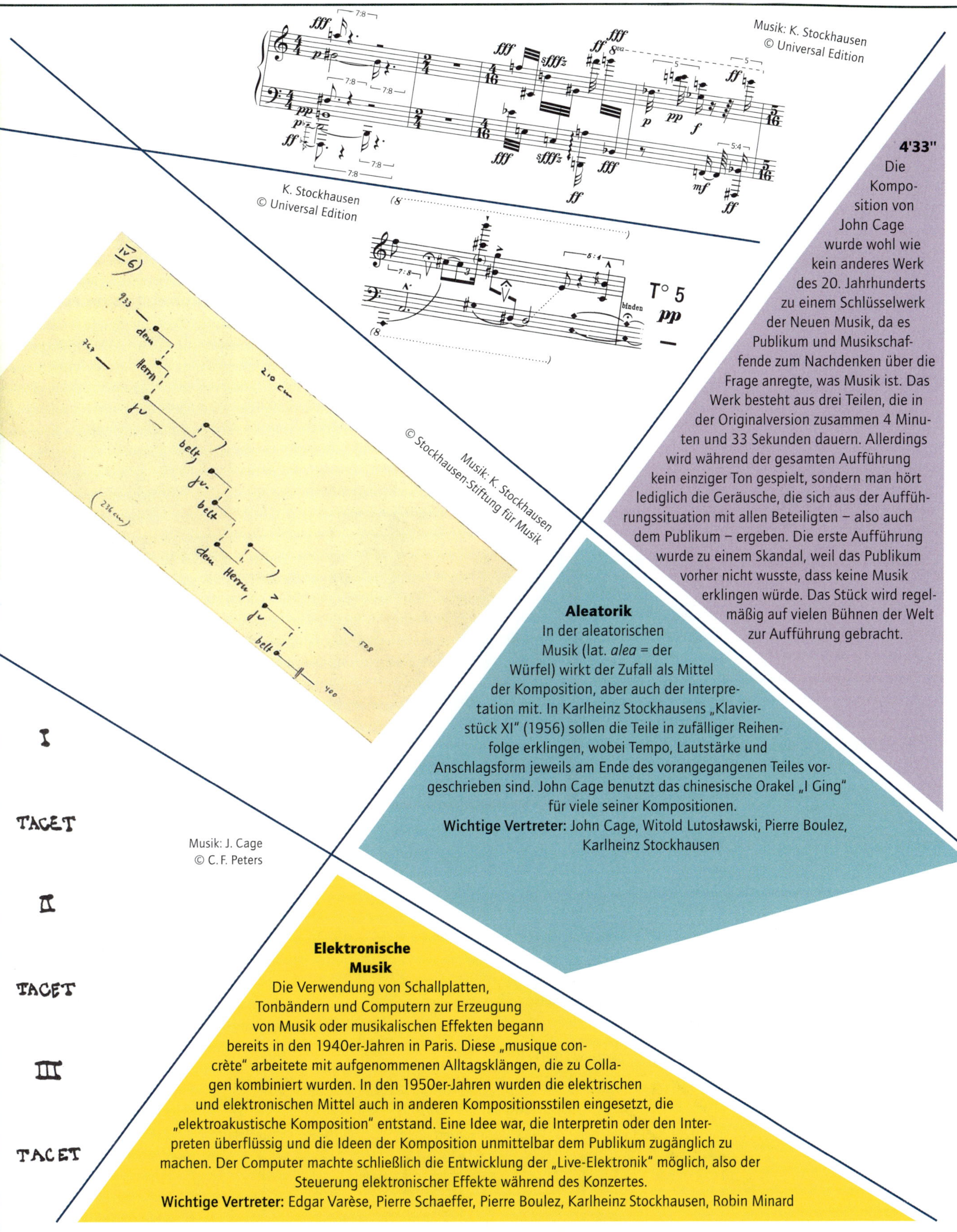

4'33"

Die Komposition von John Cage wurde wohl wie kein anderes Werk des 20. Jahrhunderts zu einem Schlüsselwerk der Neuen Musik, da es Publikum und Musikschaffende zum Nachdenken über die Frage anregte, was Musik ist. Das Werk besteht aus drei Teilen, die in der Originalversion zusammen 4 Minuten und 33 Sekunden dauern. Allerdings wird während der gesamten Aufführung kein einziger Ton gespielt, sondern man hört lediglich die Geräusche, die sich aus der Aufführungssituation mit allen Beteiligten – also auch dem Publikum – ergeben. Die erste Aufführung wurde zu einem Skandal, weil das Publikum vorher nicht wusste, dass keine Musik erklingen würde. Das Stück wird regelmäßig auf vielen Bühnen der Welt zur Aufführung gebracht.

Aleatorik

In der aleatorischen Musik (lat. *alea* = der Würfel) wirkt der Zufall als Mittel der Komposition, aber auch der Interpretation mit. In Karlheinz Stockhausens „Klavierstück XI" (1956) sollen die Teile in zufälliger Reihenfolge erklingen, wobei Tempo, Lautstärke und Anschlagsform jeweils am Ende des vorangegangenen Teiles vorgeschrieben sind. John Cage benutzt das chinesische Orakel „I Ging" für viele seiner Kompositionen.

Wichtige Vertreter: John Cage, Witold Lutosławski, Pierre Boulez, Karlheinz Stockhausen

Elektronische Musik

Die Verwendung von Schallplatten, Tonbändern und Computern zur Erzeugung von Musik oder musikalischen Effekten begann bereits in den 1940er-Jahren in Paris. Diese „musique concrète" arbeitete mit aufgenommenen Alltagsklängen, die zu Collagen kombiniert wurden. In den 1950er-Jahren wurden die elektrischen und elektronischen Mittel auch in anderen Kompositionsstilen eingesetzt, die „elektroakustische Komposition" entstand. Eine Idee war, die Interpretin oder den Interpreten überflüssig und die Ideen der Komposition unmittelbar dem Publikum zugänglich zu machen. Der Computer machte schließlich die Entwicklung der „Live-Elektronik" möglich, also der Steuerung elektronischer Effekte während des Konzertes.

Wichtige Vertreter: Edgar Varèse, Pierre Schaeffer, Pierre Boulez, Karlheinz Stockhausen, Robin Minard

Epochenüberblick 20. Jahrhundert

Musik

Zu Beginn des 20. Jahrhunderts wurde die spätromantische Klangwelt aufgegeben und verschiedene neue Wege eingeschlagen, darunter die **Zwölftonmusik** (Schönberg), der **Impressionismus** (Debussy) sowie der **Folklorismus** (Kodály, Bartók). Sie ebneten unter anderem den Weg für einen **Pluralismus** der Stile: Gattungen, Formen und Stile verschwammen zunehmend. Prägend für das 20. Jahrhundert war außerdem die Entstehung des Jazz und der Pop- und Rockmusik, welche gleichermaßen die europäische Kunstmusik beeinflussten und von ihr beeinflusst wurden. Die Entwicklung der Schallaufzeichnung bis hin zur digitalen Revolution führte zusehends zu einer globalen Verbreitung verschiedenster Musiken.
Die europäisch geprägte Kunstmusik, Musik anderer Völker, Jazz, Rock und Pop stehen mittlerweile in transkulturellem Austausch miteinander.

Literatur und Gedankenwelt

Die Literatur des 20. Jahrhunderts ist vielfach geprägt durch die Verarbeitung der beiden Weltkriege und des Nationalsozialismus. Utopische Romane wie z. B. „1984" (George Orwell) oder „Brave New World" (Aldous Huxley) sollten mit den darin enthaltenen Zukunftsvisionen Mahnmale für die Zukunft sein. In der Lyrik wurden sprachliche und formale Strukturen aufgelöst (z. B. Ernst Jandl, Durs Grünbein, Paul Celan), die Einheit von Inhalt, Zeit und Ort spielte im Drama keinerlei Rolle mehr.
Die Gedankenwelt des 20. und 21. Jahrhunderts ist geprägt von den rasanten Entwicklungen in den Naturwissenschaften (Relativitätstheorie, Atomphysik, Astronomie), welche die Globalisierung, die Sorge um das Weltklima und die Bevölkerungsentwicklung prägen.

Komponisten im Fokus

Arnold Schönberg
1874–1951

Wohnorte
geb. in Wien; Los Angeles

Beruf
Komponist, Kompositionslehrer, Maler

Wichtige Werke
„Die glückliche Hand" (Oper), „Gurrelieder", Orchesterwerke, Klavier- und Kammermusik

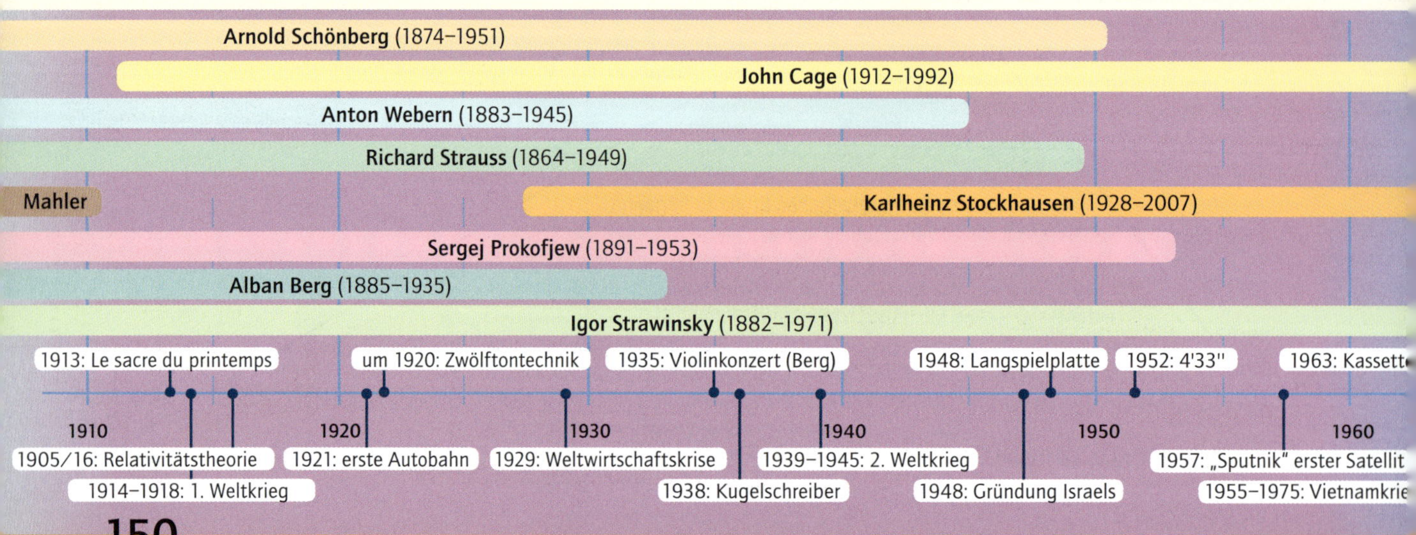

Bildende Kunst und Architektur

In der bildenden Kunst existiert kein „Mainstream“. Künstler experimentieren mit sämtlichen Parametern, sodass die Spanne von kubistischen und surrealistischen Bildern (Pablo Picasso, Salvador Dalí) über Pop-Art (Andy Warhol) bis hin zu Happenings (Joseph Beuys) reicht. Auch Neue Medien (Vera Molnár) werden eingebunden.
Die Architektur bekommt insbesondere durch die Gründung der Bauhausschule in Weimar einen Impuls zu „form follows function“. Dabei wurde jede überflüssige Dekoration vermieden. Die Postmoderne versuchte dies teilweise wieder rückgängig zu machen. Geblieben ist jedoch eine vereinfachte Formensprache.

Igor Strawinsky
1882–1971

Wohnorte
geb. in Oranienbaum (Russland); St. Petersburg, Paris, New York

Beruf
freischaffender Komponist, Pianist, Dirigent

Wichtige Werke
Ballettmusiken, acht Opern, zahlreiche Orchesterwerke, geistliche Chormusik

John Cage
1912–1992

Wohnorte
geb. in Los Angeles; Paris, San Francisco, New York

Beruf
freischaffender Komponist und Künstler, Pilzforscher

Wichtige Werke
Imaginary Landscapes, 4'33", MusiCircus, Werke für präpariertes Klavier, Happenings

Im Überblick

- Stilpluralismus
- geprägt durch die Weltkriege
- Globalisierung und Neue Medien
- Musik: Atonalität, Entwicklung der Zwölftontechnik, Aufgeben der Kadenzharmonik, Auflösung formaler Strukturen, Stilpluralismus, Einflüsse von Pop, Rock, Weltmusik
- Komponisten: Schönberg, Strawinsky, Webern, Berg, Prokofjew, Cage, Lutosławski, Boulez, Stockhausen, Reich u. a.

Opernhaus Sydney (1973)

[Das habt ihr gelernt]

- Grundzüge der Moderne zu benennen und der Romantik gegenüberzustellen
- verschiedene Merkmale moderner Musik in mehreren Werken aufzuzeigen
- Elemente der Zwölftontechnik in Musikstücken zu benennen
- die Tonsprache des Impressionismus in eigenen Versuchen nachzuempfinden und mit einem Originalwerk zu vergleichen
- die Rolle der Volksmusik in der modernen Musik zu beschreiben
- die vielfältigen musikalischen Entwicklungen nach 1950 miteinander zu vergleichen

[Kapitel 8]

Tanz

»Wir alle wurden mit Rhythmus geboren. Um ein begehrter Tanzpartner zu sein, muss man nicht alle komplizierten und ausgefallenen Tanzschritte lernen, die gerade in Mode sind. Man muss einfach nur ein durchschnittlicher Tänzer sein, und das kann jeder mit ein wenig Zeit schaffen.«
(Ginger Rogers, 1911–1995, US-amerikanische Tänzerin und Schauspielerin)

»Gott achtet uns, wenn wir arbeiten.
Aber Gott liebt uns, wenn wir tanzen.«
(Sufi-Weisheit)

»Lasst uns tanzen, lasst uns springen!
Lasst uns laufen für und für!
Denn durch Tanzen lernen wir
eine Kunst von schönen Dingen.«
(Paul Fleming, 1609–1640,
deutscher Lyriker des Barocks)

»Tanzen ist ein Teil meiner Seele, es macht die Menschen glücklich, und es macht mich glücklich.«
(John Travolta, geb. 1954,
US-amerikanischer Schauspieler und Tänzer)

Körper und Bewegung

Train Your Brain N° 2

1. Eine Spielleiterin oder ein Spielleiter führt nachfolgende Bewegungen aus, die Gruppe macht mit:
   Zz. 1: Patsch auf die Oberschenkel
   Zz. 2: beide Hände nach oben oder zur rechten bzw. linken Seite strecken

2. Alle entscheiden eigenständig, in welche Richtung (oben, links, rechts) sie ihre Hände auf Zählzeit 2 bewegen möchten.
   Wenn jemand auf die Zählzeit 2 dieselbe Bewegungsrichtung ausführt wie die Spielleitung, dann muss er oder sie im nächsten Takt zweimal in die Hände klatschen.

3. Spielt die Übung zu zweit. Einer führt, einer folgt.
   Wie viele Durchgänge schafft ihr?
   [Tipp] Steigert das Tempo.

Rhythmus und Zusammenspiel

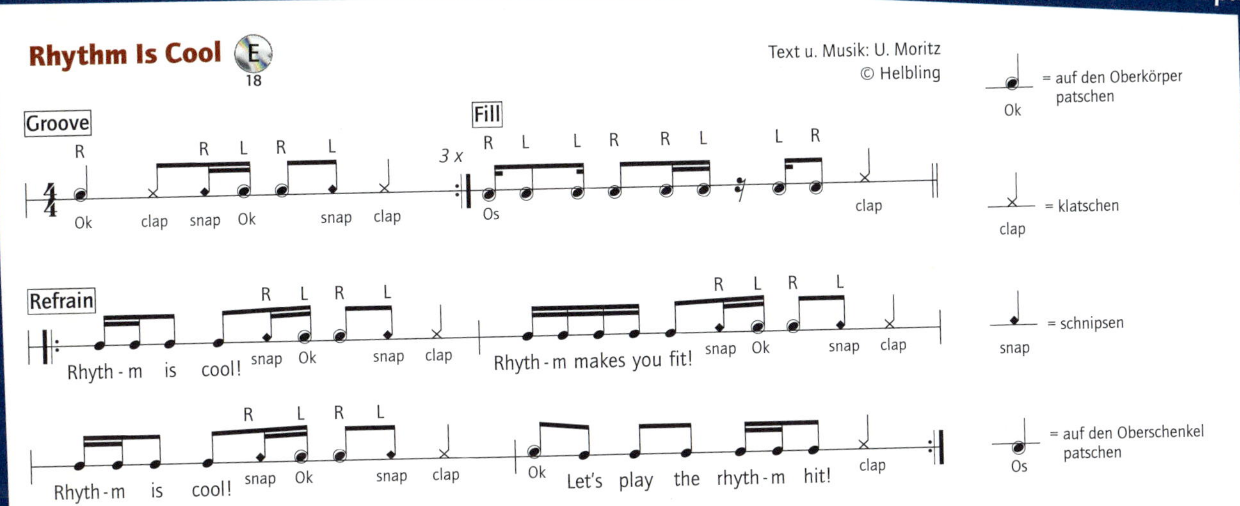

Körper und Bewegung

Dance Coach: Get Fit

Bevor ihr mit der Arbeit an eurer Tanzchoreografie beginnt, solltet ihr euch erst eingrooven und den Körper aufwärmen. Im Video zeigt euch ein Dance Coach, wie das geht. Ihr müsst nur die Turnschuhe anziehen und los gehts!

Hip-Hop – „Coole Party"

Hip-Hop ist Kunst, Kultur und Lebensfreude. Seine Wurzeln liegen in den 1970er-Jahren, in den sogenannten „Projects", den sozialen Wohnbauten New Yorks. Er schaffte in den letzten 40 Jahren als Jugendkultur einen weltweiten Siegeszug. Vor allem durch Musik- und Tanzformen begeistert Hip-Hop Jugendliche auf allen Kontinenten. Was als Party in einem sozialen Brennpunkt begann, ist heute eine Multi-Millionen-Dollar-Industrie. Der Name „Hip-Hop" soll von DJ Afrika Bambaata stammen, der einem Journalisten sagte: „That's a hip hop" – „eine coole Party".

INFO

Hip-Hop

Hip-Hop bezeichnet eine gesamte Kultur, die mehrere Kunstformen umfasst. Die vier ursprünglichen Kunstformen des Hip-Hops sind:

- Musik, geliefert vom DJ
- Rap, ausgeführt vom MC (Master of Ceremonies)
- Tanz, anfangs zu den instrumentalen Breaks ➜ Breakdance
- Graffiti, anfangs als „Writing" vor allem Schriftzüge mit künstlerischem Anspruch

1 Erarbeitet euch die abgebildeten Moves. Nutzt dazu auch das Videotutorial.

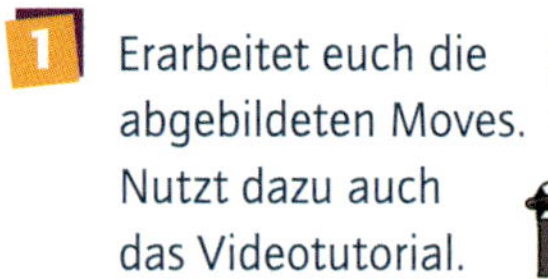

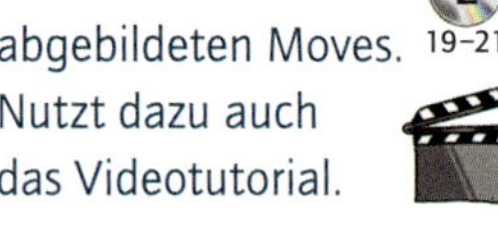

2 **Partnerarbeit:** Führt abwechselnd die Moves zur Musik aus (zwei Takte Move, zwei Takte Freeze). Beobachtet jeweils in den Freeze-Takten euer Gegenüber.

3 Tauscht euch über die Moves aus und diskutiert, welcher Move am besten zu euch passt.

4 Findet eine erste gemeinsame einfache Choreografie (lasst euch dabei inspirieren von einfachen Bildern z. B. „aus dem Chaos zum Kreis" oder „wir treffen uns in der Mitte").

Coole Moves

Mithilfe von einzelnen Bewegungsbausteinen („Moves") kann man relativ schnell eine einfache Hip-Hop-Choreografie gestalten.

Move 1

Zz. 1/2/3: li Schritt, re Schritt, li Schritt

Zz. 4: re Kick vor

Zz. 5/6/7: re Schritt, li Schritt, re Schritt

Zz. 8: li Kick rück

Move 2

Zz. 1: li hoch, Arme zurück

Zz. 2: li vor, Arme vor

Zz. 3: re hoch, Arme zurück

Zz. 4: re vor, Arme vor

Move 3

Zz. 1/2: 2 x li Kick

Zz. 3/4: Steh

Zz. 5/6: 2 x re Kick

Zz. 7/8: Steh

Move 4

Zz. 1/2: re Schritt seit

Zz. 3/4: Sprung auf li, re kreuzt vorn

Zz. 5/6: li Schritt seit

Zz. 7/8: Sprung auf re, li kreuzt vorn

Einen Hip-Hop-Tanz choreografieren

Es gibt verschiedene Elemente, die euch helfen, aus den Moves eine Hip-Hop-Choreografie zu entwickeln. Dazu gehören Kleidung, Haltung, Bewegungsformen und das Battling:

- **Kleidung:** weite Hosen, oft mit heraushängenden Hosentaschen (➜ ich habe nichts zu verbergen, kein Geld, keine Waffen), Sportschuhe, Basecaps oder Wollmützen; Ziel: Bewegungsfreiheit
- **Haltung:** Lockerheit, Individualität der Bewegungen, keine übertriebene Perfektion, Bodenverbundenheit
- **Bewegungsformen:** z. B. Bounce (Offbeat-Betonung, tiefer Körperschwerpunkt, Federn in den Knien), Kicks (das Spielbein kickt in die Luft), Touch and step (Gewicht bleibt auf einem Bein, das andere berührt mehrmals den Boden), Locking (kurzes Verharren in einer Position)
- **Battling:** „Break-Boys" und „Break-Girls" messen ihr Können in Wettbewerben, in denen die Tänzerinnen und Tänzer einzeln oder in Gruppen (Crews) „gegeneinander" tanzen; das Publikum entscheidet durch Applaus.

5 Entwickelt eine Choreografie, die alle diese Elemente berücksichtigt. Nutzt dazu die Choreografiebausteine.  21, 22

1 „Form a circle"
Alle stehen geballt in der Mitte des Raums. Zunächst geht die Hälfte der Gruppe nach außen in einen Kreis, einen oder zwei Takte später (je nach Größe des Raumes) folgt die andere Hälfte und sortiert sich ein.

2 „Move and lock"
Alle bewegen sich mit ihrem individuellen Move durch den Raum. Alle zwei Takte erstarrt die Bewegung in einer ausdrucksvollen Haltung (Arme nicht vergessen!). Nach zwei Takten geht die Bewegung weiter.

3 „Slow Motion"
Für vier oder acht Takte fallen alle in Zeitlupe. Dabei übertriebene, große Bewegungen machen.
Wichtig: danach mit energiereichen Moves weitermachen.

4 „Battle Circle"
Alle stehen im Kreis und bouncen. Einzelne zeigen in der Mitte für vier Takte ihre besten Moves. Das kann auch „Floorwork" sein, also akrobatische Breakdancebewegungen auf dem Boden.

5 „Battle Lane"
Zwei Gruppen stehen sich als Gasse gegenüber. Von einer Seite bewegen sich je zwei Tänzerinnen oder Tänzer mit einem vorher vereinbarten gemeinsamen Move durch die Gasse und sortieren sich am Ende ein. Die anderen bouncen.

6 „All in lines"
Die Gruppe stellt sich in mehreren versetzten Reihen in gleicher Blickrichtung auf. Vier vorher vereinbarte Moves (z. B. Touch and step) werden für jeweils zwei oder vier Takte ausgeführt.

6
a **Partnerarbeit:** Berichtet euch gegenseitig von euren Erfahrungen. Bezieht euch dabei auch auf die vier oben genannten Elemente.
b **Gruppenarbeit:** Findet euch nun zu Vierergruppen zusammen und überlegt gemeinsam, was ihr am Ablauf oder den Inhalten der Choreografie noch verbessern könnt.
c Stellt der Klasse eure Ergebnisse vor und entwickelt daraus eine verbesserte Choreografie.

Wie jede Subkultur wurde Hip-Hop im Laufe seiner Entwicklung auch von den Massenmedien und Werbefirmen entdeckt. Der afroamerikanische Autor Johnny Dent Jr. schreibt dazu:

> »*There is genuine hip hop; a message that connects, rocks a crowd, and motivates a people and then there is what is left [...] instead of hip hop we have hip replacement.*«

7 Gebt die Aussage des Autors zunächst in eigenen Worten wieder. Nehmt Stellung zu dieser Meinung.

Urban Dance Styles

In den letzten dreißig Jahren hat sich die Tanzszene weiterentwickelt und immer mehr Einfluss auf die kommerzielle Popkultur genommen. In den urbanen Stadtzentren wie z. B. New York und Los Angeles haben sich neue tänzerische Ausdrucksformen entwickelt, die aus der heutigen Kultur nicht mehr wegzudenken sind. Von Szene-Tanzwettbewerben bis hin zur kommerziellen TV-Sendung sind die originalen Stile überall vertreten.

In einem Atemzug mit der Hip-Hop-Bewegung werden Stile wie „Locking" und „Popping" mit ihren roboterähnlichen Bewegungen oder „B-Boying" und „Boogaloo" mit ihren akrobatischen Breakdancefiguren genannt. Popstars wie Justin Timberlake, Janet Jackson oder Britney Spears ließen sich für ihre Musikvideos von den originalen Stilen inspirieren.

Der Floss

Tänze in den neuen Medien

Seit einigen Jahren werden Tänze auch über soziale Netzwerke oder Videospiele verbreitet. Häufig werden Trends dabei durch Prominente aus den Bereichen Musik, Entertainment und Sport gesetzt bzw. verstärkt. Sehr bekannt wurde in diesem Kontext beispielsweise der „Floss" (engl. für Zahnseide).

1 Erarbeitet euch den „Floss" in folgenden Schritten:

Schritt und Beat 1: Stellt euch vor, ihr habt einen dünnen Stock in beiden Händen und zerbrecht ihn an der rechten Hüfte, die sich nach rechts auf den Stock zubewegt.

Schritt und Beat 2: Werft ihn dann mit beiden Händen vom Körper weg, die Hüfte schwingt dabei nach links.

Schritt und Beat 3: Führt beide Hände vor dem Körper nach links, die Hüfte schwingt wieder nach rechts.

Schritt und Beat 4–6: Macht alles genauso, nur spiegelverkehrt.

[Tipp] Das Videotutorial hilft euch bei der Erarbeitung.

2 Führt den „Floss" zu den beiden Hörbeispielen aus.

3 **Gruppenarbeit:** Recherchiert zu weiteren, in sozialen Netzwerken oder Videospielen bekannt gewordenen Tänzen und stellt sie der Klasse vor.

Ein Jazzrevival? Electroswing

Im Electroswing verbinden sich elektronische Musik und Jazzelemente zu neuen Spielweisen. Verwandte Stile sind House oder Neofusion. Die Musik zeichnet sich durch die Überlagerung von Beats und Samples mit Jazzlinien und Jazzinstrumenten aus, wobei oft Elemente des Oldtime Jazz (New-Orleans-Jazz, Dixieland und Chicago-Jazz, siehe S. 122) oder des Gipsy Swing verwendet werden. Dabei tragen die Tänzerinnen und Tänzer oft auch Kleidung, die an die 1930er-Jahre erinnert.

4 **Partnerarbeit**

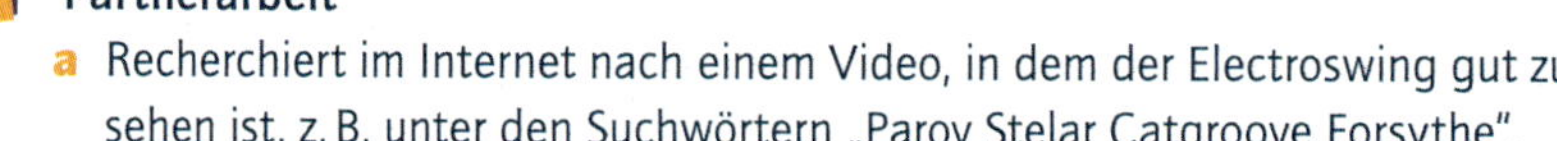

a Recherchiert im Internet nach einem Video, in dem der Electroswing gut zu sehen ist, z. B. unter den Suchwörtern „Parov Stelar Catgroove Forsythe".

b Analysiert das von euch ausgewählte Video hinsichtlich
- der verwendeten Musik und ihren Elementen aus Jazz und elektronischer Musik,
- der Besonderheiten des Tanzes, insbesondere im Unterschied zu den Hip-Hop-Moves.

c Erarbeitet euch einen oder zwei der Moves.

Electroswing-Performance

5 Bildet einen Kreis und führt euch – ähnlich wie beim Battling im Hip-Hop – gegenseitig eure Moves zum Hörbeispiel vor.

Clowning und Krumping – mehr als ein Tanzstil

1992 fanden in Los Angeles schwere Unruhen statt, die durch den Freispruch für weiße Polizisten ausgelöst wurden, deren unverhältnismäßige Gewalt gegenüber einem Afroamerikaner gefilmt wurde. Mitten im Herzen dieses Unruheherdes kämpften Menschen ums Überleben. In diesem Klima entstanden die Tanzstile „Clowning" und „Krumping".

6 Ordnet die Zitate mithilfe der Informationen in der Infobox den Stilen „Clowning" und „Krumping" zu.

» *[...] to release anger, aggression and frustration positively, in a non-violent way.* «

» *When you going the fastest, that's when you unleash.* «

» *The core of this dancing is improvisation.* «

» *The premise of improvisation in dance goes hand in hand with the circle.* «

» *Groups are in a sense like families.* «

» *If movement were words, it would be a poetry slam.* «

INFO

Clowning und Krumping

Thomas Johnson begann 1992 als „Tommy the Clown" Hip-Hop tanzend Kinder zu unterhalten, die in seinem von Hoffnungslosigkeit geprägten Viertel lebten. Schnell sprach sich dieser innovative Stil herum und es entstand ein wahrer Clowning-Hype mit eigenen „Clowning-Battle"-Shows. Um das Jahr 2000 herum wurde mit dem Krumping daraus ein aggressiverer Tanzstil, der in seinen Bewegungen schneller und härter ist. Getanzt wurde nicht mehr in Shows, sondern auf offener Straße, statt des Clownsgesichts dominieren traditionelle afrikanische Kriegsbemalungen.

7 Seht euch Videos im Internet zu den beiden Tanzstilen an und benennt die Gemeinsamkeiten und Unterschiede in den Tanzbewegungen. Tragt diese in eine Tabelle ein.

8 Setzt euch mit dem unten stehenden Zitat eines Krump-Tänzers auseinander. Gebt den Inhalt in eigenen Worten wieder und stellt Vermutungen an, welche Umstände zu einer solchen Aussage führen können.

» *Expression is a must in krump because krump is expression. You have to let people feel what you're doing. You can't just come and get krump and your krump has no purpose.* «
(Robert „Phoolish" Jones von den *Krump Kings*)

Tommy the Clown umgeben von Krumping-Tänzerinnen und -Tänzern

WISSEN

Fachbegriffe tänzerischer Elemente

Isolation: Nur einzelne Körperteile werden um ein Zentrum, meist ein Gelenk, bewegt (z. B. der Unterarm um den Ellenbogen).

Polyzentrik: Zwei oder mehr Zentren werden koordiniert, die Körperteile gleichzeitig, aber unabhängig voneinander, bewegt. Dadurch entsteht der Eindruck einer Zerrissenheit bzw. Auflösung des Körpers.

Polymetrik: Die polyzentrischen Bewegungen laufen gleichzeitig in unterschiedlichen Tempi bzw. Metren ab.

Contraction: Der Körper bildet mit den Armen ein nach unten geöffnetes „C", zieht sich also zusammen. Dabei geht die Hüfte nach hinten, die Arme werden nach vorne geführt, der Blick geht zum Boden. Oft wird die Contraction kombiniert mit der Extension.

Extension: Dabei wird die Hüfte nach vorne geschoben, die Arme wandern über den Kopf nach hinten, der Blick geht an die Decke.

Release: Ursprünglich eine Entspannungstechnik, die verwendet wird, um einen die Muskelspannung lösenden Effekt zu erzielen und dabei die Schwerkraft zu nutzen.

Locomotion: Bewusste Bewegung des Körpers im Raum, z. B. durch Gehen, Laufen, Hüpfen, Federn, Springen, Drehen oder spezielle Moves wie den Jazzwalk.

Jazzwalk: Eine Bewegung aus der Swingzeit auf Zehenspitzen und mit gebeugten Knien, Überkreuzbewegungen und Isolations.

Tango

Die Geburt des Tangos

Als am Ende des 19. Jahrhunderts in den Großstädten Buenos Aires und Montevideo Millionen von Einwanderern aus aller Welt in der Hoffnung auf ein Stück eigenes Land zusammentrafen, war der Großteil der Landfläche bereits unter wenigen Großgrundbesitzern verteilt. Die enttäuscht in die Hafenstädte zurückgekehrten Peones (Landarbeiter), Gauchos (Viehzüchter) und afrikanischen Sklaven verstärkten das wachsende Elend und die Armut in den Städten. Durch die deutliche Überzahl an Männern florierte die Prostitution. Im Umfeld der Bordelle entstand ein reges Nachtleben, es wurde Musik gemacht und auf den Straßen getanzt: der Tango Argentino war geboren.

Tango Argentino

Die Vermengung verschiedener Kulturen auf engstem Raum führte dazu, dass sich im Tango Argentino musikalische Einflüsse aus aller Welt wiederfinden. Die in Paris verbreitete Habanera (siehe S. 33) war in den gehobenen Kreisen Buenos Aires sehr beliebt, denn Paris war damals Vorbild für Musik und Mode auf der ganzen Welt. Die Mitteleuropäer brachten aus ihrer Heimat die Tänze Mazurka (Polen), Bolero (Spanien), Polka (Böhmen), Walzer und Ländler (Deutschland) mit. Insbesondere die spanischen Einflüsse vermengt mit brasilianischen und afroamerikanischen Elementen führten im Laufe der Zeit zum Tango Argentino. Die musikalische Besetzung war dabei vielfältig. Beim Umherziehen durch Kneipen und Tanzsäle kamen zunächst Flöten, Violinen und Geigen zum Einsatz. Nach und nach wurde das vom Krefelder Musiklehrer Heinrich Band entwickelte Bandoneon, eine modifizierte Knopfharmonika, zum klangprägenden Instrument des Tangos. Ab etwa 1920 setzte sich das Orquesta típica, das typische Tangoorchester, als Standardbesetzung durch.

INFO

Orquesta típica

Das Orquesta típica besteht aus zwei Violinen, zwei Bandoneons, Klavier und Kontrabass. Oftmals wurde zu dieser Besetzung auch gesungen.

Straßenmusiker in Buenos Aires mit einem Bandoneon

1 Das Stück „La cumparsita" gehört zu den bekanntesten Tangokompositionen weltweit. Spielt das Arrangement der ersten Takte auf geeigneten Instrumenten.

[Tipp] Notiert die Akkordtöne in euer Arbeitsheft, um sie auf Klasseninstrumente zu verteilen.

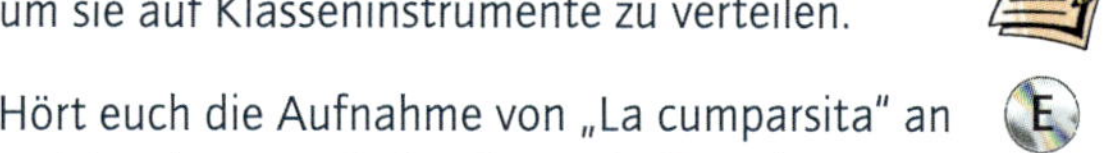

2 Hört euch die Aufnahme von „La cumparsita" an und bestimmt typische Eigenschaften eines Tangos. E 26

La cumparsita (Beginn) E 26

Musik: G. M. Rodríguez

Tango als Gesellschaftstanz

Ab etwa 1910 feierte der Tango auch in Europa große Erfolge. Wieder war Paris das Zentrum für den neuen Tanzstil, den Reisende aus Buenos Aires mitbrachten. Durch den Einfluss der Kirche und der konservativen Oberschicht wurde der ursprüngliche Tango Argentino aber „europäisiert“ – das Original wurde als „anstößig“ empfunden. Durch Tanzschulen verbreitete sich in den 1920er-Jahren die europäische Version des Tangos. Diese etablierte sich sehr schnell in den Turnierprogrammen und wurde 1963 in das Welttanzprogramm als Standardtanz aufgenommen. Um den europäisierten Tango vom Tango Argentino besser unterscheiden zu können, wird dieser auch als internationaler Tango, Standard-Tango oder Ballroom-Tango bezeichnet. Seit Ende des 20. Jahrhunderts gewinnt allerdings der ursprüngliche Tango Argentino wieder an Bedeutung und wird in zahlreichen Tanzkursen, auch in Deutschland, vermehrt getanzt.

Xavier Sager: Postkarte aus Paris mit Tango tanzendem Paar (1914)

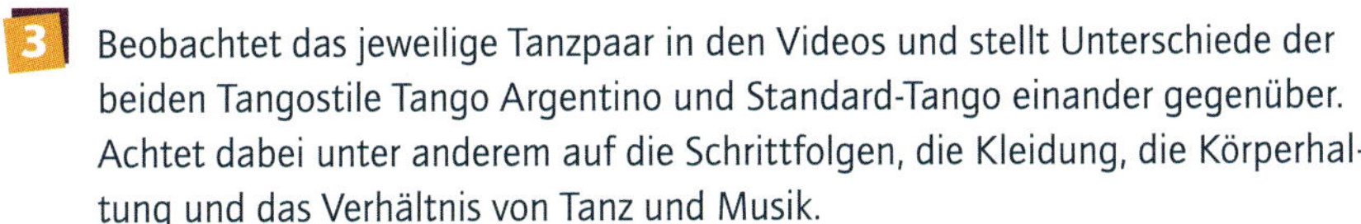

3 Beobachtet das jeweilige Tanzpaar in den Videos und stellt Unterschiede der beiden Tangostile Tango Argentino und Standard-Tango einander gegenüber. Achtet dabei unter anderem auf die Schrittfolgen, die Kleidung, die Körperhaltung und das Verhältnis von Tanz und Musik.

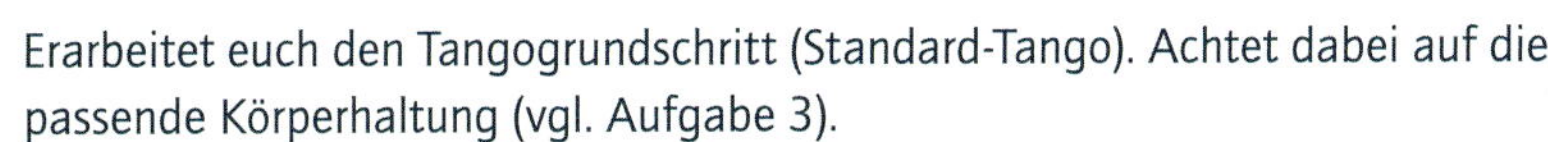

4 Erarbeitet euch den Tangogrundschritt (Standard-Tango). Achtet dabei auf die passende Körperhaltung (vgl. Aufgabe 3).

Tango Nuevo und Elektrotango

Zu Beginn der 1950er-Jahre wurden in Südamerika andere Musikstile populär. Die Jugendlichen bevorzugten Rock- und Beatmusik. Als durch einen politischen Machtwechsel in Argentinien zahlreiche Bezuschussungen der mittlerweile großen Tangoorchester wegfielen und diese kaum noch auftreten konnten, verlor auch das erwachsene Publikum zunehmend das Interesse am Tango. Ende der 1950er-Jahre begann der Musiker Astor Piazzolla einen experimentellen Stil zu entwickeln. Er vermengte die traditionellen Tangoformen mit Elementen klassischer und zeitgenössischer Musik sowie mit Eigenschaften des Jazz. Dies rief bei vielen zunächst Widerstand hervor. Astor Piazzolla gilt heute aber unbestritten als Erneuerer und sein Stil des Tango Nuevo („neuer Tango“) als wichtige Wiederbelebung der ursprünglichen Tangotradition.
Seit dem Ende des 20. Jahrhunderts mischt sich der Tango mit vielen weiteren Stilen wie Pop, Rock, Latin und elektronischer Musik („Elektrotango“).

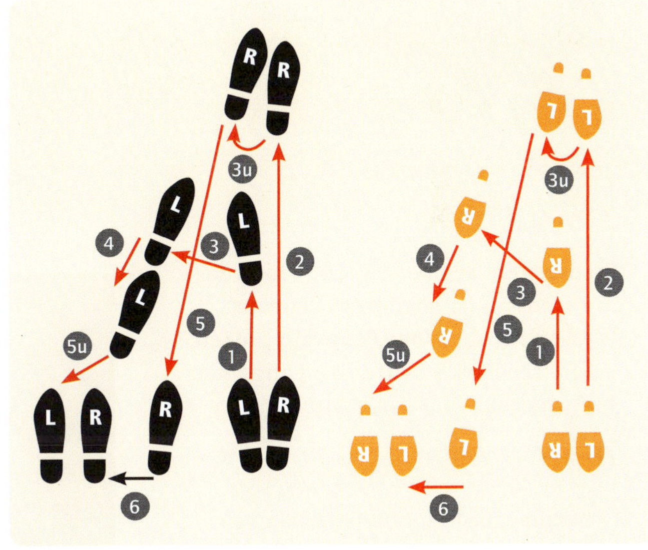

Tangogrundschritt (Standard, Herren schwarz, Damen orange)

5 **a** Hört die Stücke von Astor Piazzolla und *Gotan Project* und vergleicht sie mit einem traditionellen Tango („La cumparsita“).

b Stellt in einer Tabelle die Eigenschaften der Stücke einander gegenüber. Achtet dabei auf die Besetzung, die rhythmische und melodische Gestaltung und die Funktion der Musik.

INFO

Gotan Project

ist eine französische Musikgruppe aus dem Bereich Elektrotango. Der Name geht auf ein Wortspiel mit vertauschten Silben zurück (Tango → Gotan).

König der Tänze – der Walzer

„Alles Walzer!", heißt es jedes Jahr im Februar beim Wiener Opernball, wenn über 5000 Gäste zu einer langen Walzernacht auf das Parkett eingeladen werden. Die Geschichte des Wiener Opernballs hat ihre Wurzeln im Wiener Kongress (1814/15), der nach den napoleonischen Kriegen eine Neuordnung Europas zum Ziel hatte. Am Rande der Verhandlungen veranstalteten die beteiligten Staatsoberhäupter und Diplomaten rauschende Feste, bei denen ausgiebig getanzt wurde. Aber erst im Jahre 1935 wurde der erste „Wiener Opernball" veranstaltet, der zum Anziehungspunkt für Gäste aus aller Welt wurde. Der Walzer jedenfalls ist das Symbol dieses Balls, gilt er vielen doch als „König der Tänze".

1 Informiert euch anhand der Zitate über die Entstehungszeit des Walzers. Diskutiert dann über eure Vermutungen, warum der Walzer so erfolgreich wurde. Nutzt dazu auch die Hörbeispiele und die beiden Darstellungen aus den Jahren 1815 und 1911.

29, 30

Leo Rauth: Wiener Walzer (1911)

» *In den [18]20er-Jahren waren in Wien kleine Musik-Capellen, meist 2 Personen, Zither und Violine, auch 2 Violinen und Bassgeige, sogenannte Linzergeiger unterwegs. Diese Linzergeiger producirten sich Abends in Wirthshäusern und da fanden sich auch Mädchen ein, welche mit erstaunlicher Virtuosität tanzten. Strauss und Lanner brachten einen anderen Rhythmus, nämlich, dass der Bass das erste Viertel anschlägt, und das zweite und dritte Viertel von der Begleitung besorgt wird [– statt, wie früher, den Bass alle drei Viertel schlagen zu lassen].* «

(Johann Schrammel: Alte österreichische Volksmelodien. Aus der Zeit der Jahre 1800–1860, Wien 1888)

» *Unsere Würthemberger und andere deutsche Tänze, die gerade weil sie rasch buntüberek gehen, am häufigsten getanzt werden, müssen jeden unbefugten Beobachter schamlos vorkommen. Arm in Arm geschlungen, Brust auf Brust gepreßt, oder Blick in Blick geschmolzen mit einem jungen Kerl herumzutollen, bis sich alles um sie her im Kreise dreht und Wollust ihr und ihm aus den Augen glüht.* «

(1785 in einer Schrift zur „Beherzigung der Wiener Schönen")

Eine weitere Temposteigerung fand das „Walzen" im sogenannten „Langaus", bei dem die einzelnen Paare mit großen, gehüpften Drehschritten die Länge oder Diagonale des Tanzsaals durchmaßen.

» *Da der Sanitätsrat Sr. Maj. die Anzeige gemacht hat, wie schändlich das sogenannte Langaustanzen bei schwachen und schwangeren Frauenzimmern sei, hat die N.Ö.Regierung den allerhöchsten Befehl erhalten, allen Ballunternehmen anzuzeigen, daß sie das sogenannte Langaustanzen mit einer Strafe von 20 Gulden für die Person in ihren Sälen nicht gestatten sollen.* «

(Erlass der Regierung von Niederösterreich, 1791)

Robert Alexander Hillingford: Ball der Herzogin von Richmond, 1815 (1870)

Wiener Walzer tanzen – Stil und Eleganz

Eigentlich doch ganz einfach: Die Füße gehen immer abwechselnd im Tempo des Grundschlags, es gibt keine Wechselschritte und man dreht sich dabei. Was so simpel klingt, gilt aber in seiner Vollendung als höchste Kunst des Tanzens. Denn das Tanzpaar führt in der engen Tanzhaltung eine doppelte Spiralbewegung durch: zum einen die Drehung um die eigene Achse, zum anderen gleichzeitig eine große Kreisbahn durch den Tanzsaal. Damit dies gelingt, muss das Tanzpaar mit sechs Schritten eine vollständige Drehung ausführen. Dabei ist der Körper in Drehrichtung leicht geneigt, was die elegante Wirkung verstärkt.

2 Für die Erprobung des Wiener Walzers braucht ihr genug Platz. Sollte euer Musikraum nicht ausreichen, geht in die Pausenhalle oder einen anderen geeigneten Raum.

- **a** Erarbeitet euch die Tanzschritte anhand der Grafik zunächst alleine. Beachtet dabei, dass die Damen (blau) mit dem linken Fuß nach hinten beginnen, während die Herren (schwarz) mit dem rechten Fuß nach vorne starten.
- **b** Führt die Schritte nun langsam als Paar aus. Nehmt dazu die Tanzhaltung aus der Abbildung ein.
- **c** Tanzt nun zur Musik. Versucht, eure ganzen Drehungen auf einer geraden Linie auszuführen. 

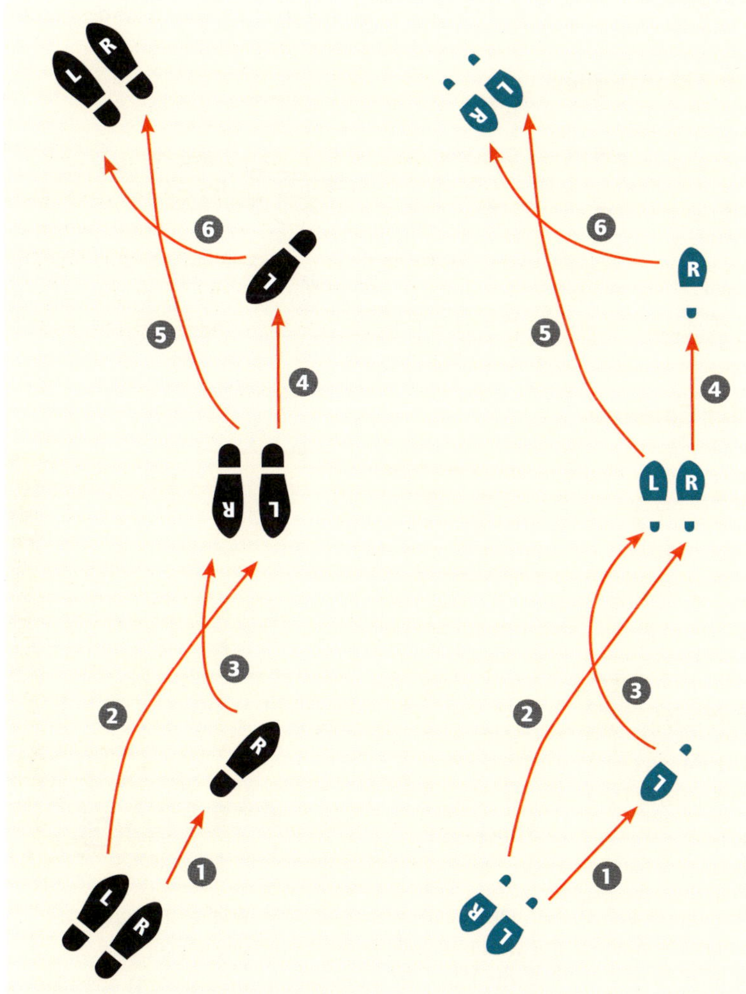

Schrittfolge des Wiener Walzers (Herren schwarz, Damen blau)

! WISSEN

Walzer

Die Bezeichnung Walzer wird von dem deutschen Wort „waltzen" abgeleitet, was ursprünglich „auf der Waltz sein" (Wanderschaft) bedeutete und im 18. Jahrhundert in der Bedeutung „sich walzen" (drehen) in Verwendung kam. Der Ausdruck „Walzer tanzen" erklärt sich so von der drehenden Bewegung der Füße am Boden. Der zunächst gehüpfte Schritt wandelt sich bis zur Zeit des späten Biedermeiers vom „wilden Rasen" in ein „Dahinschweben" voller Stil und Eleganz.

Kennzeichnend für den Walzer ist der 3/4-Takt, der unterschiedliche Tempi haben kann, vom „Langsamen Walzer" (♩ = 90) bis zum „Wiener Walzer" (♩ = 180). Berühmte Walzerkomponisten waren Joseph Lanner (1801–1843) und zahlreiche Mitglieder der Strauß-Dynastie, z. B. Vater Johann Strauß (1804–1849), Josef Strauß (1827–1870), Eduard Strauß (1835–1916) und vor allem Johann Strauß (Sohn) (1825–1899), dessen Walzer auf der ganzen Welt bekannt sind. Auch andere Komponisten wie Johannes Brahms (1833–1897) oder Richard Strauss (1864–1949) komponierten Walzer oder bauten diese in ihre Werke ein.

Musik in Bewegung: Ballett und zeitgenössischer Tanz

Romeo und Julia

Der russische Komponist Sergej Prokofjew vertonte das Drama von Shakespeare um zwei junge Liebende und deren Liebestod als Ballettmusik. Die drei daraus entstandenen Suiten bilden die gesamte Handlung von „Romeo und Julia" ab.

Montagues und Capulets treffen aufeinander (Aufführung im Maxim-Gorki-Theater Berlin, 2009)

So geht es los: Auf einem Ball im Hause der Capulets sieht der verkleidete Romeo Montague das erste Mal Julia Capulet, die ihrem künftigen Bräutigam vorgestellt wird. Prokofjew stellt in der Ballmusik die verfeindeten Familien dar.

1 **Gruppenarbeit:** Stellt euch wie im Bild oben in zwei Gruppen auf. Gruppe 1 ist die Familie der Montagues, Gruppe 2 die Familie der Capulets. Bringt „eure" Musik durch Bewegungen und Gesten zum Ausdruck.

2 Seht euch nun den Videoausschnitt der Tanzszene im Ballsaal an. Beschreibt mit geeigneten Adjektiven die Bewegungen und Haltungen der Tänzerinnen und Tänzer.

INFO

Sergej Prokofjew
(1891–1953)
war ein russischer Komponist und Pianist. Neben Opern, Sinfonien, Ballettmusik und Kammermusik schrieb er auch Filmmusiken und Musik für Kinder, wie z. B. „Peter und der Wolf". Das Ballett „Romeo und Julia" entstand 1935/36 im Auftrag des Moskauer Bolschoi-Theaters. Die Komposition ist in weiten Teilen ein Musterbeispiel für den sogenannten „Neoklassizismus", einer musikalischen und künstlerischen Strömung zwischen 1920 und 1940, in welcher Elemente der Klassik und des Barocks aufgegriffen wurden. Die Musik der Montagues erinnert z. B. an die höfische Tanzkultur des Barocks.

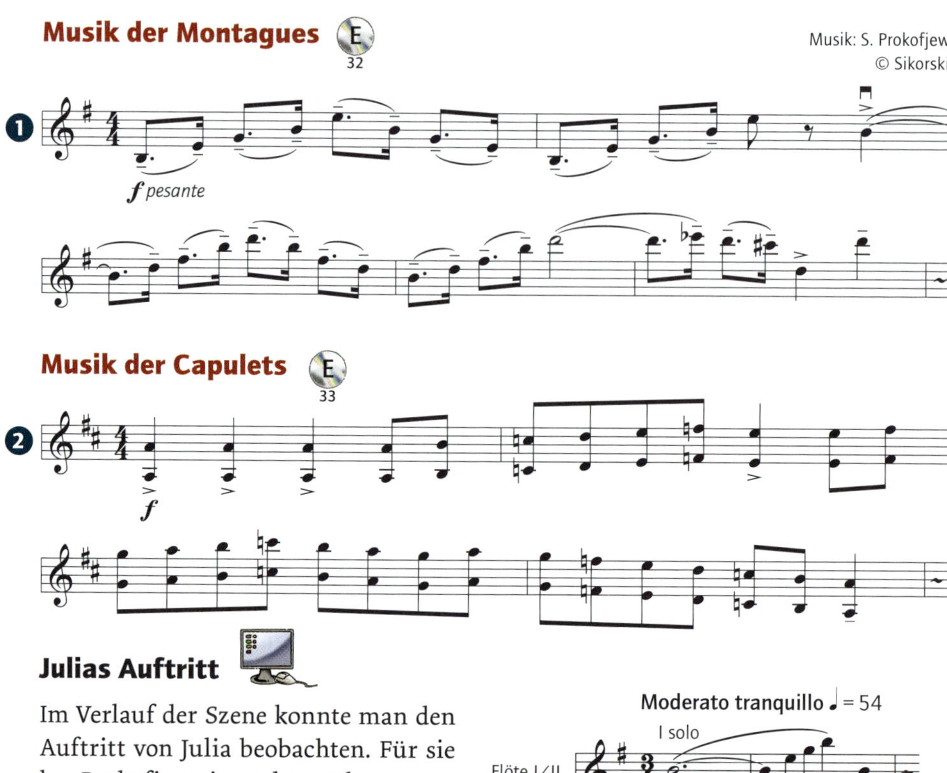

Julias Auftritt

Im Verlauf der Szene konnte man den Auftritt von Julia beobachten. Für sie hat Prokofjew ein anderes Thema entworfen.

Moderato tranquillo ♩ = 54
I solo
Flöte I/II
p dolce

3 **a** Beschreibt zunächst anhand des Hörbeispiels, mit welchen Instrumenten Julias Thema begleitet wird und welche Wirkung damit erzielt wird.

b Seht euch nun den Auftritt Julias noch einmal an und diskutiert anschließend, inwiefern dem Choreografen die Umsetzung dieser Wirkung gelungen ist.

Zeitgenössisches Ballett – schon über 100 Jahre alt

Der Begriff „zeitgenössisches Ballett“ ist etwas irreführend, da er eine Strömung des Balletts beschreibt, die ihre Wurzeln bereits zu Beginn des 20. Jahrhunderts z. B. in den russischen Balletten Igor Strawinskys hatte (siehe S. 144). Pionier dieser Richtung war der US-amerikanische Choreograf George Balanchine (1904–1983), dem es gelang, Elemente des klassischen Balletts mit Mitteln des modernen Ausdruckstanzes zu verbinden.

1 Lest euch den Text der Infobox durch. Benennt dann Elemente des Ausdruckstanzes, die ihr in den drei historischen Bildern erkennen könnt.

Isadora Duncan tanzt am Meer (um 1915)

Mary Wigman mit Schülerinnen (1959)

Rudolf von Laban (1879–1958)

INFO

Ausdruckstanz

bezeichnet eine Tanzrichtung, die um 1900 als Protest gegen den künstlerischen Stillstand im klassischen Ballett entstand, das als zu streng, mechanisch und geregelt empfunden wurde.
Diese neue Tanzform war freier, natürlicher und weniger durch Regeln gesteuert. Stark beeinflusst wurde sie durch den Expressionismus in der bildenden Kunst. Typisch für den Ausdruckstanz sind die sogenannten Solo-Abende, bei denen die Tänzerin oder der Tänzer selbst choreografierte. Wichtige Merkmale sind Spontaneität und Improvisation, die Betonung der Natürlichkeit des Körpers z. B. durch das barfüßige oder fast nackte Tanzen sowie die Wendung weg von der Virtuosität zur Emotion.
Wichtige Protagonistinnen und Protagonisten: Isadora Duncan, Rudolf von Laban, Mary Wigman, Martha Graham

Ballett heute

In vielen Theatern, die eine Ballettkompanie haben, werden neben den klassischen Handlungsballetten wie „Romeo und Julia“ auch Formen des zeitgenössischen Balletts angeboten.

2 **Gruppenarbeit:** Seht euch das Video mit drei Ausschnitten aus unterschiedlichen Ballettproduktionen an. Macht euch dabei arbeitsteilig zu folgenden Aspekten Notizen:

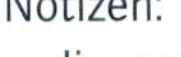

- die verschiedenen Musiken, die den Choreografien zugrunde liegen
- erkennbare Elemente des klassischen Balletts
- Mittel des Ausdruckstanzes (vgl. Infobox)

3 **a** Informiert euch über das Programm einer Ballettkompanie eurer Region auf deren Internetseite und erstellt eine Übersicht über die Formen des Balletts, die dort im Programm stehen.

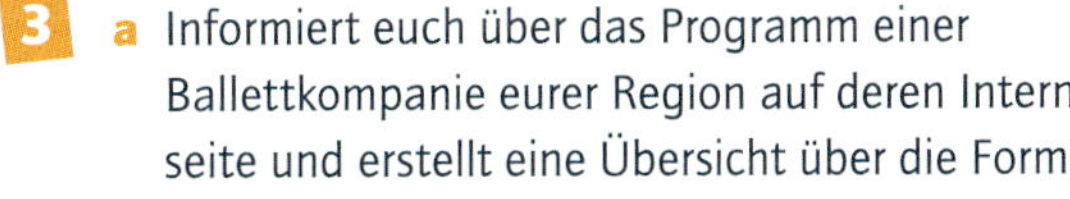

b Bereitet einen Besuch bei diesem Ballett vor.

Tänzer in einer Inszenierung von Maurice Béjart zur 9. Sinfonie von Beethoven

Tanzprojekt

Zum Abschluss des Tanzkapitels könnt ihr den Song „Get Your Way“ in zwei Gruppen einstudieren. Eine Gruppe singt und musiziert den Song, die andere erarbeitet sich die Choreografie.

A Team Band

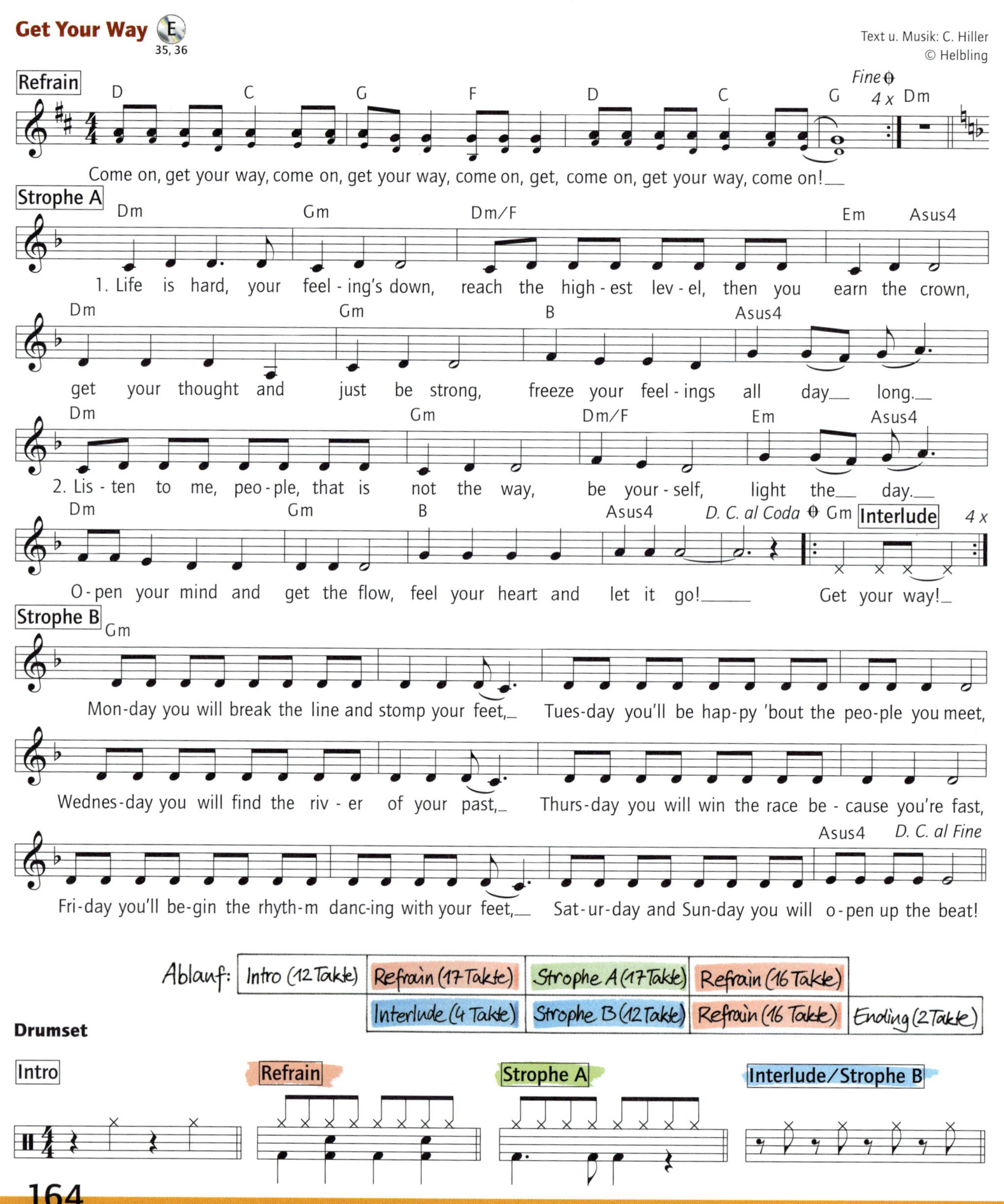

Für die Begleitung des Gesangs könnt ihr das Playback verwenden. Noch reizvoller ist aber die Begleitung durch eine Band mit den abgebildeten Patterns.

Um die Begleitung einzuüben, könnt ihr in folgenden Schritten vorgehen:

Schritt 1:
Hört euch den Song an und verinnerlicht dabei die formale Struktur und den Ablauf.

Schritt 2:
Entscheidet, welche Instrumente in eurem Arrangement spielen sollen.
Bedenkt dabei:

- Schlagzeug und E-Bass sind als Rhythmusgruppe unverzichtbar.
- Das Harmonieinstrument kann Gitarre oder Keyboard sein. Wenn beides zur Verfügung steht, könnt ihr mehr Abwechslung in das Arrangement bringen, indem sich Gitarre und Klavier in verschiedenen Songteilen abwechseln oder gemeinsam spielen.
- Gibt es weitere Melodieinstrumente in eurer Klasse, die ihr miteinbeziehen könnt?
- Wer soll singen? Eine Sängerin oder ein Sänger, ein Duo, Backgroundvocals? Reizvoll ist es auch, verschiedene Teile des Songs von unterschiedlichen Besetzungen singen zu lassen.

Schritt 3:
Übt zunächst den Refrain, später die Strophen. Baut aus den Begleitmodulen ein abwechslungsreiches Arrangement.

Schritt 4:
Nehmt euch selbst auf und korrigiert euch anhand der Aufnahmen. Wenn eine Aufnahme gut gelungen ist, könnt ihr sie der Tanzgruppe zur Verfügung stellen.

E-Bass

Refrain

Strophe A (2x)

Keyboard/Gitarre

Intro/Refrain

Strophe A

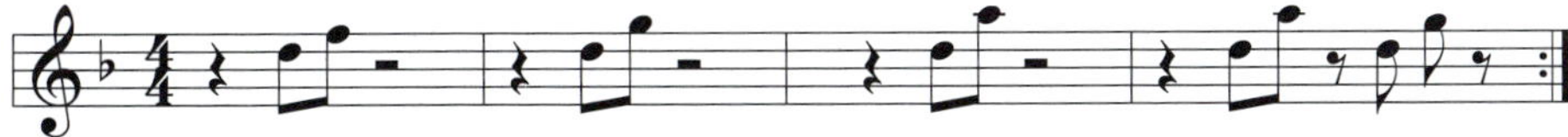

Strophe B

Streetdance
ist abwechslungsreich und dynamisch. Als Tanzmix verwendet man im Streetdance Elemente aus jungen Hip-Hop- und Jazz-Stilen sowie eigene Schrittkombinationen.

B Team Tanz

Ihr habt die Aufgabe, eine Tanzchoreografie zum Song „Get your way" als Streetdance zu gestalten. Dazu stehen euch drei Tanzbausteine zur Verfügung, die ihr zu einer wirkungsvollen Choreografie verbinden könnt.

Schritt 1: Vorbereitung
Dieser Tanzstil wird mit viel Energie getanzt und fordert körperlichen Einsatz. Damit ihr genug Bewegungsfreiheit habt, solltet ihr eine bequeme und weite Hose, ein T-Shirt und Turnschuhe anziehen.

Schritt 2: Bewegungselemente
Erarbeitet euch die Figuren zur Musik. Durch die Videos bekommt ihr einen Eindruck von den Bewegungen. E 35

Figur 1

Figur 2

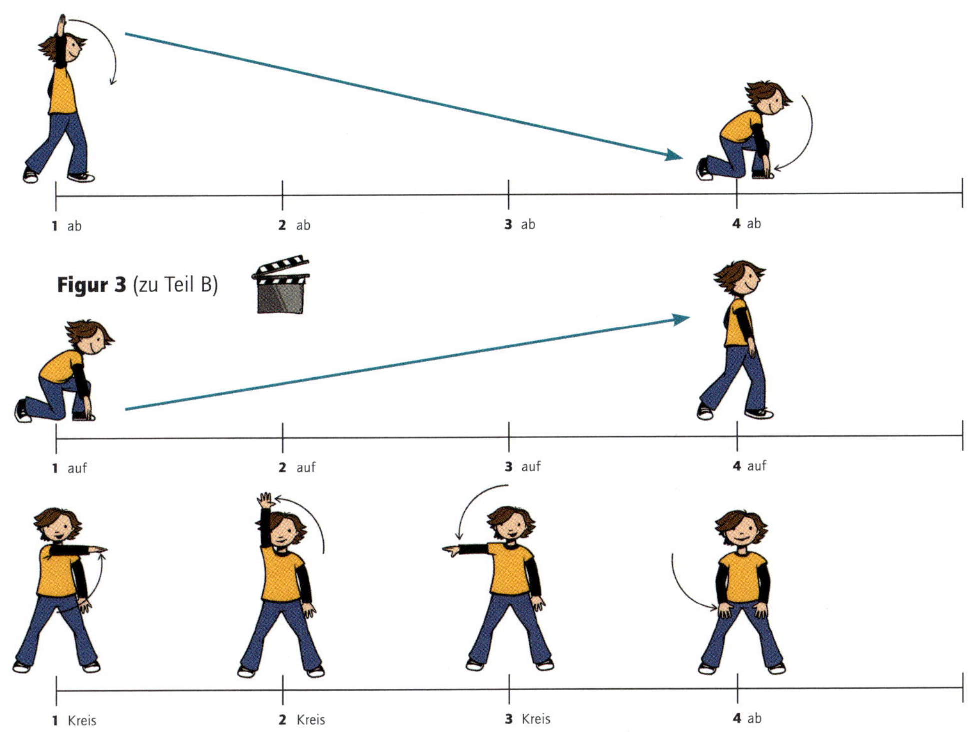

Schritt 3: Choreografie

Stellt die Figuren zu einer abwechslungsreichen Choreografie zusammen. Notiert den Ablauf des Stückes in einem Ablaufplan und prägt ihn euch genau ein, damit die Übergänge zwischen den einzelnen Bausteinen gut gelingen. Ihr könnt auch selbst Bewegungsfolgen und Gesten erfinden.

[Tipp] Nutzt einfache und große Bewegungen. Sie sind in einer Gruppe wirkungsvoller als kleine Gesten. Durch das Video bekommt ihr weitere Impulse für eure Aufführung.

[Das habt ihr gelernt]

- einen Hip-Hop-Tanz zu choreografieren und zu präsentieren
- verschiedene Urban Dance Styles zu analysieren und einzelne Elemente nachzutanzen
- verschiedene Tangostile vor dem Hintergrund des jeweiligen kulturellen Kontexts miteinander zu vergleichen
- die Entstehungsgeschichte des Walzers mithilfe verschiedener Quellen zu beschreiben
- die Grundschritte der zwei Standardtänze Tango und Walzer zu tanzen
- musikalische und tänzerische Aspekte des zeitgenössischen Balletts praktisch umzusetzen und verschiedene Inszenierungen zu beschreiben
- einen ganzen Song musikalisch und tänzerisch einzustudieren und aufzuführen

1. Grundbeat – Takt – Notenwerte – Rhythmus

Grundbeat

Der Grundbeat (oder Grundschlag) wird oft auch Puls genannt, weil er aus einer Folge von regelmäßigen Schlägen besteht. Wenn man z. B. gleichmäßig zu Musik klatscht oder geht, kann man ihn gut wahrnehmen.

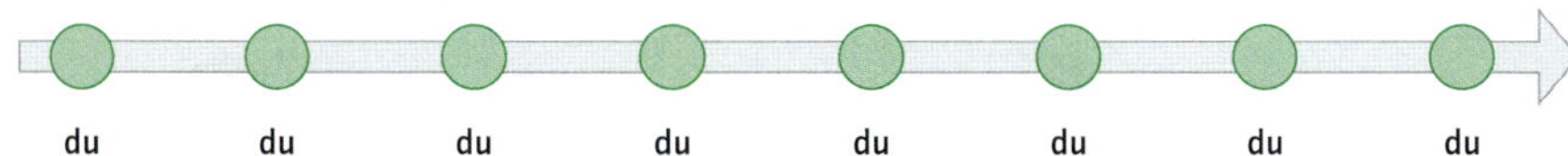

Takt

Eine Gruppe von Grundschlägen bezeichnet man als **Takt.** Dabei bestimmt die Anzahl der Grundschläge die **Taktart.** Man unterscheidet zwischen schweren und leichten Schlägen.

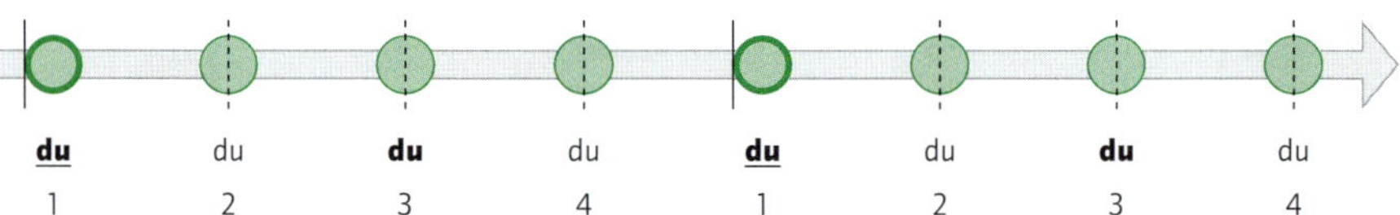

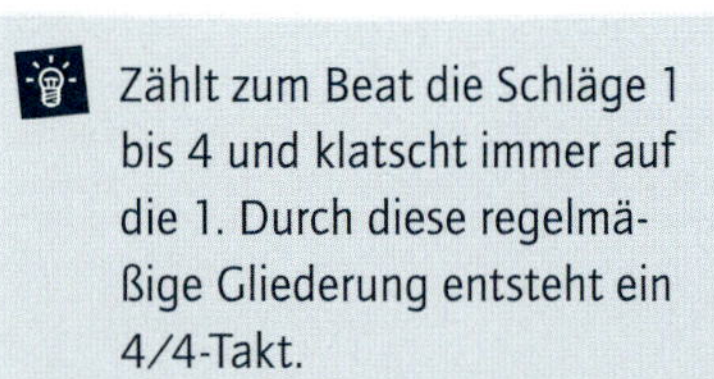
Zählt zum Beat die Schläge 1 bis 4 und klatscht immer auf die 1. Durch diese regelmäßige Gliederung entsteht ein 4/4-Takt.

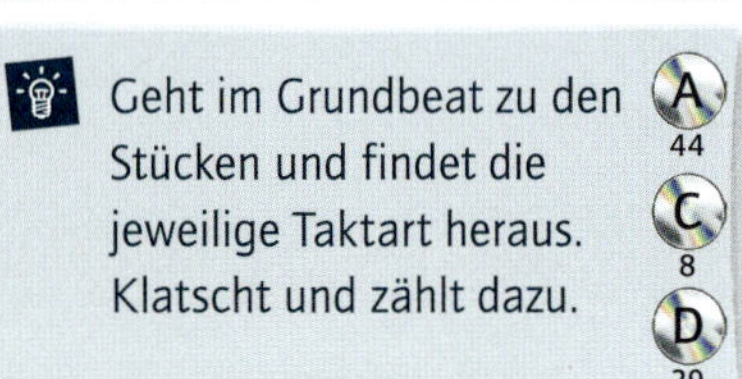
Geht im Grundbeat zu den Stücken und findet die jeweilige Taktart heraus. Klatscht und zählt dazu. A 44, C 8, D 29

Die am häufigsten verwendeten **Taktarten** in der Musik sind 2/4-, 3/4-, 4/4- und 6/8-Takt.

Rhythmus

Ein Rhythmus entsteht, wenn die gespielten Klänge nicht immer mit dem Grundbeat (du) zusammenfallen, sondern auch zwischen den Schlägen des Grundbeats (dei) erklingen.

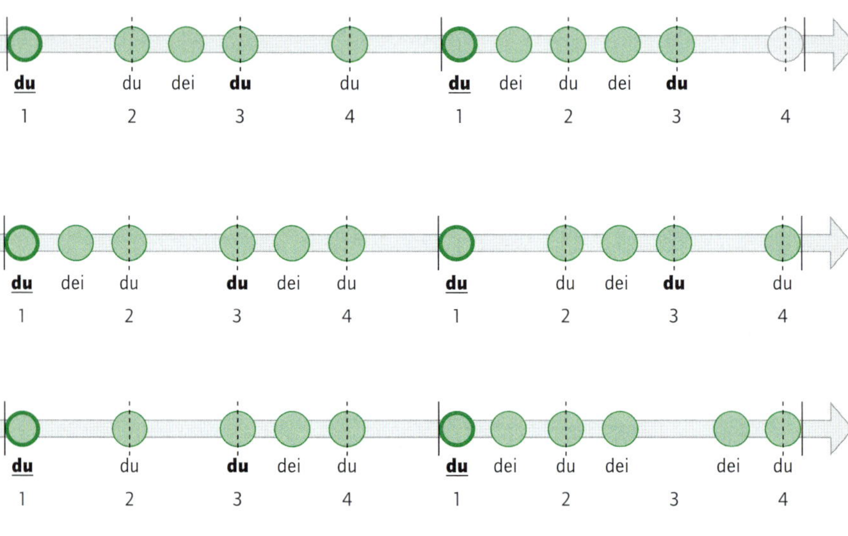

Silbensprache aufgefrischt!

Silbe für den Grundschlag: du

Silben für die Zweierunterteilung: du dei

Silben für die Dreierunterteilung: du da di

Notenwerte

Mithilfe der Notenschrift kann man die Notenlänge (= Klangdauer) definieren. Dazu verwendet man verschiedene Zeichen für die Notenwerte.

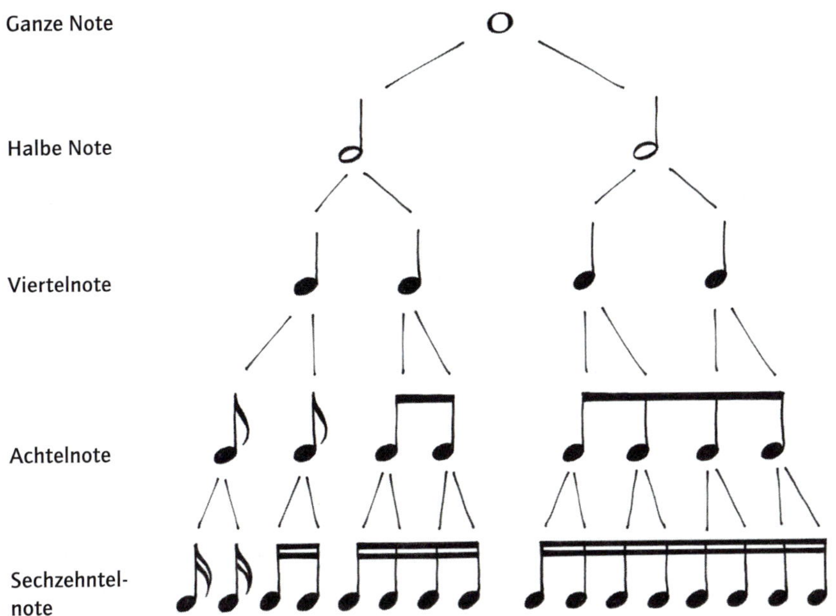

Singt die ersten beiden Zeilen des Songs „Wahrheit" (S. 85), geht dazu den Grundbeat in Vierteln und klatscht den Rhythmus.
In welchem Verhältnis stehen Noten und Grundbeat zueinander?

C 5

Schaut euch den Song „Summertime" (S. 126) an und benennt alle darin vorkommenden Notenwerte.

Triole

Eine Dreierunterteilung des Grundschlags nennt man **Triole**.

Synkope und Punktierung

Bei einer **Synkope** wird eine Betonung auf eine eigentlich unbetonte Zählzeit vorverlagert. Bei einer **Punktierung** verlängert der Punkt hinter einer Note diese um die Hälfte ihres Wertes. Eine Viertel mit Punkt hat also die Länge von drei Achtelnoten.

Führt die folgenden Rhythmen als Bodypercussion aus. Unterscheidet genau zwischen Zweier- und Dreierunterteilung. Verwendet dazu Rhythmussilben („du dei" oder „du da di").

Rhythmusbeispiele:

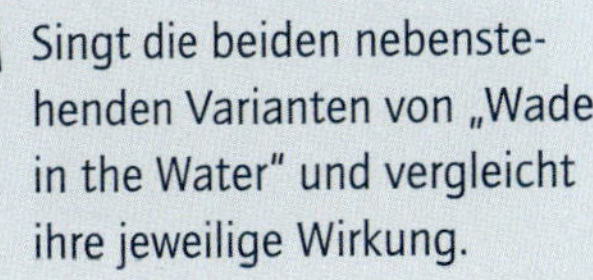

Singt die beiden nebenstehenden Varianten von „Wade in the Water" und vergleicht ihre jeweilige Wirkung.

2. Tonraum – Stammtöne – Intervalle

Stammtöne

Die sieben **Stammtöne** entsprechen den weißen Tasten auf dem Klavier. Um diese Töne aufzuschreiben, verwenden wir ein **Notensystem,** in dem sowohl **Tonhöhen** als auch **Tonlängen** notiert werden können. Jeder **Oktavraum** hat eine eigene Bezeichnung, damit die Töne eindeutig benannt werden können.

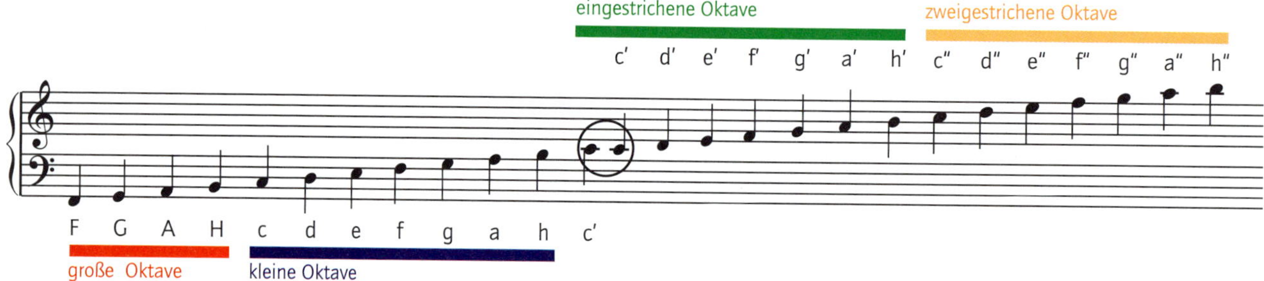

Um eindeutig festzulegen, welche Tonhöhe erklingen soll, werden **Schlüssel** verwendet. Damit man nicht zu viele Hilfslinien braucht, schreibt man hohe Töne im Violinschlüssel und tiefe Töne im Bassschlüssel auf. Für manche Instrumente verwendet man auch den Alt- oder Tenorschlüssel. Der Altschlüssel wird auch Bratschenschlüssel genannt.
Der Ton *c'* wird in den verschiedenen Schlüsseln folgendermaßen notiert:

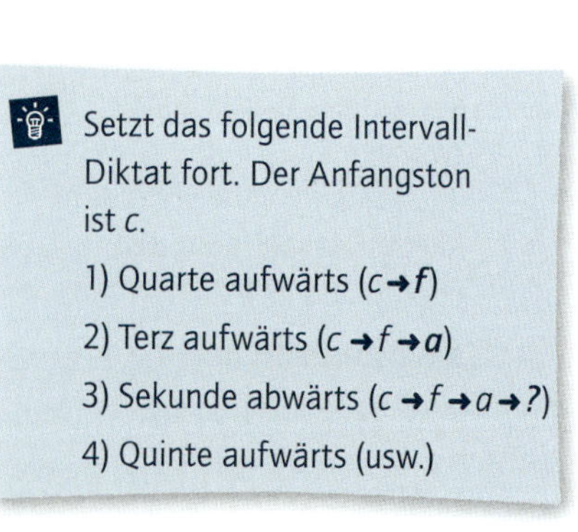

Intervalle (Grobbestimmung)

Ein **Intervall** gibt den Abstand zwischen zwei Tönen an. Die beiden Töne können nacheinander (sukzessiv) oder gleichzeitig (simultan) erklingen. Intervalle lassen sich grob bestimmen, indem man den Abstand der Notenköpfe im Liniensystem abzählt.

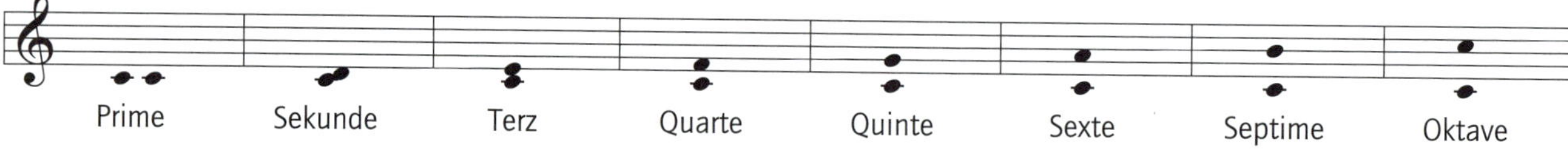

Vor- und Versetzungszeichen

Achtung Ausnahmen!
ees → *es*
aes → *as*
hes → *b*

Jeder Stammton (weiße Tasten des Klaviers), kann durch ein ♯ um einen Halbton erhöht bzw. durch ein ♭ um einen Halbton erniedrigt werden. Bei einem ♯ wird ein -is an den Stammton angehängt, bei einem ♭ die Silbe -es. Je nach Schreibweise können sich dadurch für eine Tonhöhe (bzw. auch für eine Taste am Klavier) zwei Notennamen ergeben. Klingt beispielsweise der Ton *cis*, könnte man auch sagen, dass der Ton *des* klingt. Dies nennt man **„enharmonische Verwechslung"**.

> Buchstabiert die Namen aller Tasten innerhalb einer Oktave von unten nach oben und wieder zurück. Verwendet aufwärts die Bezeichnungen mit ♯ und abwärts die mit ♭.

Vorzeichen stehen am Beginn eines Notensystems und gelten für das ganze Notensystem. Dagegen gelten **Versetzungszeichen** nur für die Note und alle weiteren Noten auf dieser Tonhöhe bis zum nächsten Taktstrich.

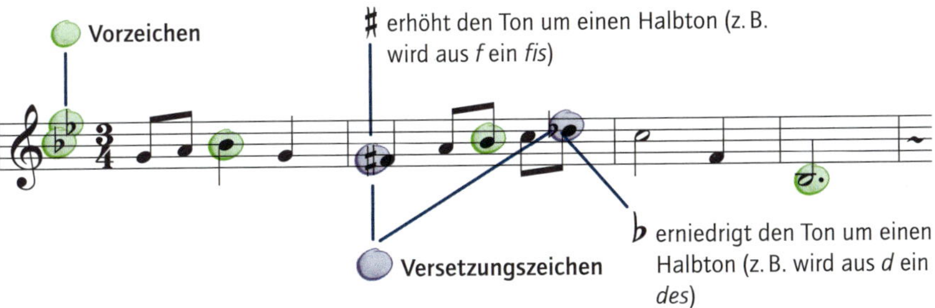

Intervalle (Feinbestimmung)

Um Intervalle genau benennen zu können, muss man die Anzahl der Halbtonschritte zwischen den beiden Tönen bestimmen.

Beispiel: 

Schritt 1:
Grobbestimmung (im Notensystem):
7 Stammtöne = Septime

Schritt 2:
Feinbestimmung (mithilfe der Klaviertasten):
11 Halbtonschritte = große Septime

> Bestimmt, mit welchem Intervall die folgenden Lieder beginnen:
> „Arie der Carmen" (S. 33),
> „Seguidilla" (S. 37),
> „Pick a Bale o' Cotton" (S. 116),
> „Fine and Mellow" (S. 117).

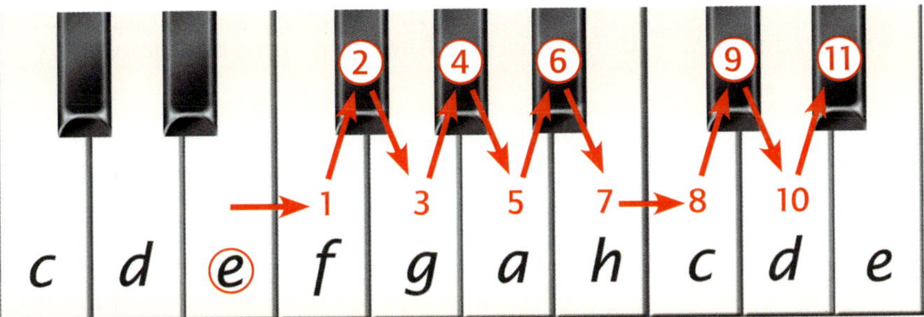

0 Halbtöne	Prime	7 Halbtöne	Quinte rein
1 Halbton	Sekunde klein	8 Halbtöne	Sexte klein
2 Halbtöne	Sekunde groß	9 Halbtöne	Sexte groß
3 Halbtöne	Terz klein	10 Halbtöne	Septime klein
4 Halbtöne	Terz groß	11 Halbtöne	Septime groß
5 Halbtöne	Quarte rein	12 Halbtöne	Oktave rein
6 Halbtöne	Tritonus		

3. Dynamik, Tempo, Artikulation

Dynamik (Lautstärke)
In der Musik wird zwischen Lautstärkegraden (piano, forte etc.) und Lautstärkeverläufen unterschieden.

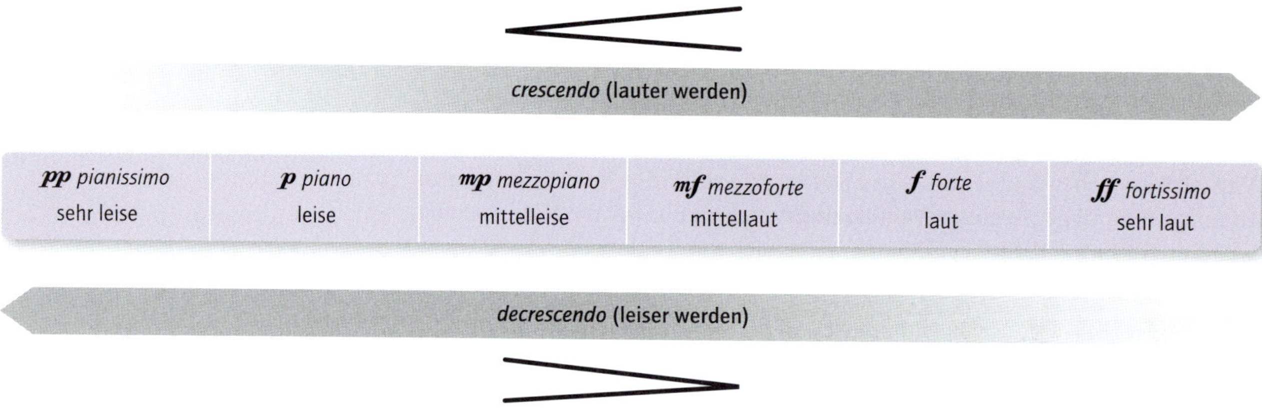

Tempo
Auch bei den Tempobezeichnungen gibt es diese Unterscheidung.

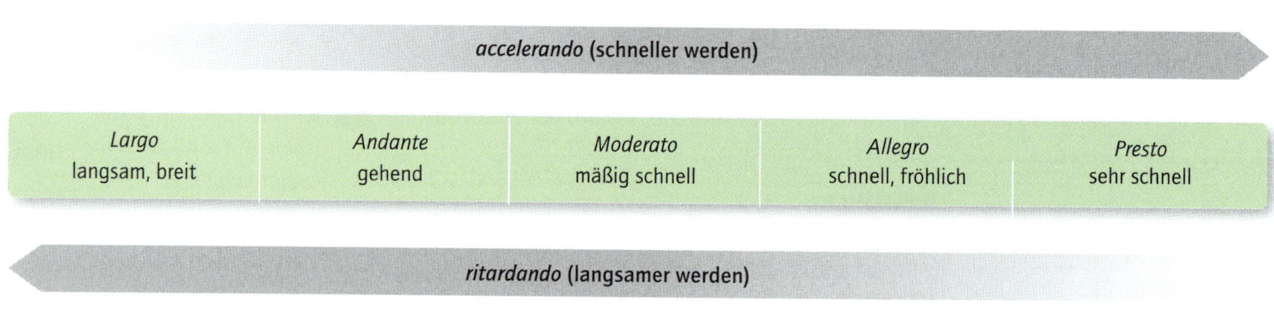

Artikulation
Mit verschiedenen Artikulationszeichen wird bestimmt, wie ein Ton bzw. eine Tonfolge gespielt bzw. gesungen werden soll.

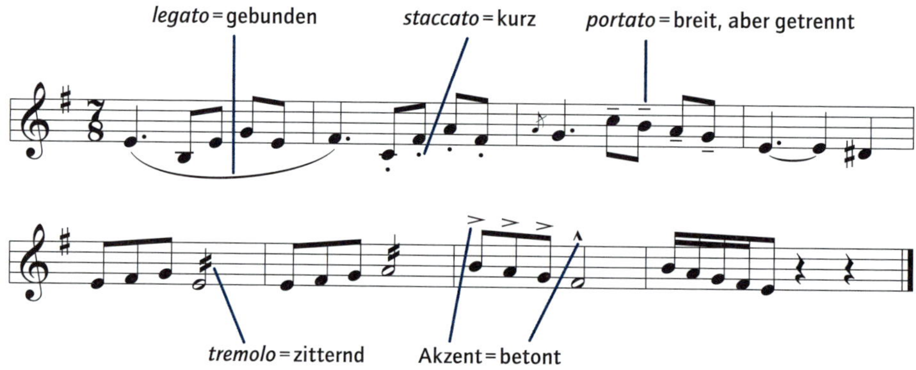

4. Skalen

Dur-Tonleiter

Spielt man vom *c* aus weitere sieben Stammtöne aufwärts, so erklingt die **C-Dur-Tonleiter.** Sie besteht aus einer charakteristischen Abfolge von Ganz- und Halbtonschritten, die für alle Dur-Tonleitern gilt.
Der erste Ton einer Tonleiter (Grundton) bestimmt den Namen der Tonleiter.

Notiert in eurem Arbeitsheft eine Stammtonreihe mit dem Grundton *f'*. Überlegt, an welchen Stellen Halbtonschritte sein müssen, damit eine F-Dur-Tonleiter entsteht, und fügt gegebenenfalls Versetzungszeichen ein. Wiederholt die Übungen mit den Grundtönen *g'* und *d'*.

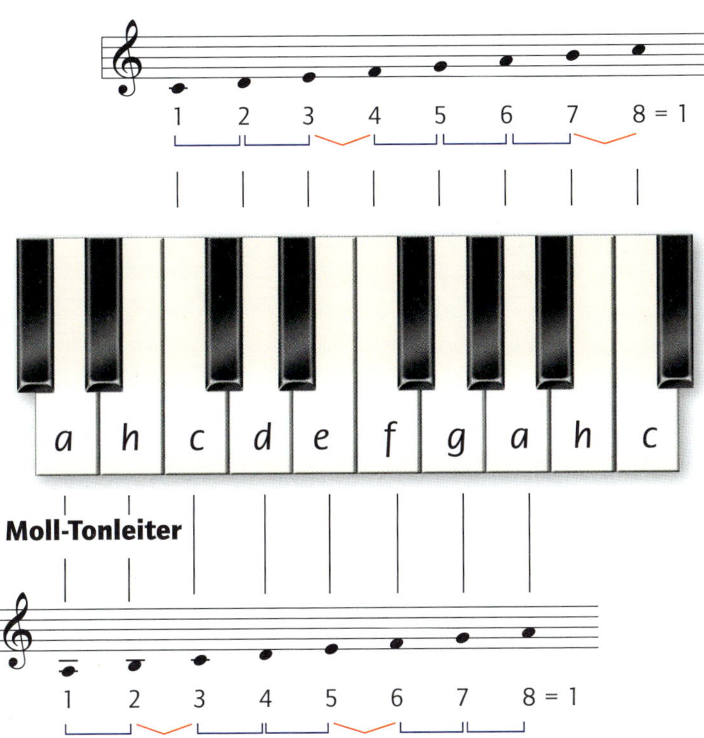

Moll-Tonleiter

Spielt man die Stammtöne vom *a* bis *a'*, so erklingt die **natürliche a-Moll-Tonleiter**. Sie besteht ebenfalls aus einer charakteristischen Abfolge von Ganz- und Halbtonschritten, die für alle Moll-Tonleitern gilt.

Notiert in eurem Arbeitsheft eine Stammtonreihe beginnend mit dem Grundton *d'*. Überlegt, an welchen Stellen Halbtonschritte sein müssen, damit eine natürliche d-Moll-Tonleiter entsteht, und fügt gegebenenfalls Versetzungszeichen ein. Wiederholt die Übung mit den Grundtönen *e'* und *g'*.

Bei der sogenannten **harmonischen Moll-Tonleiter** wird der 7. Ton um einen Halbton erhöht, damit ein Leitton entsteht. Zwischen dem 6. und 7. Tonleiterton entsteht dadurch eine **übermäßige Sekunde** (= 3 Halbtonschritte).

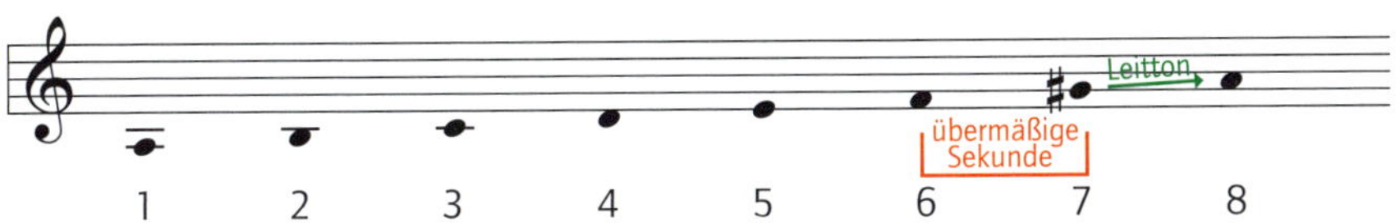

Bei der sogenannten **melodischen Moll-Tonleiter** werden der 6. und der 7. Tonleiterton beim Aufwärtsspielen erhöht, abwärts spielt man die Tonleiter ohne die Alterationen – also wie die natürliche Moll-Tonleiter.

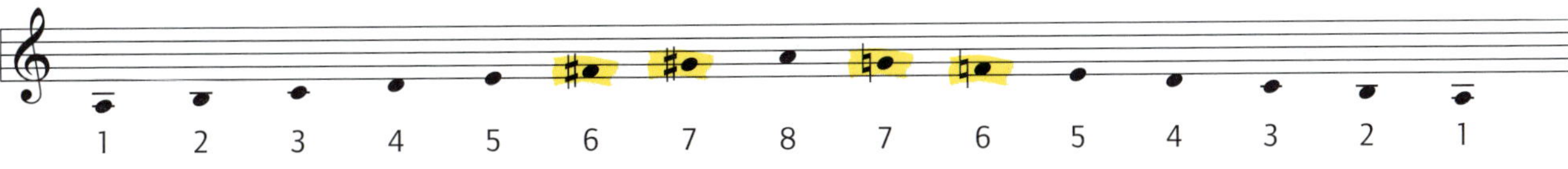

Schreibt die Namen der schwarzen Tasten des Klaviers in der Reihenfolge auf, dass sie den gleichen Intervallaufbau haben wie die rechts notierte pentatonische Tonleiter.

Pentatonik

Im Gegensatz zur Dur- oder Moll-Tonleiter enthält die **pentatonische Tonleiter** nur fünf Töne. Dementsprechend gibt es zwischen den einzelnen Stufen neben Ganztonschritten auch Terzsprünge.

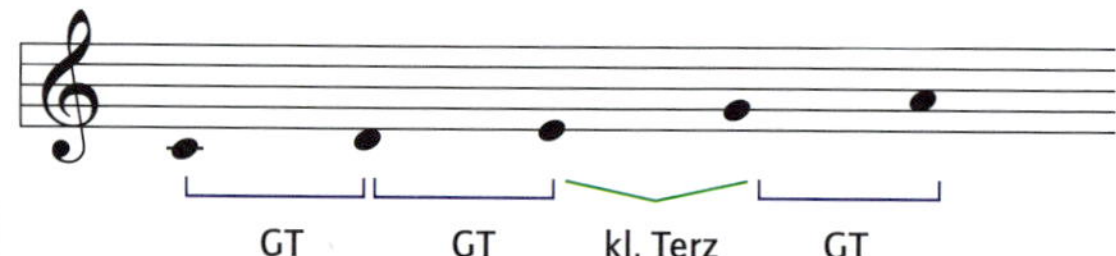

Chromatische Tonleiter

Reiht man alle Töne in Halbtonschritten aneinander, erhält man eine **chromatische Tonleiter.** Sie kann mit jedem beliebigen Ton beginnen und ist keiner bestimmten Tonart zugeordnet.

Kirchentonarten

Kirchentonarten (modale Skalen) können als unterschiedliche Ausschnitte aus dem Tonvorrat einer Dur-Tonleiter gedeutet werden. Der dorische Modus beginnt und endet z. B. auf der II. Stufe einer Dur-Tonleiter. Die ionische Tonleiter entspricht der Dur-Tonleiter, die äolische der natürlichen Moll-Tonleiter.

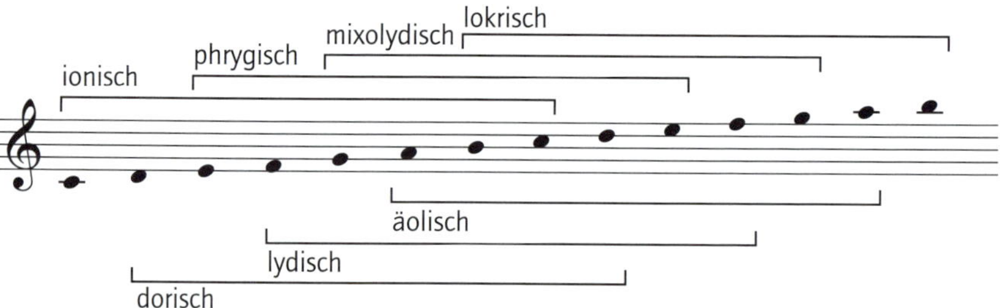

5. Transponieren

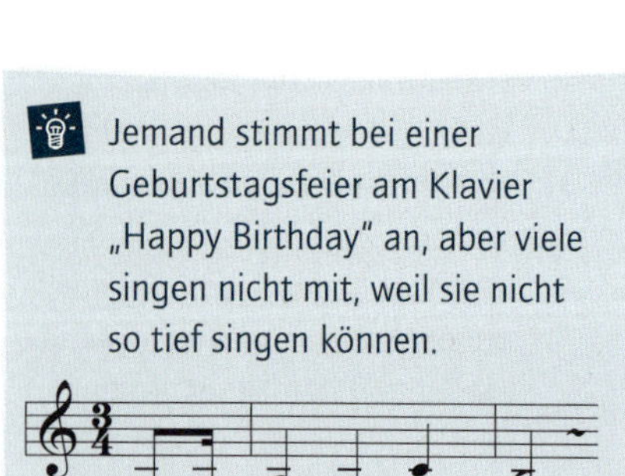

Jemand stimmt bei einer Geburtstagsfeier am Klavier „Happy Birthday" an, aber viele singen nicht mit, weil sie nicht so tief singen können.

Hap-py birth-day to you,

Transponiert den Beginn des Liedes um eine Quinte nach oben.

Unter einer Transposition versteht man die Verschiebung einer Tonfolge auf eine andere Tonhöhe. Für die Melodie von „Draußen ist Freiheit" sind folgende Intervalle charakteristisch:

Musik: J. Steinman
© Polygram/Universal/ Ed. Butterfly

Damit diese Intervalle auch nach einer Transposition (hier um vier Halbtonschritte nach oben) erhalten bleiben, müssen die Vor- bzw. Versetzungszeichen angepasst werden.

HT = Halbtonschritt

6. Ordnung der Tonarten: der Quintenzirkel

Die Tonarten haben eine logische Anordnung. Das Prinzip ist einfach: Geht man vom Ton *c* (Grundton von C-Dur) aus eine Quinte aufwärts, so erreicht man den Ton *g* (Grundton von G-Dur). Diese Tonart hat ein ♯-Vorzeichen. Geht man vom Ton *c* aus eine Quinte abwärts, so erreicht man den Ton *F* (Grundton von F-Dur) mit einem ♭ als Vorzeichen. Um sich klar zu machen, wie die Tonarten zusammenhängen, kann der Quintenzirkel gute Dienste leisten.

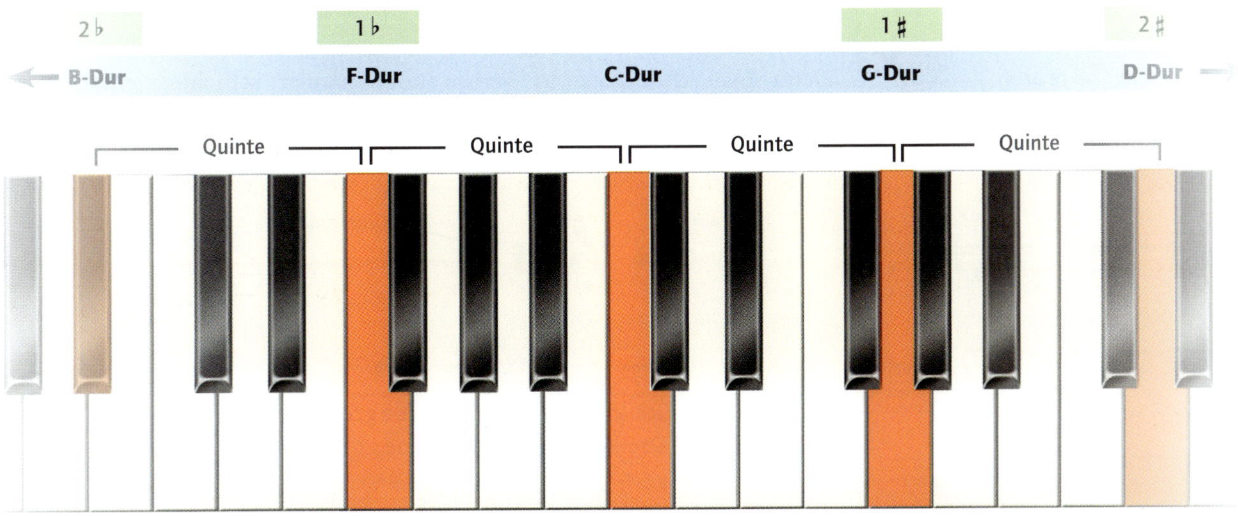

Geht man sechs Quintschritte vom *c* aufwärts, landet man beim Ton *fis*.
Geht man sechs Quintschritte vom *c* abwärts, landet man beim Ton *ges*.
Spielt man *fis* bzw. *ges*, klingt derselbe Ton (enharmonische Verwechslung). Deswegen kann man sich die Linie der Tonarten auch als geschlossenen Kreis – einen Quintenzirkel – vorstellen:

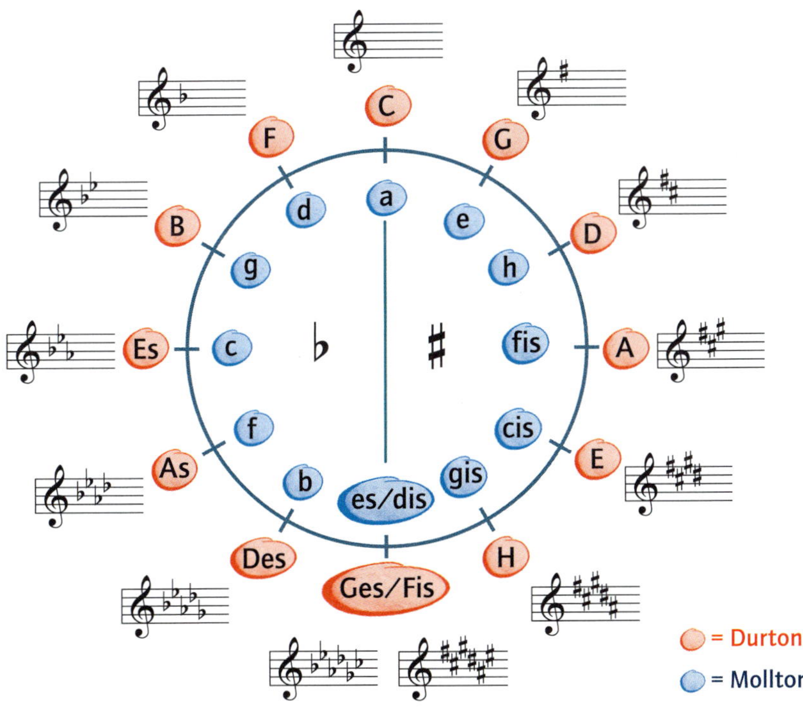

Für die Abfolge der Tonarten im Quintenzirkel kann man sich „Eselsbrücken" ausdenken, indem man Sätze bildet, in denen die Grundtöne zu den Anfangsbuchstaben der einzelnen Wörter werden.
Beispiel ♭-Vorzeichen:
F – B – Es – As – Des – Ges
➜ Frische Brötchen essen ...

Denkt euch selbst solche Eselsbrückensätze für die Dur- und Molltonarten mit ♭- und ♯-Kreuzvorzeichen aus.

7. Dreiklänge – Umkehrungen

Bestimmt die Hauptdreiklänge folgender Tonarten: F-Dur, As-Dur, A-Dur

Hauptdreiklänge

Der Hauptdreiklang auf der I. Stufe der Tonleiter heißt **Tonika,** auf der IV. Stufe **Subdominante** und auf der V. Stufe **Dominante.** Diese **Hauptdreiklänge** sind meist ausreichend, um Melodien zu begleiten.

Seht euch die nachfolgenden Takte an. Welche Takte bilden einen Dur-, welche einen Moll-Dreiklang? Benennt die Dreiklänge.

Dur- und Moll-Dreiklänge

Wenn man drei Töne in Terzen übereinander schichtet, entsteht ein **Dreiklang.** Der tiefste Ton ist der **Grundton,** der dem Dreiklang seinen Namen gibt. Den mittleren Ton nennt man **Terzton,** den oberen **Quintton.**

Bei einem D**u**r-Dreiklang steht **u**nten eine große Terz.
Bei einem M**o**ll-Dreiklang steht **o**ben eine große Terz.

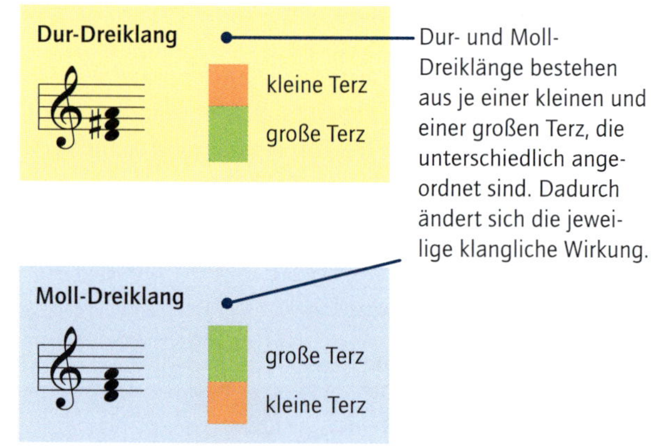

Dur- und Moll-Dreiklänge bestehen aus je einer kleinen und einer großen Terz, die unterschiedlich angeordnet sind. Dadurch ändert sich die jeweilige klangliche Wirkung.

Bestimmt bei folgenden Dreiklängen, um welche Umkehrung und welche Tonart es sich handelt. Bringt dazu die Dreiklänge in Terzschichtung.

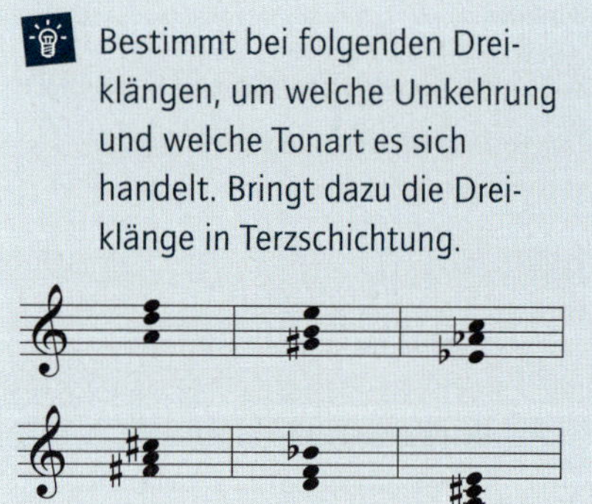

Umkehrungen von Dreiklängen

Einen Dreiklang kann man folgendermaßen umkehren:

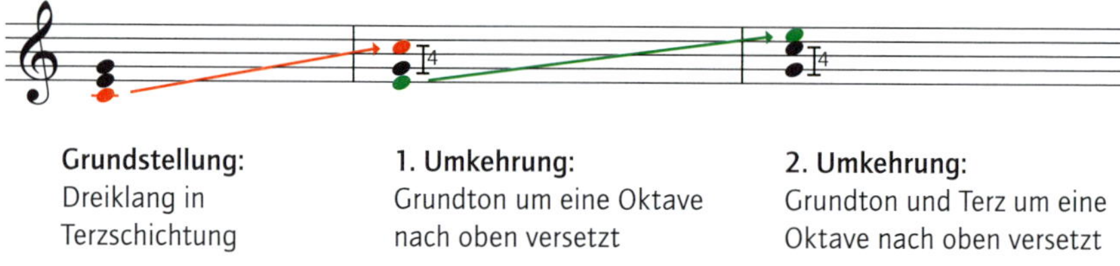

Grundstellung: Dreiklang in Terzschichtung

1. Umkehrung: Grundton um eine Oktave nach oben versetzt

2. Umkehrung: Grundton und Terz um eine Oktave nach oben versetzt

Du kannst **Dreiklangsumkehrungen** recht schnell erkennen:
Liegt die **Quarte oben,** handelt es sich um die **1. Umkehrung.**
Liegt die **Quarte unten,** ist es die **2. Umkehrung.**

Septakkorde

Fügt man einem Dreiklang eine weitere Terz an, entsteht ein Septakkord:

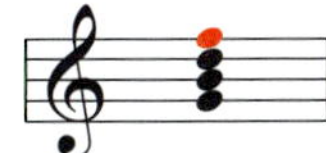

Die Septime im Akkord verleiht dem Dreiklang entweder eine zusätzliche Farbe oder sie erhöht in der Kadenz die Schlusswirkung, weil die Septime der V. Stufe zur Terz der I. Stufe abwärts strebt.

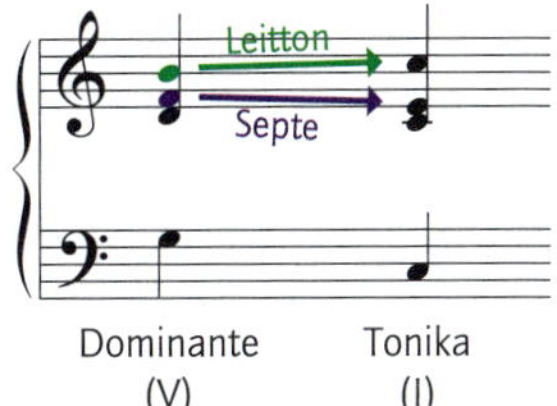

8. Dreiklangsverbindungen – Kadenzen

Kadenzen in Dur

Eine Kadenz ist eine Abfolge von Akkorden, in der Spannung auf- und wieder abgebaut wird. Am Schluss wird die I. Stufe der Tonleiter (Tonika) erreicht, die als Ruhepunkt empfunden wird.
Kadenzen sind gekennzeichnet durch:

Quintfall: Grundtöne, die in Quintschritten abwärts fortschreiten

Leitton: Strebeton zum einen Halbton höher gelegenen Zielton

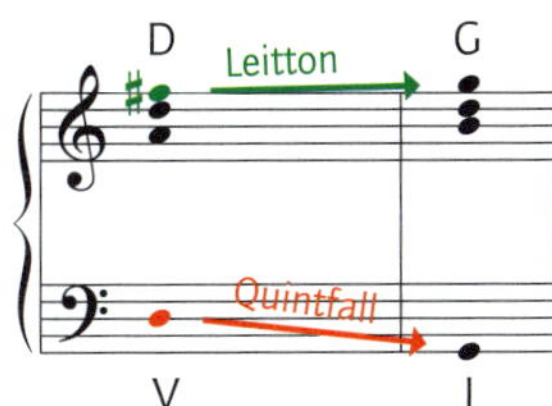

Am Schluss von Liedern kann man oft die Akkordfolge I–IV–V–I und I–II–V–I finden.
In diesen beiden Akkordfolgen kommen alle Töne der Dur-Tonleiter vor. Mit der Kadenz wird nicht nur Spannung zum Schluss hin abgebaut, sondern auch die Tonart des jeweiligen Stückes bekräftigt.

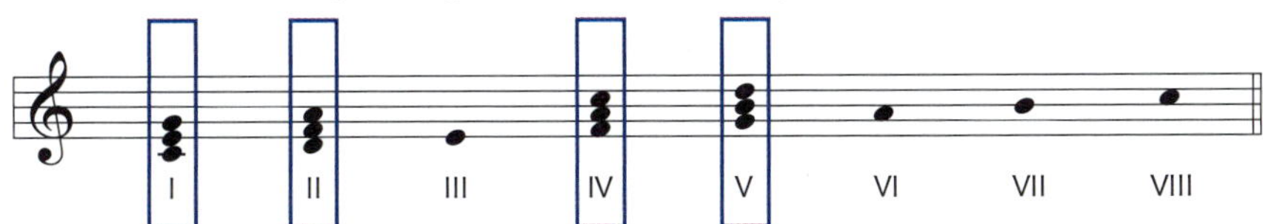

I-IV-V-I-Kadenz

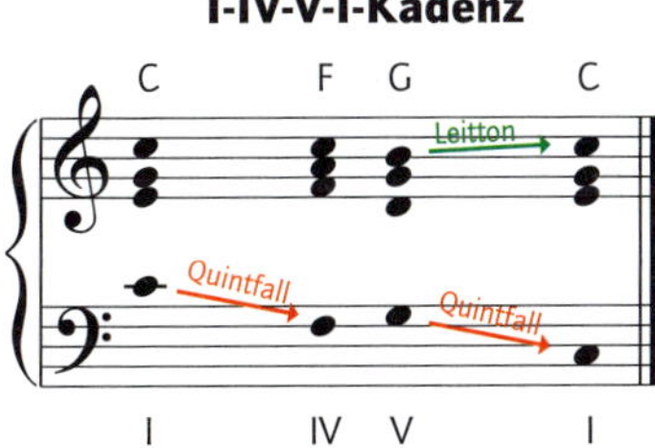

I-II-V-I-Kadenz

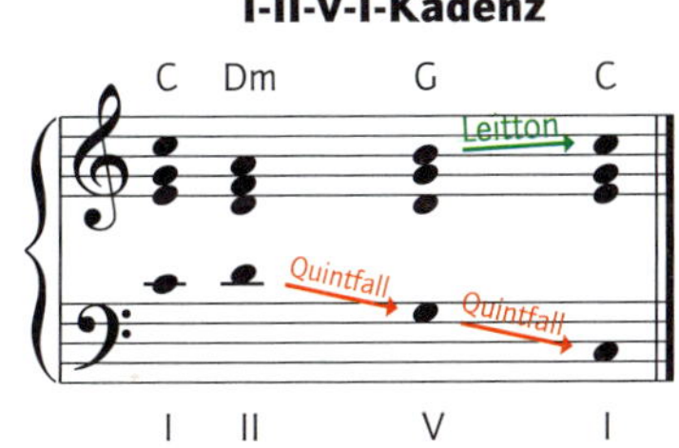

Notiert in eurem Arbeitsheft eine I-IV-V-I-Kadenz in G-Dur mithilfe der folgenden Schritte:

Schritt 1: Schreibt eine Bass-Stimme mit den Grundtönen der jeweiligen Stufen und ergänzt dann die zugehörigen Dreiklänge in Grundstellung in einem Notensystem darüber im Violinschlüssel. Überprüft die Ergebnisse an einem Instrument.

Schritt 2: Kennzeichnet alle Quintschritte in der Bass-Stimme.

Schritt 3: Beim Fortschreiten einer Stimme gilt das Gesetz des kürzesten Weges. Kehrt dementsprechend Dreiklänge so um, dass die einzelnen Stimmen nach Möglichkeit nur Tonschritte (Halb-/Ganztonschritte) fortschreiten. Überprüft euer Ergebnis am Klavier.

Schreibt eine I-IV-V-I-Kadenz in d-Moll. Achtet dabei auf den kürzesten Weg der Stimmen.

Kadenzen in Moll

Die Hauptdreiklänge stehen in Moll auch auf der I., IV. und V. Stufe der Tonleiter. Es sind allesamt Moll-Dreiklänge. In der Kadenz verwendet man aber auf der V. Stufe einen Dur-Akkord, da sonst kein Leitton vorhanden wäre, der zum Grundton führen könnte.

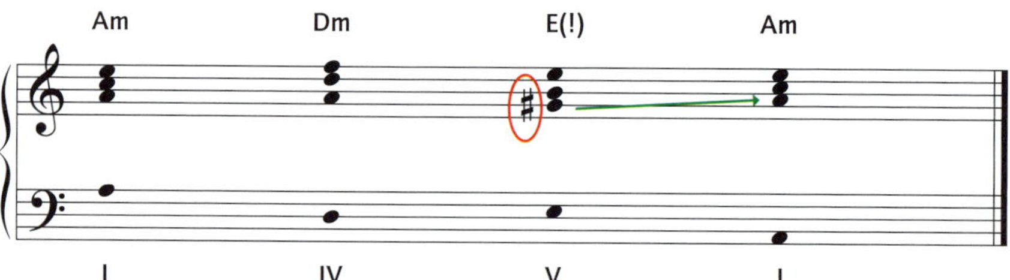

9. Lieder begleiten

Akkordsymbole

In den meisten Liederbüchern ist nur die Melodie der Lieder abgedruckt, darüber stehen **Akkordsymbole,** die vom jeweiligen Begleitinstrument umgesetzt werden.

Bedeutung der Akkordsymbole

Ein Klavierspieler würde beispielsweise den Anfang des Songs „Ich war noch niemals in New York“ folgendermaßen umsetzen:

Text: M. Kunze
Musik: U. Jürgens
© Aran/BMG

Übt den Rhythmus der Begleitung des Songs und vervollständigt sie für die beiden nächsten Takte. Achtet darauf, in der rechten Hand die richtigen Umkehrungen zu spielen.

In Jazz und Pop hat sich die internationale Schreibweise von Akkordsymbolen durchgesetzt, die sich in zwei Punkten von der deutschen Schreibweise unterscheidet:

1. Versetzungen werden durch ♯ oder ♭ angezeigt: Fis = F♯, As = A♭
2. Der Ton *H* wird *B* genannt. Dementsprechend ist die internationale Schreibweise für H = B, das „deutsche“ B wird international mit B♭ gekennzeichnet.

Bilder

Adobe Stock: S. 30 (l.) mimicgimmick, S. 114 (l.) DeshaCAM, S. 114 (r.) Voloshyn Roman; **akg-images:** S. 24, S. 45 (l.), S. 50 (l., m.), S. 138, S. 150 (r.), S. 151 (m.) Marion Kalte; **Alamy Stock Foto:** S. 7 (o. r.) AF archive, S. 32 Photo 12, S. 44 (r.) Artokoloro, S. 63 + S. 66 (m. l.) Lebrecht Music & Arts, S. 82 (o.) Entertainment Pictures, S. 82 (r.) Allstar Picture Library Ltd., S. 82 (u.) United Archives GmbH, S. 90 (m.) Shawshots, S. 90 (l.) + S. 107 Heritage Image Partnership Ltd., S. 114 (2. v. r.) AF archive, S. 114 (2. v. l.) Tetra Images, S. 117 Granger Historical Picture Archive, S. 121 (o.) Pictorial Press Ltd., S. 132 The History Collection, S. 152 (l.) Ronald Grant Archive, S. 152 (2. v. l.) Folio Images, S. 152 (2. v. r.) AA Film Archive, S. 152 (r.) RooM the Agency, S. 158 Aleksandr Vorobev; **Auguste de Wilde:** S. 72 (r.); **Axl Jansen:** S. 26 (CC BY-SA 3.0); **Deutsche Grammophon:** S. 6 (o. l.) ©Bartek Barczyk; **Betafilm:** S. 27 (o. l.); **Bibliothèque nationale de France, département Musique:** S. 63 (u.); **Bridgeman Images:** S. 159 Lebrecht Music Arts; **Bundesarchiv:** S. 163 (m. l.) Schütz, Klaus (CC-BY-SA 3.0); **Cezary Piwowarski:** S. 75 (r.) (CC BY-SA 4.0); **Columbia Records:** S. 126; **Daderot:** S. 4 (r.) (CC0 1.0); **depositphotos:** S. 6 (m. l.) lightpoet; **Der SPIEGEL:** S. 150 (l.) ©DER SPIEGEL 45/1998; **Ermell:** S. 7 (r.) (CC BY-SA 4.0); **Euroarts:** S. 8 (l.), S. 163 (u. r.); **felipemyers.files.wordpress.com:** S. 163 (m. r.); **Fir0002/Flagstaffotos:** S. 104 (l.) (CC BY-NC 3.0); **Franz Richter:** S. 4 (m.) (CC BY-SA 3.0); **Fresh Sound Records:** S. 125 CD-Cover ©Fresh Sound Records; **Gaumont:** S. 37 + S. 39 + S. 41 Carmen, a film by Francesco Rosi ©1984 GAUMONT; **Getty images:** S. 92 (m.) Andrew Francis Wallace, S. 124 Bettmann, S. 130 The Estate of David Gahr, S. 144 Thierry Orban; **Helbling Archiv:** S. 142 (2 x l.) ©Florian Niedrig, S. 153; **High Contrast:** S. 6 (o.) (CC BY 3.0 DE); **hungarian-composers.com:** S. 146; **IMANGO:** S. 34 (u. l.) + S. 35 (m. l.) Martin Müller; **IPP INNOVATIVE PICTURE PROJECT GMBH:** S. 27 (m. l.) Peter Will und Winfried Debertin; **iStock:** S. 27 (m.) Buffy1982, S. 36 alexandrumagurean, S. 52 franckreporter, S. 78 (m.) kubrak778, S. 151 (r.) simonbradfield; **Jüdisches Museum der Stadt Frankfurt am Main:** S. 136 (o.) ©Ludwig Meidner-Archiv; **Marie Cardouat/Piero:** S. 60 aus dem Spiel „Dixit Odyssey" von Jean-Louis Roubira, ©Libellud; **Marie-Lan Nguyen:** S. 6 (u. l.) (CC BY 2.5); **Martin Morgenstern:** S. 66 (m. r.) (CC BY-SA 3.0); **Martin Stolle:** S. 7 (l.) (CC BY-SA 3.0); **mauritius images:** S. 43; **Oz Ordu:** S. 4 (l.) (CC BY-SA 4.0); **PA picture alliance:** S. 30 (2. v. l.) dpa, S. 34 (o.) + S. 34 (u. r.) + S. 35 (o.) Eventpress Hoensch, S. 50 (r.) ©Selva/Leemage, S. 78 (l.) epa-Bildfunk, S. 89 dpa/Uwe Anspach, S. 92 (l.) Bildarchiv Monheim, S. 92 (r.) imageBROKER, S. 157 Sven Simon/Malte Ossowski, S. 162 dpa/Tim Brakemeier; **APA/picturedesk.com:** S. 27 (m. r.) BARBARA GINDL; **Sandra Then:** S. 45 (r.); **Scott Ware:** S. 6 (u. r.) (CC BY-SA 3.0); **shutterstock:** S. 6 (o. r.) Andrei Kuzmik, S. 6 (m. r.) urbanbuzz, S. 29 (r.) elxeneize, S. 30 (2. v. r.) Isogood_patrick, S. 30 (r.) Isogood_patrick, S. 97 Artem Mishukov, S. 104 (r.) Leonid Ikan, S. 156 Ollyy, S. 161 Iakov Filimonov, S. 163 shooarts; **Stage Original Broadway production:** S. 90 (r.); **The Modern Jazz Quartet:** S. 133; **TOBS:** S. 105 ©Marshall Light Studio; **ullstein bild:** S. 71 imageBROKER/Christian Handl, S. 78 (r.) Schwartz, S. 81 Stage Entertainment/United Archives/Holger Much, S. 84 Stage Entertainment/United Archives/Holger Much, S. 85 Stage Entertainment/Brill, S. 87 Stage Entertainment/United Archives/Holger Much, S. 121 (u.), S. 127, S. 151 (l.), S. 116; **Ursus Wehrli:** S. 10 (r.) ©2002 KEIN & ABER AG, Zürich – Berlin

Nicht in allen Fällen war es uns möglich, den Rechteinhaber ausfindig zu machen. Berechtigte Ansprüche werden selbstverständlich im Rahmen der üblichen Vereinbarungen abgegolten.

Noten

S. 26: Rock Me, Amadeus ©Edition Falco Privatstiftung bei Sony/ATV Music Publishing (Germany) GmbH, Berlin/Rolf Budde Musikverlag GmbH, Berlin/Warner Chappell Holland BV/Neue Welt Musikverlag GmbH, Hamburg; **S. 31:** The Rhythm of Life ©Notable Music Co. Inc./Connelly-Musikverlag Dr. Hans Sikorski GmbH & Co. Hamburg; **S. 51:** Music with her Silver Sound/Musik mit ihrem Silberklang ©Gustav Bosse Verlag, Kassel; **S. 52:** Ich war noch niemals in New York ©BMG Rights Management GmbH, Berlin; **S. 79:** Quodlibet-Melodien: 1. I Got Rhythm ©New World Music Company Ltd./Neue Welt Musikverlag GmbH, Hamburg; 2. Always Look on the Bright Side of Life ©Monty Python Pictures Ltd./Universal Music Publishing GmbH, Berlin; 3. Blue Moon ©EMI Robbins Catalog Inc./EMI Partnership Musikverlag GmbH, Hamburg; **S. 80–87:** Auszüge aus Tanz der Vampire ©Songs of Polygram International Inc./Music Lost Boys/Universal Music Publ. GmbH, Berlin/Edition Butterfly Roswitha Kunze, Hamburg; **S. 115:** Der Guschtav ©Fidula-Verlag Holzmeister GmbH, Koblenz; **S. 117:** Fine and Mellow ©Marks Edward B Music Corp./Neue Welt Musikverlag GmbH, Hamburg; **S. 125:** Swingin' the Blues ©Bregman-Vocco-Conn Inc./Chappell & Co. GmbH & Co. KG, Hamburg; Au Privave ©Criterion-Music Corp./Rondor Musikverlag GmbH, Berlin; **S. 126:** Porgy and Bess/Summertime ©1935 by Gershwin Music Publ.Corp./Chappell & Co.Inc./Warner/Chappell International Music Ltd./Chappell & Co. GmbH & Co. KG, Hamburg; **S. 128:** I'm Be-boppin', Too ©Music Sales Corporation/Bosworth Music GmbH, Berlin; **S. 130:** So What ©Jazz Horn Music Corporation/Downtown Music Germany GmbH; **S. 132:** La création du monde ©Edition Max Eschig, Paris/G. Ricordi Bühnen- und Musikverlag GmbH, München; **S. 133:** Versailles ©M J Q Music Inc./Essex Musikvertrieb GmbH, Hamburg; **S. 137:** Klavierstücke op. 19 ©Universal Edition AG, Wien; **S. 139:** Streichquartett op. 10 ©Universal Edition AG, Wien; **S. 144 f.:** Le sacre du printemps – Ausschnitte ©Koussevitzky-Serge-and-Nathalie/1947 to Boosey & Hawkes Inc, for all countries; **S. 146 f.:** Háry-János-Suite ©Universal Edition AG, Wien; **S. 148:** Concert for piano and orchestra ©1960 by Henmar Press Inc., New York/C. F. Peters Musikverlag, Leipzig; **S. 149:** Klavierstücke 1–4 für Klavier Nr. 2 und Klavierstück 11 für Klavier Nr. 7 ©Universal Edition AG, Wien; **S. 149:** Gesang der Jünglinge ©Stockhausen Verlag; Stockhausen-Stiftung für Musik, Kürten; www.karlheinzstockhausen.org; **S. 149:** 4'33" ©C. F. Peters Musikverlag, Leipzig; **S. 158:** La cumparsita ©G. Ricordi Bühnen- und Musikverlag GmbH, Berlin; **S. 162:** Romeo und Julia ©Musikverlag Hans Sikorski, Hamburg; **S. 174:** Tanz der Vampire/Draußen ist Freiheit ©Songs of Polygram International Inc./Music Lost Boys/Universal Music Publ. GmbH, Berlin/Edition Butterfly Roswitha Kunze, Hamburg; **S. 178:** Ich war noch niemals in New York ©BMG Rights Management GmbH, Berlin

Texte

S. 8: V. Seth: Verwandte Stimmen, Kindler Verlag, 2000; Cl. Spahn: Ich bin verrückt nach ihm, in: DIE ZEIT, 28.5.2009, Nr. 23; D. Fr. Tovey zit. n.: K. Meyer: Geistvolles Gespräch unter Vier, https://www.br-klassik.de/themen/klassik-entdecken/alte-musik/stichwort-streichquartett-100.html (4.5.2021); S. Simmenauer: Muss es sein? Leben im Quartett, Berenberg Verlag, 2008; A. M. Wing et al., in: Journal of the Royal Society Interface, doi: 10.1098/rsif.2013.1125, Übers. zit. n.: https://www.wissenschaft.de/geschichte-archaeologie/das-geheimnis-perfekten-zusammenspiels/(4.5.2021); **S. 10:** J. M. Keller: Haydn Creation, in: Notes on the programm, New York Philharmonic, 2/2004; **S. 20:** M. Husmann: https://www.concerti.de/werke/mozart-sinfonie-g-moll/ (4.5.2021); **S. 22:** A. Einstein: Mozart, 3. Aufl., Pan-Verlag, 1953; **S. 23:** W. A. Mozart zit. n.: Mozartiana, hg. v. G. Nottebohm, Leipzig, 1880; Rezension in: AmZ, Wien, 1805; M. Pollini in: DIE ZEIT, 5.1.2006; M. Husmann: Präludien fürs Publikum, concerti Media, 2017; R. Schumann in: NZfM, 1835; **S. 24:** H. Ed. Jacob: Haydn, zit. n.: Fr. Wißmann: Deutsche Musik, Berlin Verlag, 2015; **S. 25:** L. Schiedermair: Die Briefe W. A. Mozarts und seiner Familie, Georg Müller Verlag, 1914; **S. 25:** W. A. Mozart zit. n.: H. Abert: Große Komponisten – Mozart, Jazzybee Verlag 2012; B. v. Arnim: Brief an den Fürsten Pückler-Muskau, in: F. Braun: Beethoven im Gespräch, Insel Verlag, 1971; **S. 30:** Bayerische Staatsoper München, https://www.staatsoper.de/stueckinfo/carmen/2020-01-26-18-00.html (4.5.2021); Deutsche Oper Berlin, https://www.deutscheoperberlin.de/de_DE/calendar/production/1079501 (4.5.2021); W. Noll in: Pressemitteilung Kulturbüro der Stadt Menden, 6.1.2014; Kino Breitwand Gauting auf: http://www.breitwand.com/home/cm/test-filmarchiv/index.8746.html (4.5.2021); **S. 41:** Pr. Mérimée: Carmen, dt. Übers. W. Geist, rev. Ausgabe Reclam, 1993; **S. 44:** Cl. Monteverdi zit. n.: G. Nestler: Claudio Monteverdi, in: Exempla historica, Bd. 30, FISCHER Taschenbuch, 1984; W. A. Mozart zit. n.: V. Servatius: Constanze Mozart (Übers. K. Hanne), Bühlau Verlag, 2018; **S. 45:** R. Wagner zit. n.: O. Panagl: Zur Diktion der Opern und Musikdramen Richard Wagners, in: Die Musikforschung, 67. Jg., Bärenreiter, 2014; K. Stockhausen im Interview, in: NEUE-RUNDSCHAU, 12/2017; **S. 53:** W. J. Reus zit. n.: https://www.aphorismen.de/suche?text=Träume&autor_quelle=Reus (4.5.2021); **S. 54:** H. Heine: Shakespeares Mädchen und Frauen und weitere kleinere literaturkritische Schriften, in: H. Heine: Sämtliche Werke. Bd. 10, bearb. v. J.-Chr. Hauschild, Hoffmann und Campe, 1993; **S. 60:** A. Lindgren: Ronja Räubertochter, Oetinger, 1982; **S. 64:** A. Stradal zit. n.: W. Huschke: Franz Liszt, Weimarer Verlagsgesellschaft, 2010; **S. 65:** Akten der Petersburger Polizei, 1842; Fr. Liszt: Briefe, hg. v. La Mara, Breitkopf & Härtel, 1893–1904; G. Tötschinger: Franz Liszt, Langen Müller Verlag, 2011; Städtische Preßburger Zeitung, 1820, nach der Abb. des Originals in: E. Burger: Franz Liszt, List Paul Verlag, 1993; P. I. Tschaikowski zit. n.: E. Helm: Peter I. Tschaikowsky, Rowohlt, 1976; R. Schumann zit. n.: K. Pahlen: Die große Geschichte der Musik, Cormoran Verlag, 1998; **S. 66:** H. Heine: Florentinische Nächte, 1836; Fr. Liszt zit. n.: Guido Fischer auf: https://www.konzerthaus-dortmund.de/page/MediaLib/file/Programmheft/201112/Prog-Thibaudet.pdf; H. Heine, J.-Chr. Hauschild (Hg.): Musik, das edle Ungetüm, Hoffmann und Campe, 2012; A. Brendel: Franz Liszt – Vom Überschwang zur Askese, in: Orden pour le Mérite für Wissenschaft und Künste, Reden und Gedenkworte, 40. Bd. 2011/2012, Wallstein Verlag; **S. 67:** R. Schumann zit. n.: U. Tadday (Hg.): Schumann Handbuch, Springer, 2006; **S. 70:** O. Bull zit. n.: U. Zierau: Edvard Grieg – „Nicht nur Peer Gynt", SWR2 Musikstunde, 7.8.2017; **S. 71:** E. Grieg zit. n.: Klavierwerke Bd. IV, Nachwort v. J. Dorfmüller, 1999; **S. 76:** E. Reents: Gottes Musik, Teufels Wort, in: FAZ, 11.6.2004; S. Seidel: http://so-seidel.de/ANALYSE/invention.pdf; M. Nöther: Beethoven ohne Boogie Woogie, in: Berliner Zeitung, 20.4.2011; **S. 82:** B. Stoker: Dracula, Archibald Constable and Company, 1897; **S. 98:** The Daily Courant (17.7.1717) zit. n.: D. Burrows: Handel, Oxford, 2012; Chronik von 1590 zit. n.: P. Winter: Der mehrchörige Stil, C. F. Peters, 1964; **S. 102:** G. Zarlino zit. n.: https://www.br-klassik.de/themen/klassik-entdecken/alte-musik/stichwort-mehrchoerigkeit-100.html (4.5.2021); **S. 103:** J. Ph. Kirnberger zit. n.: S. Schmaztriedt in: Terminologie der musikalischen Komposition, Bd. 2, Franz Steiner Verlag, 1996; Gazetta di Genova, 1814, zit. n.: R. Schmitz, B. Ure: Wie Mozart in die Kugel kam, Pantheon Verlag, 2018; **S. 114:** T. Morrison: Jazz, Rowohlt, 1993; D. Wunderlich: Rezension „Jazz", https://www.dieterwunderlich.de/Morrison_jazz.htm (4.5.2021); T. Morrison zit. n.: ebd.; **S. 116:** Howlin' Wolf zit. n.: https://wasser-prawda.de/vom-worksong-zum-memphis-blues-die-anfaenge-des-blues/ (04.05.2021); **S. 121:** Kid Ory zit. n.: Je me Souviens de Buddy Bolden, Jazz Magazin, No. 20, 1956; **S. 122:** D. Gillespie zit. n.: https://de.wikipedia.org/wiki/Portal:Jazz/Zitat (4.5.2021); **S. 123:** Th. Monk zit. n.: G. Guntern: The Spirit of Creativity, University Press of America, 2010; N. Towles zit. n.: https://www.brandeins.de/magazine/brand-eins-wirtschaftsmagazin/2002/zusammenarbeit/ 1-bands-2-3-4 (4.5.2021); E. Condon: We called it music, Corgi Books, 1962; D. Ellington zit. n.: https://quotefancy.com/quote/1175657/Duke-Ellington-There-is-nothing-to-keeping-a-band-together-You-simply-have-to-have-a (4.5.2021); **S. 124:** B. Holiday zit. n.: A. Polillo: Jazz, Schott, 2007; **S. 125:** J. E. Behrendt / G. Huesmann: Das Jazzbuch, S. Fischer Verlag, 2009; **S. 127:** Artikel der Times zit. n.: Baby, jetzt kommt die Krone, DER SPIEGEL 48/1951; **S. 127:** ebd.; **S. 131:** P. Tingen: Miles Beyond, Billboard Books, 2001; ebd.; M. Davis zit. n.: Goodreads LLC, https://www.goodreads.com/quotes/573848-it-s-not-about-standing-still-and-becoming-safe-if-anybody (4.5.2021); M. Davis zit. n.: BrainyQuote.com, BrainyMedia Inc, 2021, https://www.brainyquote.com/quotes/miles_davis_392896 (4.5.2021); M. Davis zit. n.: https://quotefancy.com/quote/1157667/Miles-Davis-Always-look-ahead-but-never-look-back (4.5.2021); M. Davis zit. n.: https://quotefancy.com/quote/1157688/Miles-Davis-I-don-t-care-if-a-dude-is-purple-with-green-breath-as-long-as-he-can-swing (4.5.2021); **S. 132:** D. Milhaud: Noten ohne Musik, Prestel Verlag, 1962; **S. 134:** 100 Jahrhundert-Wörter in: DIE ZEIT, 48/1998; S. 136: J. van Hoddis zit. n.: P. Pörtner (Hg.): Weltende, Arche Verlag, 1958; **S. 138:** W. Kandinsky zit. n.: St. Litwin / Kl. Velten (Hg.): Stil oder Gedanke? Zur Schönberg-Rezeption in Amerika und Europa, Pfau Verlag, 1995; **S. 139:** ebd.; **S. 141:** A. Mahler zit. n.: B. Hartmann: Alban Bergs Violinkonzert, ein Requiem für Manon Gropius, General Anzeiger, 31.12.1998; **S. 143:** T. Taylor zit. n.: The Times, 1871; **S. 144:** I. Strawinsky zit. n.: V. Hagedorn: Ballett „Le Sacre du Printemps", Fieber, Sex und Zukunft, ZEIT ONLINE 21/2013; I. Strawinsky zit. n.: L. Rink: Jahrhundertwerke, Ballett-Musiken für Serge Diaghilev, https://www.deutschlandfunk.de/ jahrhundertwerke.727.de.html?dram:article_id=101244 (4.5.2021); **S. 148:** P. Feyerabend: Wider den Methodenzwang, Suhrkamp, 2001; J. Cage: The future of Music: Credo, 1937; **S. 152:** G. Tiffin: A Star is Born: The Moment an Actress becomes an Icon, Head of Zeus, 2015; J. Travolta im Interview mit The Guardian, 4.7.2013; **S. 155:** J. Dent zit. n.: Goodreads, Inc, https://www.goodreads.com/quotes/tag/rap-music (4.5.2021); **S. 157:** V. San: Krumping, University of Massachusetts Lowell, auf: https://classroom.uml.edu/art/webart0301/sanv/krumping.html (4.5.2021); St. G. Vegh: Krumping gives movement to Spirit's call, in: Biblical Recorder, 7.7.2009; Sarah S. Ohmer: „In the Beginning was Body Language", Clowning and Krump as Spiritual Healing and Resistance, in: CUNY ACADEMIC WORKS, 2019; ebd.; ebd.; Wikipedia-Artikel „Krumping" (4.5.2021); Sh. Nassim: The Heart of Krump (DVD), Ardustry Home Entertainment, Krump Kings Inc., 2005; **S. 160:** „Die Choreographie des Walzers" zit. n.: http://www.aeiou.at/aeiou.history.gtour.walzer/entste.htm, (4.5.2021); „Schrift zur Beherzigung der Wiener Schönen" zit. n.: http://www.aeiou.at/aeiou.history.gtour.walzer/entste.htm (4.5.2021)

Personenverzeichnis

Sachverzeichnis

Verzeichnis der Start-ups, Lieder und Spielstücke

Zu diesem Werk sind erhältlich:

MusiX 3, Lehrerband
ISBN 978-**3-86227-459**-8

MusiX 3, 5 Audio-CDs
ISBN 978-**3-86227-460**-4

MusiX 3, DVD
ISBN 978-**3-86227-463**-5

MusiX 3, Multimedia-DVD-ROM (Einzelplatzversion)
ISBN 978-**3-86227-461**-1

MusiX 3, Multimedia-DVD-ROM (Netzwerkversion)
ISBN 978-**3-86227-462**-8

MusiX 3, Digitales Schulbuch
ISBN 978-**3-86227-464**-2

Im Lernmittel wird auf Audio-CDs, eine DVD und auf eine DVD-ROM verwiesen. Diese enthalten – bis auf die Hörverstehensübungen – ausschließlich optionale Unterrichtsmaterialien; sie unterliegen nicht dem staatlichen Zulassungsverfahren.

Redaktion: Dr. Daniela Galle
Illustrationen: Achim Schulte (Dortmund), Inkje Dagny von Wurmb (Stuttgart)
Umschlag: Marinas Werbegrafik, Innsbruck
Umschlagmotive (v. l. n. r.): © Wilhelm von Kaulbach: Franz Liszt (1856); © Michael Praetorius: Syntagma Musicum Theatrum Instrumentorum, 1620; © Sandra Then / Oper „Licht" von Karlheinz Stockhausen, 2016; © Voloshyn Roman / Adobe Stock
Satz: Marcus Koopmann, Kerken
Notensatz: Susanne Höppner, Neukloster
Layout: Katrin Kleinschrot und Marion Köster, Stuttgart
Druck und Bindung: Firmengruppe APPL, aprinta druck, Wemding

ISBN 978-**3-86227-456**-7

Auflage A1[2] / 2022

Alle Drucke dieser Auflage können im Unterricht nebeneinander benutzt werden; sie sind untereinander unverändert.